Brusten/Hohmeier (Hrsg.)    Stigmatisierung

# Kritische Texte:
# Sozialarbeit
# Sozialpädagogik
# Soziale Probleme

Herausgegeben von
Hanns Eyferth
Paul Hirschauer
Joachim Matthes
Wolfgang Nahrstedt
Hans-Uwe Otto
Hans Thiersch

Manfred Brusten/
Jürgen Hohmeier (Hrsg.)

# Stigmatisierung 1

Zur Produktion gesellschaftlicher Randgruppen

Luchterhand

Alle Rechte vorbehalten.
© Hermann Luchterhand Verlag, Neuwied und Darmstadt.
Gesamtherstellung: Druck- und Verlags-Gesellschaft mbH, Darmstadt.
Printed in Germany, November 1975.
ISBN 3 472 58026 7.

# Inhalt*

# Band 1

* Ein ausführliches Inhaltsverzeichnis ist abgedruckt auf S. 197

# Inhalt

# Vorwort

Gesellschaftliche Randgruppen sind in den letzten Jahren immer deutlicher ins Zentrum des sozialwissenschaftlichen Interesses gerückt, nachdem sie vorher fast ausschließlich unter pragmatischen Gesichtspunkten behandelt wurden. Dabei werden sowohl Ursachen als auch Folgen sozialer Randständigkeit in zunehmendem Maße unter dem Aspekt der Stigmatisierung betrachtet. Das der neuen Orientierung zugrundeliegende wissenschaftliche Paradigma ist inzwischen unter der Bezeichnung »Etikettierungsansatz« – häufig auch »labeling approach«, »social reaction approach« oder »Definitionsansatz« genannt – bekannt geworden.

Vor- und Nachteile, Tragfähigkeit und Grenzen des neuen Ansatzes, dessen Entfaltung noch keineswegs abgeschlossen ist, werden zur Zeit heftig diskutiert. Insbesondere die Auseinandersetzung mit den älteren »ätiologischen Ansätzen«, in denen abweichendes Verhalten je nach fachwissenschaftlichem Zugriff auf abnorme Persönlichkeitsstrukturen, defizitäre Sozialisationsprozesse oder subkulturelle Prägungen zurückgeführt wird, ist noch in vollem Gange.

Die Rezeption des »labeling approach«, der zunächst vor allem in den angelsächsischen Ländern entwickelt wurde, vollzog sich in der Bundesrepublik mit dem typischen zeitlichen Abstand von zehn Jahren und war von Anfang an durch zwei Umstände belastet, die eng mit der spezifisch deutschen Tradition der Soziologie zusammenhängen. Zum einen wurde die Diskussion auf einer sehr abstrakten Ebene geführt, die häufig jeden konkreten Bezug vermissen ließ; zum anderen war sie von Anfang an ideologisch überfrachtet. Dabei erfuhr der neue Ansatz einerseits eine unnötige Einengung auf Behandlung und Erklärung abweichenden, speziell kriminellen Verhaltens; andererseits wurren Fragen der praktischen Relevanz des Paradigmas sowie der Operationalisierung grundlegender Annahmen und ihrer Umsetzung in empirische Forschung vernachlässigt. Eine Konsequenz dieser Rezeption war, daß die wissenschaftliche Fruchtbarkeit des Ansatzes häufiger postuliert wurde als konkret nachgewiesen werden konnte.

Auch der Stigmatisierungsbegriff selbst hat sich erst in den letzten Jahren in der Analyse gesellschaftlicher Abgrenzungs- und Ausgliederungsprozesse durchsetzen können, obwohl verschiedentlich auch schon vorher – insbesondere seit *Erving Goffman's* berühmter Abhandlung »Stigma« aus dem Jahre 1963 – mit ihm gearbeitet worden ist. Als »Stigmatisierung« werden soziale Prozesse bezeichnet, die durch »Zu-

I

schreibungen« bestimmter – meist negativ bewerteter – Eigenschaften (»Stigmata«) bedingt sind oder in denen stigmatisierende, d. h. diskreditierende und bloßstellende »Etikettierungen« eine wichtige Rolle spielen, und die in der Regel zur sozialen Ausgliederung und Isolierung der stigmatisierten Personengruppen führen. Stigmatisierungsprozesse haben sowohl für die Lebenssituation als auch für die Identität der von ihnen Betroffenen beträchtliche Folgen.

Unser in zwei Bänden vorgelegtes Sammelwerk soll die Bedeutung und Fruchtbarkeit des neuen Paradigmas an Gegenständen aufzeigen, die gemeinhin als »soziale Probleme« bezeichnet werden. Funktion und Folgen von »Etikettierungen« lassen sich hier sichtbar machen. Alle Beiträge wurden eigens nach einer zwischen Herausgebern und Autoren abgestimmten Gesamtkonzeption verfaßt, in der insbesondere dieser konkrete Bezug im Mittelpunkt steht. Neben wenigen mehr theoretischen Arbeiten stehen Berichte über erste Ergebnisse empirischer Untersuchungen sowie Sekundäranalysen bereits vorliegender Forschungen. Die beiden Sammelbände wenden sich damit vor allem an Studenten der Soziologie, der Sozialarbeit/Sozialpädagogik, der Pädagogik und der Psychologie sowie an wissenschaftlich interessierte Praktiker.

*Band 1* beginnt mit Beiträgen, die als Einführung in die Thematik herangezogen werden können, weil in ihnen wichtige theoretische Konzepte erläutert und die zentralen Perspektiven des Ansatzes diskutiert werden. Es folgen vier Arbeiten, die Stigmatisierungsprozesse und deren Folgen an verschiedenen Gruppen untersuchen: an Obdachlosen, älteren Arbeitnehmern, Lernbehinderten und straffällig gewordenen Jugendlichen. Der erste Band schließt mit einer kritischen Betrachtung des Zusammenhanges zwischen soziologischer Theoriebildung und gesellschaftlicher Definition von Randgruppen.

*Band 2* enthält zunächst Arbeiten, in denen bestimmte gesellschaftliche Institutionen – Schule, Fürsorgeerziehung, Polizei, Psychiatrie und Strafvollzug – im Hinblick auf die Entwicklung, Verarbeitung und Durchsetzung von Stigmata analysiert werden. Hinweise auf die Konsequenzen und Folgen, die das Handeln von Kontrollinstanzen für die Ausgliederung gesellschaftlicher Gruppen hat, gehören zu den – bereits in ihrer theoretischen Perspektive angelegten – kritischen Intentionen dieser Beiträge. Den Abschluß bildet eine Auseinandersetzung mit dem Problem der »Entstigmatisierung« – ein Thema, das bislang fast völlig vernachlässigt wurde und dessen mangelnde Berücksichtigung dem »labeling approach« den Vorwurf des sozialen Determinismus einbrachte. Dieser Vorwurf besteht insofern zu Recht, als zwar die fatalen Folgen von Stigmatisierung thematisiert, mögliche Schritte zur

2

Entstigmatisierung aber bisher weitgehend außer acht gelassen wurden.

*Zu den Beiträgen des vorliegenden Bandes*

Zur Klärung des theoretischen Ansatzes, der den Arbeiten des zweibändigen Sammelwerkes zugrunde liegt, werden zunächst die wichtigsten Begriffe und Perspektiven dieses Ansatzes vorgestellt. *Jürgen Hohmeier* gibt hierzu u. a. einen Überblick über Struktur und Funktion von Stigmata, über die Folgen der Stigmatisierung für die davon Betroffenen sowie über den Zusammenhang zwischen Maßnahmen der Institutionen sozialer Kontrolle und Prozessen formeller Stigmatisierung.

Im Gegensatz zu den meisten anderen Beiträgen, die sich – trotz gelegentlicher Kritik und dem Eingeständnis theoretischer und methodischer Grenzen – am sogenannten »labeling approach« orientieren, versucht *Wolfgang Lipp*, ein Alternativmodell zu entwerfen, in dem Prozesse der »Selbststigmatisierung« als Versuche der Umdefinition gesellschaftlicher Werte und Normen im Mittelpunkt stehen.

Weder abweichendes Handeln noch Prozesse der Stigmatisierung sind ohne genaue Analyse der hierbei wirksam werdenden Typisierungen hinreichend erklärbar. Eine Auseinandersetzung mit dem Konzept der Typisierung gehört daher zur Voraussetzung, um Prozesse der Ausgliederung gesellschaftlicher Randgruppen verstehen zu können. Ausgehend von einer begrifflichen Klärung und gestützt auf die Ergebnisse einer empirischen Feldforschung behandelt *Ulrich Gerke* die voneinander abweichenden Handlungsdefinitionen von jugendlichen Randgruppen und Vertretern der Kontrollinstanzen.

Obwohl mehrere Untersuchungen der letzten Jahre die Lebenssituation von Obdachlosen erforscht und bestimmte sozialstrukturelle Bedingungen für Obdachlosigkeit herausgearbeitet haben, wurden diese Erkenntnisse bislang noch nicht konsistent unter dem Gesichtspunkt der Stigmatisierung analysiert. *Günter Albrecht* versucht, diese Lücke durch den Aufweis verschiedener Problem-Perspektiven und durch die Vorlage wichtiger Ergebnisse der empirischen Sozialforschung zu schließen. Zentrale Ebenen der Analyse sind die Stigmatheorie der Bevölkerung, die Stigmatheorie der »professionellen Hilfeexperten« und die Wahrnehmung der Stigmatisierung durch die Obdachlosen selbst.

Stigmatisierungsprozesse formaler Art sind keineswegs ausschließlich an Instanzen sozialer Kontrolle gebunden. Dies macht der Beitrag von *Hans-Joachim Pohl* deutlich, der die Stigmatisierung älterer Arbeitnehmer im Industriebetrieb untersucht. Im Mittelpunkt steht der Einfluß des Altersstereotyps bei personellen Entscheidungen.

Analysen und empirische Forschungen, in denen die Lebenssituation sozialer Randgruppen auf konkret nachweisbare Stigmatisierungsprozesse zurückgeführt wird, sind in der Bundesrepublik noch recht selten. *Walter Thimm* untersucht die Stigmatisierung von »Lernbehinderten«, der – obwohl es sich hierbei um eine zahlenmäßig relativ große Gruppe von betroffenen Personen handelt – bislang noch keine entsprechende Aufmerksamkeit gewidmet wurde. Im Zentrum seines Beitrages stehen Fragen zur sozialen Herkunft der Lernbehinderten, ihre Stellung in Schule und Beruf sowie Probleme der Identität von »Sonderschülern«.

In der empirischen Sozialforschung gelten diskriminierende Einstellungen gegenüber Personen und Gruppen sehr häufig als Nachweis für entsprechend stigmatisierende Handlungen, obwohl die Annahme eines derartigen Zusammenhanges keineswegs unproblematisch ist. *Andrea Abele* und *Wolf Nowack* legen erste Ergebnisse einer psychologischen Untersuchung vor, deren Ziel es ist, die Determinanten der Einstellung zu straffällig gewordenen Jugendlichen empirisch nachzuweisen.

Es gehört inzwischen längst zu den Selbstverständlichkeiten der neueren Kriminalsoziologie, daß Alltagstheorien von Vertretern der Kontrollinstanzen einen wichtigen Faktor in der Produktion sozialer Randgruppen darstellen. Weniger untersucht wurden dagegen bislang die strukturellen Aspekte der Entstehung, der Funktion und der Folgen wissenschaftlicher Theoriebildung. *Susanne Karstedt* hat sich – nach einem intensiven Studium der Literatur zur Randgruppenproblematik – diesem Thema gestellt. Ihre Analyse zeigt sehr deutlich den engen Zusammenhang zwischen wissenschaftlicher Theoriebildung und gesellschaftlicher Definition sozialer Randgruppen.

Jürgen Hohmeier

# Stigmatisierung als sozialer Definitionsprozeß

Die folgende Darstellung, die das Ziel einer Einführung in den vorliegenden Band verfolgt, behandelt gesellschaftliche Prozesse der Ausgliederung, die durch soziale Definitionen geleistet werden oder in denen Definitionen eine wichtige Rolle spielen. Da Prozesse dieser Art in der BRD erst seit kurzem in den Blick genommen werden, empfiehlt es sich, die wichtigsten Faktoren einmal im Überblick aufzuzeigen, um die Bedeutung von Stigmatisierungsvorgängen deutlich zu machen. Die Gliederung der Ausführungen sieht so aus, daß zunächst Begriff und Struktur von Stigmata als einer bestimmten Art sozialer Vorurteile geklärt werden. Dann wird nach den Bedingungen für die Durchsetzung von Stigmata gefragt. Es folgt die Behandlung der Funktionen, die Stigmatisierungen auf individueller und gesellschaftlicher Ebene haben. Anschließend sollen die Folgen betrachtet werden, die sich in vielfältiger Weise für die Stigmatisierten ergeben. Dabei ist vor allem auf die Rolle von bestimmten Organisationen, insbesondere den behördlichen Kontrollinstanzen, einzugehen. Schließlich wird die Frage nach den Ursachen für Stigmatisierungen aufgeworfen.

## 1. Zum methodologischen Ansatz

Vorab einige kurze methodologische Hinweise zum Standort dieser Überlegungen. Die Beschäftigung mit Eigenschaften und Verhaltensweisen von Personen und Gruppen, die von denen einer Mehrheit abweichen und die damit in eine randständige Position zur Gesellschaft geraten, ist seit jeher ein besonderes Anliegen der Sozialwissenschaften, die sich seiner in verschiedenen Disziplinen angenommen haben. Aus diesem Interesse resultieren eine Reihe von unterschiedlich ansetzenden Theorien, z. B. die Devianztheorien, die jenes abweichende Verhalten zu erklären versuchen. Die Sozialwissenschaften haben dabei Devianz zumeist als eine Andersartigkeit aufgefaßt, die es im Vergleich zu dem »Normalen« zu erklären gilt; sie haben nach den Eigenschaften von Devianten geforscht und gefragt, warum Menschen gegen geltende Normen verstoßen oder eben »anders« sind. So hat, um ein Beispiel zu geben, die Kriminologie nach den Ursachen kriminellen Verhaltens gesucht und diese in den – hinsichtlich ihrer Entstehung freilich unterschiedlich interpretierten – Eigenschaften der »Kriminellen« aufzuweisen versucht (vgl. *Sack* 1968 und 1969). Die Andersartigkeit dieser Personengruppe wurde in der Regel vorausgesetzt; die Frage nach dem Zusammenhang mit sozialen Definitionsprozessen und deren Folgen blieb außer Betracht. Ebenso geriet der Selektionsvorgang, durch den »Kriminelle« aus einer viel größeren Zahl von Gesetzesübertretern herausgefiltert werden, nicht ins Blickfeld.

Auch die Soziologie als Einzelwissenschaft hat allzu häufig übersehen, daß Devianz zunächst das Resultat sozialer Festlegungsprozesse ist, in denen Verhaltensweisen oder Eigenschaften als »deviant« definiert werden. Diese Definitionen sind ihrerseits in vielfältiger Weise gesellschaftlich determiniert. Devianz ist keine Qualität eines Handelns an sich, sondern das Ergebnis gesellschaftlicher Definitionen, die wie andere soziale Phänomene historischen Veränderungen unterliegen. Ein Merkmal wird erst aufgrund einer Definition, die Geltung erlangt, »deviant« (vgl. *Becker* 1963, *Sack* 1968 u. 1969, *Schur* 1971). Devianz ist also eine Eigenschaft, die als solche definiert wurde; »ein Devianter ist«, wie *Howard S. Becker* sagt (1963, S. 9), »eine Person, der ein bestimmtes Etikett erfolgreich zugeschrieben worden ist«. Abweichungen konstituieren sich also durch soziale Prozesse der Zuschreibung. Definitionen sind nun aber nicht nur in dieser Festlegungs- und Zuordnungsfunktion, sondern vor allem in ihren realen Konsequenzen, die sie sowohl für den Umgang mit den Definierten als auch für diese selbst haben, von Bedeutung. Nicht die unterstellte Andersartigkeit bestimmter Personen oder Gruppen, sondern der Definitionsprozeß, der diese Andersartigkeit festlegt, sowie dessen Folgen, die häufig in der Ausgliederung der Definierten bestehen, besitzen demnach soziologische Relevanz.

## 2. Begriff und Struktur von Stigmata

Für Definitions- und Ausgliederungsprozesse beginnt sich der Begriff der Stigmatisierung einzubürgern. Nachdem *Erving Goffman* ihn bereits vor über zehn Jahren in die Soziologie eingeführt hat, wird seit einigen Jahren versucht, ihn in theoretischer Hinsicht fruchtbar zu machen. Eine eigentliche Stigma-Forschung gibt es bislang aber nur in ersten Ansätzen, auch wenn diese natürlich auf die Fragestellungen und Ergebnisse der Einstellungs- und insbesondere der Vorurteilsforschung aufbauen kann. Für *Goffman* ist »Stigma« bereits ein relationaler, d. h. soziale Beziehungen darstellender Begriff; er bezeichnet bei ihm

6

aber doch noch eine Eigenschaft der Person, die »zutiefst diskreditierend ist« (*Goffman* 1967, S. 11). Aufgrund der hier vorgetragenen Überlegungen wird vorgeschlagen, den Begriff nicht – wie bei *Goffman* – für ein Merkmal selbst, sondern für die negative Definition des Merkmals bzw. dessen Zuschreibung zu verwenden. Wahrscheinlich kann unter gewissen Bedingungen jedes objektive Merkmal zu einem Stigma werden, auch wenn sich sicherlich einige Merkmale dazu eher als andere anbieten. Ein Stigma ist danach der Sonderfall eines sozialen Vorurteils gegenüber bestimmten Personen, durch das diesen negative Eigenschaften zugeschrieben werden. Es beruht auf Typifikationen, d. h. Verallgemeinerungen von teils selbst gewonnenen, teils übernommenen Erfahrungen, die nicht mehr überprüft werden (vgl. den Beitrag von *U. Gerke* in diesem Band). Stigmatisierung heißt dann ein verbales oder non-verbales Verhalten, das aufgrund eines zueigen gemachten Stigmas jemandem entgegengebracht wird. Stigmatisierte sind Personen oder Gruppen, denen ein bestimmtes – meist negatives – Merkmal oder mehrere Merkmale zugeschrieben werden.

Mit dieser Definition von Stigma und Stigmatisierung wird nicht ausgesagt, daß Eigenschaften oder Verhaltensweisen der Stigmatisierten selbst keine Rolle zu spielen brauchten. Es ist vielmehr häufig der Fall, daß Stigmatisierungen bei – sichtbaren oder unsichtbaren – Merkmalen von Personen anknüpfen. Es handelt sich dabei typischerweise um Eigenschaften, die von denen einer Majorität abweichen, wie etwa körperliche Besonderheiten (z. B. eine Behinderung), wie eine Gruppenzugehörigkeit (z. B. die Mitgliedschaft in einer Sekte) oder wie ein Verhalten (z. B. der Verstoß gegen eine geltende Norm). Für nichtsichtbare stigmatisierte Eigenschaften bestehen dabei in der Regel Verdachtsmerkmale, die die Identifikation der Person als Stigmatisierte auslösen. Zu diesen Verdachtsmerkmalen gehören der Kontakt mit Kontrollinstanzen, z. B. psychiatrischen Kliniken, oder der Aufenthalt an bestimmten Plätzen (vgl. *Feest* 1971). Für Stigmata ist nun charakteristisch, daß einmal das vorhandene Merkmal in bestimmter negativer Weise definiert wird und daß zum anderen über das Merkmal hinaus dem Merkmalsträger weitere ebenfalls negative Eigenschaften zugeschrieben werden, die mit dem tatsächlich gegebenen Merkmal objektiv nichts zu tun haben. Die Wahrnehmung des Merkmales ist dann mit Vermutungen über andere vorwiegend unvorteilhafte Eigenschaften der Person gekoppelt. Es findet eine Übertragung von einem Merkmal auf die gesamte Person, von den durch das Merkmal betroffenen Rollen auf andere Rollen der Person, den tatsächlich eingenommenen wie den potentiell einzunehmenden, statt. Diese Zuschreibung weiterer Eigenschaften kennzeichnen Stigmatisierungen als Generalisierungen, die sich auf die Gesamtperson in allen ihren sozialen Bezügen erstrecken. Das Stigma wird zu einem »master status«, der wie keine andere Tatsache die Stellung einer Person in der Gesellschaft sowie den Umgang anderer Menschen mit ihr bestimmt (vgl. *Schur* 1971, S. 52; *Lautmann/Schönhals-Abrahamsohn/Schönhals* 1972, S. 83 ff.).

Für diese Generalisierung sollen hier zwei Beispiele angeführt werden, die beide kürzlich in der Bundesrepublik durchgeführten Untersuchungen entnommen sind. Ein Blinder ist danach nicht nur eine Person mit einer Sehbehinderung, sondern er ist auch eine Person, die »traurig«, »ernst«, »hilflos«, »kontaktgehemmt«, »zu nichts zu gebrauchen« ist und die daneben noch andere Gebrechen hat – so das Stigma des Blinden, wie es in Tiefeninterviews exploriert wurde (*Lautmann* et al. 1972). Ein Homosexueller ist nicht nur eine Person, die ihre Sexualität in einer Weise lebt, die von der Bevölkerungsmehrheit abweicht, sondern sie hat daneben die Eigenschaften »weich«, »triebhaft«, »schwach«, »unsympathisch« und »ekelhaft« – dies die stärksten Mittelwerte eines Polaritätsprofils (*Schmidt/Sigusch* 1967, S. 13 ff.). In diesem Zusammenhang sei noch angemerkt, daß einigen stigmatisierten Gruppen neben negativen Eigenschaften auch die eine oder andere positive Eigenschaft zugeschrieben wird. Beispiele dafür sind die »Intuitionsgabe« des Blinden, die »künstlerische Sensibilität« des Homosexuellen oder die »Männlichkeit« des Kriminellen.

Als soziale Vorurteile zeichnen sich Stigmata durch die Komplexität ihres Inhaltes sowie dessen affektive Geladenheit aus. Entsprechend der für Einstellungen gebräuchlichen Unterscheidung (vgl. *Rokeach* 1969) lassen sie sich als die folgenden drei Dimensionen umfassend vorstellen: sie bestehen einmal aus kognitiven Aussagen über Eigenschaften der bezeichneten Person oder Gruppe; sie enthalten zum anderen Bewertungen dieser Eigenschaften; sie geben weiter meist – explizit oder implizit – an, welches Verhalten dieser Person gegenüber geboten ist. Wie in vielen Fremdstereotypen finden wir auch in Stigmata klischee- und formelhafte Wendungen sowie Symbole von großer Einprägsamkeit und mit hoher Suggestivwirkung.

Es ist anzunehmen, daß es stigmatisierte Gruppen in jeder Gesellschaft gibt; die Auswahl stigmatisierter Personen, die ihnen zugeschriebenen Merkmale sowie die Stärke der Stigmatisierung sind jedoch sehr unterschiedlich. Stigmata sind in historischer und interkultureller Hinsicht außerordentlich variabel. Ein Stigma kann sich einerseits in einer Kultur von Epoche zu Epoche verändern; seine Ausprägung kann andererseits in verschiedenen Kulturen sehr unterschiedlich ausfallen [1].* Gegenwärtig in der Bundesrepublik stigmatisierte Gruppen sind etwa Zigeuner, Gastarbeiter, Obdachlose, Zeugen Jehovas, Kommunisten, Wehrdienstverweigerer, uneheliche Mütter, sexuell Deviante, Rauschgiftkonsumenten, Strafentlassene, Körperbehinderte, Blinde, Alte, Geisteskranke und Sonderschüler.

## 3. Durchsetzung von Stigmata

Die Frage, wie ein Stigma in einer Gesellschaft Geltung erlangt, ist eines der wichtigsten und zugleich am wenigsten geklärten Probleme der Stigma-Forschung (vgl. *Rubington/Weinberg* 1968, S. 6 ff.). Es können an dieser Stelle nur einige allgemeine Hinweise gegeben werden, die sich insbesondere auf Voraussetzungen für die Durchsetzung von Stigmata beziehen. Eine dieser Voraussetzungen liegt bereits in der formalen Struktur von Stigmata, also in der erwähnten Generalisierung. Diese trägt insofern zu der hohen Wirksamkeit von Stigmatisierungen bei, als in der Regel in sehr einprägsamen Klischees auf die gesamte Person rekurriert wird. Stigmata scheinen weiterhin eher und leichter durchgesetzt zu werden, wenn auf den Verstoß gegen eine allgemein gültige Norm hingewiesen werden kann. Das heißt jedoch nicht, daß Normbrüche gewissermaßen automatisch eine Stigmatisierung auslösen. Diese hängt vielmehr von zusätzlichen Faktoren ab – etwa von der Verbindlichkeit und Verbreitung der gebrochenen Norm, von dem Eingreifen von Sanktionsinstanzen, etwa Behörden, oder von dem Verhalten gesellschaftlicher Gruppen, deren Interessen betroffen sind (vgl. *Becker* 1963, S. 8 ff.).
Von entscheidender Bedeutung für Stigmatisierungs- und Ausgliederungsprozesse ist die Macht, über die Stigmatisierer und Stigmatisierte verfügen. Stigmatisierungen sind gegen Gruppen, die über wenig Macht verfügen, leichter durchzusetzen als gegen Gruppen mit großer Macht. Dies trifft insbesondere für Angehörige der Unterschicht zu, weil sich hier gleichsam »mehrere Negativstatus summieren: etwa Blindenstatus plus Unterschichtstatus« (*Lautmann* et al. 1972, S. 98). Umgekehrt haben mit ökonomischer und politischer Macht ausgestattete Personen oder Gruppen eine größere Chance, ihren Definitionen Geltung zu verschaffen, als Gruppen an der Basis der Machtpyramide (vgl. *Sack* 1968, S. 472 f.). Ebenso bewahrt ein hoher gesellschaftlicher

* Anmerkungen s. S. 22

Status weitgehend vor Stigmatisierung; kommt es dennoch, etwa aufgrund einer nicht zu verbergenden Eigenschaft oder eines Normverstoßes, zu einer Stigmatisierung, so fällt sie in der Regel milder aus als bei Unterschichtsangehörigen aus. Als Beispiel sei hier auf die unterschiedliche Bedeutung des Stigmas »uneheliche Mutter« für die Unter- und Oberschicht verwiesen (*Lautmann* et al. 1972, S. 97).

Auch wenn man davon ausgehen kann, daß es stigmatisierte Gruppen wahrscheinlich in allen Gesellschaften gibt, so dürften doch ihre Zahl sowie die Stärke der Stigmatisierung nicht zuletzt von der Gesellschaftsstruktur abhängen. Es ist anzunehmen, daß Stigmatisierungen besonders häufig und ausgeprägt in Gesellschaften auftreten, die entweder auf den Prinzipien der individuellen Leistung und Konkurrenz beruhen oder in denen starke Spannungen zwischen gesellschaftlichen Gruppen bestehen. Beide Merkmale treffen mehr oder weniger auf alle Industriegesellschaften zu. In diesen Gesellschaften haben außerdem bestimmte Organisationen, die Instanzen sozialer Kontrolle, eine wichtige Funktion bei der Durchsetzung von Stigmata. Ihre Tätigkeit trägt heute in hohem Maße dazu bei, ein Stigma zu gestalten und ihm Geltung zu verschaffen. Der Einfluß dieser Organisationen, auf den noch einzugehen ist, läßt sich etwa am Beispiel der Stigmatisierung von Rauschmittelkonsumenten in den USA (vgl. *Becker* 1963, S. 135 ff.) und bei uns belegen.

## 4. Funktionen von Stigmata

Die Frage nach den Funktionen von Stigmata ist sowohl für das einzelne Individuum, welches sie übernimmt und sich ihnen entsprechend verhält, als auch für die Gesellschaft, also für die Wirkungen auf der Makroebene, zu stellen. Stigmata haben zunächst – ebenso wie die komplementären Vorstellungen von »Normalität« – eine Orientierungsfunktion in sozialen Interaktionen, insofern in ihnen bestimmte Vorstellungen, Erwartungen und Verhaltensanweisungen bezüglich des Interaktionspartners enthalten sind. Dies ist dadurch möglich, daß aus einigen wenigen Indikatoren ein Höchstmaß an Vermutungen über eine Person bezogen wird (vgl. *Lofland* 1969, S. 142 f.). Stigmata strukturieren damit Situationen im voraus und erleichtern die Einstellung darauf; sie verringern Unsicherheit und stellen eine Entscheidungshilfe dar. Besonders in Gesellschaften mit einer hohen Rate sozialen Wandels und territorialer Mobilität ist dabei das Bedürfnis nach Einordnung des anderen groß. Zugleich beeinflussen Stigmata aber – das ist die andere Seite der »Entlastung« – die Wahrnehmungen in Richtung einer Selektion und Verzerrung und machen so neue Erfahrungen unmöglich (vgl. *Bergler* 1966, S. 86 und S. 108 ff.).

Aus tiefenpsychologischer Sicht können Stigmata als Projektionen verstanden werden, die als solche zum einen die Funktion der Abreaktion 2) von Aggressionen haben (vgl. *Shoham* 1970, S. 99). Hier sei auf den in psychoanalytischen Theorien verschiedentlich betonten Zusammenhang zwischen Frustration und Vorurteilen sowie zwischen autoritärer Persönlichkeit und Vorurteilen hingewiesen (vgl. etwa *Heintz* 1957, S. 98 ff.). Zum anderen sind Stigmata auch als Projektionen verdrängter Triebansprüche gedeutet worden. Auch in dieser Hinsicht kommt ihnen eine Entlastungsfunktion zu, indem Antriebe und Wünsche, die man selbst nicht zu realisieren wagt, anderen zugeschrieben werden (vgl. *Allport* 1954, S. 384 ff.).

Aus einer wiederum anderen theoretischen Perspektive liegt es nahe, Stigmatisierungen als Identitätsstrategien aufzufassen. Identitätsstra- 3) tegien sind Verhaltensweisen, die der Bewahrung eines gefährdeten bzw. der Wiederherstellung eines gestörten psychischen Gleichgewichts dienen. Die Begegnung mit einem Stigmatisierten stellt in vielen Fällen eine Bedrohung der eigenen Identität insofern dar, als man an eigene Abweichungstendenzen erinnert wird. Das Gleichgewicht wird dann durch betonte Abgrenzung, d. h. durch Herausstellen der eigenen »Normalität« und Ablehnung der Abweichung des anderen, zu stabilisieren versucht. Die Bedrohlichkeit des Stigmatisierten besteht ferner darin, daß dem »Normalen« das Instrumentarium fehlt, mit dessen »Anderssein« kognitiv, emotional und instrumental fertig zu werden. Er greift dann häufig zu Identitätsstrategien wie Ablehnung, Interaktionsvermeidung und soziale Isolierung, um sein bedrohtes seelisches Gleichgewicht aufrecht zu erhalten. Die Ergebnisse einer Untersuchung der »Forschungsgemeinschaft ›Das körperbehinderte Kind‹« weisen in diese Richtung. In der Untersuchung wurden den Testpersonen Bilder von Contergan-geschädigten Kindern mit der Frage vorgelegt: »Was würden Sie machen, wenn dieses Kind auf Sie zukäme«? Als Reaktion zeigten sich Ekel, Angst und falsches Mitleid. Eine sachliche Einstellung zum Körperbehinderten fehlte fast vollständig. Bei 90 Prozent der Befragten stellte sich heraus, daß sie nicht wissen, wie sie sich einem körperbehinderten Kind gegenüber verhalten sollen. Nach Hilfsmöglichkeiten befragt, schlugen die Testpersonen meistens Wege vor, die eine persönliche Mithilfe ausschlossen. Nähere Kontakte mit Körperbehinderten wurden möglichst vermieden (vgl. *v. Bracken/Cotanidis* 1971).

Die Frage nach der Funktion von Stigmata für die Beteiligten an Interaktionssystemen kann auch auf die gesamtgesellschaftliche Ebene übertragen werden, auch wenn hier die Antworten notwendig vager und weniger belegt sind. Stigmata regulieren einmal den sozialen Verkehr zwischen den Gruppen der Gesellschaft, insbesondere zwischen Majoritäten und Minoritäten, einschließlich des Zugangs zu knappen Gütern wie Status, Berufschancen etc. Aus gesamtgesellschaftlicher Sicht können durchgesetzte Stigmatisierungen weiter die Funktion einer Systemstabilisierung haben. Sie kanalisieren aus Frustrationen herrührende Aggressionen, indem diese auf schwache, d. h. mit wenig Macht ausgestattete, »Sündenböcke« geleitet werden, denen man alle Schuld an einer Misere zuweisen kann (vgl. *Allport* 1954, S. 151 ff., S. 214 ff., S. 250 ff.; *Shoham* 1970, S. 101 ff.). In den großen Verfolgungen unserer Geschichte, etwa in den Judenpogromen, läßt sich dieser Mechanismus in seiner schrecklichsten Dynamik nachweisen. Stigmatisierungen lenken auf diese Weise vom Klassenantagonismus oder von der Aufdeckung und Beseitigung gesellschaftlicher Mißstände ab (vgl. *Chapman* 1968, S. 4 ff., S. 20). Zum anderen verstärken sie die Normkonformität der Nicht-Stigmatisierten. Sie belohnen Normtreue, indem sie Kontrastgruppen schaffen, von denen sich die »Normalen« vorteilhaft abheben. Ohne Stigmatisierte wäre es kein Vorteil, »normal« zu sein (vgl. *Bergler* 1966, S. 97; *Shoman* 1970, S. 7).

Schließlich haben Stigmatisierungen eine Herrschaftsfunktion. Für Machtgruppen können sie ein Instrument zur Unterdrückung solcher Gruppen sein, deren wirtschaftliche oder politische Konkurrenz man zu verhindern wünscht oder die man aus anderen Gründen von der Teilhabe an der Gesellschaft ausschließen will. Ein Kennzeichen von Stigmata, die diese Funktion erfüllen, ist in der Regel, daß ein Zusammenhang zwischen den zugeschriebenen negativen Eigenschaften der stigmatisierten Gruppe und einem unheilvollen Einfluß auf die Gesellschaft insgesamt behauptet wird. Beispiele für diese Herrschaftsfunktion von Stigmatisierungen können mit der Verfolgung der Juden im Dritten Reich oder der Diskriminierung der Neger in den USA gegeben werden.


## 5. Folgen der Stigmatisierung

Während wir uns mit der Frage nach den Funktionen von Stigmata und Stigmatisierungen auf einem Terrain befanden, das hinsichtlich der kausalen Zuordnung von Faktoren recht schwierig ist, sind die

Folgen eindeutiger und leichter zu bestimmen. Wir können uns hier zudem auf eine Fülle von Quellen, zahlreiche historische Untersuchungen, bereits auch einige soziologische Analysen sowie – meist in den USA durchgeführte – empirische Untersuchungen stützen. Der umfangreiche Bereich von Folgen kann hier wiederum nur umrissen werden. Die Folgen sind auf der Ebene der Teilhabe des Individuums an der Gesellschaft, auf der Ebene der Interaktionen mit Nicht-Stigmatisierten und schließlich auf der Ebene der Veränderung der Person in ihrer Identität zu betrachten. Das zentrale Problem des Stigmatisierten auf allen drei Ebenen ist das der Anerkennung als Person und als gesellschaftlicher Partner.

Stigmatisierungen haben sehr häufig den formellen oder informellen Verlust von bisher ausgeübten Rollen zur Folge oder machen die Ausübung bestimmter Rollen von vornherein unmöglich. Naturgemäß ist der Ausschluß im beruflichen Bereich besonders verhängnisvoll. Der Zugang zu vielen Berufen oder beruflicher Aufstieg hängt davon ab, ob ein Stigma gegenüber der Umwelt erfolgreich verborgen werden kann. Der Ausschluß ist dabei aufgrund des tatsächlich vorhandenen Merkmales sachlich meist nicht gerechtfertigt. Er ist vielmehr eine Folge der geschilderten Stigma-Generalisierung. Der Rollenverlust bezieht sich nämlich nicht nur auf Rollen, die durch ein Merkmal unmittelbar betroffen sind – wie das Führen eines Fahrzeugs bei Blindheit –, sondern auf weitere und im Extremfall – so beim Geisteskranken – auf alle Rollen der Person. Vom Merkmal gänzlich unberührte Rollen werden nicht zugetraut oder entzogen. Rollenverlust bedeutet eine Minderung der Teilhabe an der Gesellschaft; er führt zu Disprivilegierung und Isolation. Die Folgen für den Stigmatisierten sind vielfältiger Art und die Übergänge zwischen ihnen fließend. Sie reichen vom ungünstigen öffentlichen Ansehen, über Kontaktverlust, den Verlust von Berufsrollen, den Verlust von Daseinschancen, der mehr oder weniger vollständigen Ausgliederung aus der Gesellschaft bis hin zur physischen Vernichtung.

Stigmatisierung verändert das Verhältnis der Umwelt zum Stigmatisierten. Die Definition einer Person als in irgendeinem Sinne deviant löst bei ihren Kontaktpersonen zweierlei Prozesse aus. Einmal wird ihr gesamtes Verhalten tendenziell auf das Stigma bezogen und von diesem her interpretiert. Wurde ein Verhalten bislang z. B. als »forsch« angesehen, so wird es jetzt als »aggressiv« aufgefaßt. Die Umdefinition braucht dabei die empirischen Fakten nicht zu verletzen, da ein Großteil menschlichen Verhaltens für jeweils unterschiedliche Deutungen offen ist (vgl. *Lofland* 1969, S. 149). Zum anderen wird das bisherige

Leben der Person daraufhin betrachtet, welche Ereignisse mit der gegenwärtigen Devianz übereinstimmen; es findet eine »Rekonstruktion der Biographie« statt (vgl. *Schur* 1971, S. 52 ff.; *Lofland* 1969, S. 149 ff.), in der diese an das Stigma angepaßt wird. Wegen der erwähnten grundlegenden Ambivalenz des Verhaltens sind derartige Bemühungen fast immer »erfolgreich« [2]. In entwickelten Gesellschaften sind an diesen Rekonstruktionen sehr häufig professionelle »Spezialisten«, wie Polizisten, Sozialarbeiter oder Psychiater, beteiligt, die – mit staatlicher Legitimation und organisatorischem Apparat ausgestattet – die Anpassung der Biographie an das gegenwärtige Stigma mit besonderem Nachdruck zu leisten vermögen (vgl. *Lofland* 1969, S. 136 ff.). Ist eine Person in diesem Sinne undefiniert, so orientieren sich alle Interaktionen mit ihr mehr oder weniger weitgehend an dem Stigma. Für den Stigmatisierten ist es außerordentlich schwierig, das einmal festgelegte Stigma aufzulösen, weil alle seine Reaktionen – wie Ärger, Angst, Aufregung, Aggression oder Resignation – als eine Bestätigung der zugeschriebenen Eigenschaften aufgefaßt werden. Wie er sich auch verhält, jede Reaktion kann im Sinne des Stigmas interpretiert werden.

Die Folgen der Stigmatisierung auf der Ebene von Interaktionen mit Nicht-Stigmatisierten bestehen dann darin, daß es dem Stigmatisierten unmöglich ist oder zumindest schwer fällt, als vollwertiger Interaktionspartner anerkannt zu werden, daß Interaktionen schwierig und in ihrer Fortsetzung ständig bedroht sind, und daß es permanenter Anstrengungen der Informationssteuerung, eines »stigma managements« (*Goffman*), auf seiten des Stigmatisierten bedarf, um sie nicht dem Zustand der Peinlichkeit anheimfallen zu lassen. *R. Barker* (zitiert nach *Goffman* 1967, S. 23) zeigt am Beispiel von Körperbehinderten, daß Stigmatisierte sich in Kontakten mit ihrer Umwelt ständig in einem »sozialpsychologischen Neuland« befinden, in dem permanente Wachsamkeit und immer neue Anpassungsleistungen erforderlich sind. Der Stigmatisierte weiß nicht, wie sein Merkmal und das Stigma eingeordnet und beurteilt werden; der Nicht-Stigmatisierte fühlt sich, zumeist auf das Stigma seines Gegenüber fixiert, dem Kontakt nicht gewachsen. Spannungen, Unsicherheit, Verlegenheit und Angst zeichnen deshalb Interaktionen zwischen Stigmatisierten und Nicht-Stigmatisierten in der Regel aus. Für den Stigmatisierten ist es dann schwer, in derart verunsicherten Interaktionen seine persönliche Identität aufrechtzuerhalten oder zu entwickeln.

## 6. Sozialisation zum Stigmatisierten

Für viele Stigmatisiertengruppen steht in der Gesellschaft eine soziale Rolle bereit, die ihnen zugewiesen wird. Solche Rollen sind etwa »Körperbehinderter«, »Krimineller«, »Rauschgiftsüchtiger« oder »Neger«. Die Übernahme dieser Rollen [3] erfolgt, mit mehr oder weniger Druck von außen, durch eine Sozialisation, an deren Ende eine veränderte Persönlichkeit steht. Die Veränderung erfolgt zunächst in einem Vorgang, der hier in Ermangelung eines besseren Begriffes als »unmittelbare Sozialisation« bezeichnet werden soll. Damit ist gemeint, daß in der Stigmatisierung selbst bereits ein Zwang zur Identifizierung wirkt – ein Mechanismus, der als »self-fulfilling prophecy« bezeichnet worden ist (*Merton* 1963, vgl. auch *Schur* 1971, S. 69 ff.). Aus ständig zugeschriebenen und damit erwarteten Eigenschaften werden schließlich tatsächliche. *Edwin M. Lemert* (1967, S. 40 ff.) hat den Vorgang der Herausbildung reaktiver devianter Verhaltensweisen als »sekundäre Devianz« bezeichnet. Stigmatisierte übernehmen infolge des Konformitätsdrucks Verhaltensweisen, die man bei ihnen vermutet. Entsprechend paßt sich ihr Selbstbild mit der Zeit den Zuschreibungen sowie den Bedingungen ihrer sozialen Situation an. Häufig beginnt damit eine »Karriere«, in der sich bestimmte Verhaltensmuster des Stigmatisierten und Reaktionen seiner Umwelt gegenseitig bedingen [4].

In der Regel erfolgt die Rollenübernahme aber in einer Sozialisation, die sich in verschiedenen Phasen zu vollziehen pflegt. *Robert A. Scott* (1969) hat am Beispiel von Blinden eine derartige Sozialisation überzeugend dargestellt; ähnliche Prozesse ließen sich auch für andere Behindertengruppen aufweisen. Die beobachtbaren Eigenschaften und Verhaltensweisen des Blinden in unserer Gesellschaft sind nur z. T. der Sehbehinderung eigentümlich; weit mehr noch sind sie dagegen das Produkt einer spezifischen Sozialisation. »Blinder« ist eine gelernte soziale Rolle (vgl. *Scott* 1969, S. 14), die vor allem in drei sozialen Kontexten vermittelt wird.

Zunächst werden in der primären Sozialisation der Kindheit die wichtigsten Bestandteile der Blindenrolle, ebenso wie die Rollen anderer Stigmatisiertengruppen und die Definitionen abweichenden Verhaltens, im Rahmen der Vermittlung kultureller und sozialer Wirklichkeit gelernt (vgl. *Scott* 1969, S. 16; *Scheff* 1966, S. 67 f.). Aufgrund dieser Sozialisation haben Stigmatisierte eine »intime Gewißheit« (*Goffman*) davon, was andere als ihren Makel ansehen. Die Sozialisation des Blinden erfolgt dann weiter in den Interaktionen mit Sehenden – und zwar hier vor allem auf zweierlei Weise: einmal durch die Vorstellungen und Erwartungen über Blinde, die Sehende in Interaktionen mit Blinden einbringen und die als solche das Selbstbild des Blinden bestimmen, und zum anderen durch die bereits angedeutete Dynamik der Interaktionssituation selbst, insbesondere durch die enthaltenen Elemente der Spannung und Unsicherheit (vgl. *Scott* 1969, S. 29 ff.). Die Identitätsänderung erfolgt hier als Folge der »täglichen Übersetzungen des Stigmas in Verhaltensweisen der Mitmenschen der Stigmatisierten« (*Schumann* 1973, S. 89). Stigmatisierte werden ständig daran erinnert, daß sie »anders« sind. Schließlich wird die Rolle als Klient einer Organisation gelernt, die mit der Betreuung von Blinden beauftragt ist. Hier geschieht die Sozialisation dann vor allem über die Erwartungen des Personals, über die von der Organisation konstruierte soziale Identität des »Blinden«, die vielfach zum ursprünglichen Selbstbild im Widerspruch steht, und nicht zuletzt auch über die organisatorischen Abläufe und Regelungen, denen sich der Klient anpassen muß. Er ist gezwungen, die ihm angebotene Rolle zu übernehmen, wenn er die Dienstleistungen der Organisation, über die diese in der Regel ein Monopol besitzt, in Anspruch nehmen und Sanktionen vermeiden will (vgl. *Scott* 1969, S. 78 f.).

## 7. Kontrollinstanzen und Stigmatisierung

Auf die Rolle von Organisationen, insbesondere von Instanzen behördlicher Art, in Stigmatisierungsprozessen soll im folgenden etwas näher eingegangen werden. Im Verlauf der arbeitsteiligen Differenzierung von Gesellschaften übernehmen spezialisierte Organisationen immer mehr die Aufgabe der Verwaltung und Betreuung bestimmter Gruppen, die zuvor Lebensgemeinschaften wie Familie und Gemeinde oblag. Die Legitimation dieser Funktion sowie die Leistungen dieser Organisationen sollen hier weder erörtert noch bestritten werden. Es wird ihnen auch nicht ein Mangel an gutem Willen und entsprechenden Bemühungen unterstellt. Es geht im Zusammenhang dieser Überlegungen vielmehr um eine latente Funktion, die, obwohl sie zunehmend an Bedeutung gewinnt, bei uns erst in den letzten Jahren in den Blick geraten ist [5]. Die infragekommenden Organisationen haben weithin die Funktion übernommen, Abweichungen zu definieren, Deviante anhand ihrer Definition zu identifizieren, sie zu betreuen, zu verwalten und zu kontrollieren. In den Organisationen sind »Zuschreibungsspezialisten« (*Lofland*) tätig, die hauptberuflich mit der Definition und Zuordnung von Personen, ihren Klienten, betraut sind.

Über diese Arbeit leisten sie einen wesentlichen Beitrag zur Stigmatisierung der befaßten Gruppen (vgl. *Scott* 1967). Die Stigmatisierung hängt hierbei kaum davon ab, ob die Aufgaben in der Kontrolle oder gar Bestrafung von Devianten oder ob sie in der Betreuung und Hilfe oder in der »Behandlung« im Sinne von Resozialisierung und Rehabilitation gesehen werden (vgl. *Schur* 1971, S. 3 f.).

Die Kontrollinstanzen sind in dieser (latenten) Funktion sehr viel erfolgreicher als die lebensgemeinschaftlichen Systeme vor ihnen. Ihre Effizienz ist einmal ein Ergebnis der Zweck-Mittel-Rationalität moderner bürokratischer Apparate und zum anderen der Amts- und Sachautorität, mit der sie ausgestattet sind (vgl. *Rubington/Weinberg* 1968, S. 109). Zu diesen Organisationen gehören die verschiedenen Behörden und Einrichtungen der Sozialarbeit (vgl. den Beitrag von *C. Schumann* in diesem Band) und des öffentlichen Gesundheitswesens (vgl. den Beitrag von *M. Gebauer*), die Polizei (vgl. den Beitrag von *Brusten/Malinowski*), die Strafjustiz und der Strafvollzug (vgl. den Beitrag von *H. Schäfer*) und – wenn auch nur unter bestimmtem Aspekt – die Schule (vgl. den Beitrag von *F. Lösel*), insbesondere die Sonderschule (vgl. den Beitrag von *W. Thimm*) [6].

Die Tätigkeit dieser Organisationen übt sowohl auf das in der Gesellschaft seit jeher verbreitete Stigma bestimmter Gruppen als auch auf die Sozialisation der Stigmatisierten großen Einfluß aus. Die von den Organisationen entwickelten Definitionen haben die traditionellen Stigmata weitgehend abgelöst. An die Stelle der überkommenen, häufig recht diffusen, wenn auch in einzelnen Bestandteilen gelegentlich sehr aggressiven Stigmata treten die präzisen und mit Amtsautorität ausgestatteten Definitionen der Organisationen (vgl. *Scott* 1967). Typisch für die daraus resultierende Stigmatisierung ist, daß sie bei dem Kontakt mit den Kontrollinstanzen anknüpft, aber fortbesteht oder sich sogar noch verstärkt, wenn der Kontakt beendet ist. Dies geschieht auch dann, wenn das Merkmal, das zu dem Kontakt mit einer Organisation geführt hat, inzwischen verschwunden ist. Beispiele sind die Stigmatisierung Strafentlassener oder ehemaliger Patienten von »Heilanstalten«. Wir wollen die Definitionen der Organisationen, in denen eine soziale Identität der stigmatisierten Gruppe oder Person konstruiert wird, »Alltagstheorien« nennen. Es handelt sich dabei um relativ konsistente Aussagen über Eigenschaften der befaßten Personen, die Ursachen ihrer Devianz und die erforderliche Behandlung. Alltagstheorien sind handlungsleitende Wissenssysteme, die den Umgang mit Stigmatisierten als »sozialem Problem« bestimmen und die Rolle angeben, die an Stigmatisierte vermittelt werden soll.

Zu dem Begriff ist anzumerken, daß Alltagstheorien nur zu einem Teil auf empirischen Erfahrungen oder gar wissenschaftlichen Erkenntnissen beruhen, weit mehr werden sie durch kulturelle, ökonomische und soziale Einflüsse, auf die noch einzugehen sein wird, sowie – nicht zuletzt – durch die Interessen der Organisationen selbst bestimmt. Derartige Alltagstheorien liegen etwa von »Obdachlosen« (vgl. den Beitrag von *G. Albrecht* in diesem Band), »Kriminellen«, »Geisteskranken«, »Rauschgiftsüchtigen« und verschiedenen Gruppen von »Behinderten« vor. Insgesamt läßt sich feststellen, daß sie mehr den Bedürfnissen der Organisation und ihres Personals nach Verwaltung und Kontrolle ihrer Zielgruppe als denen der Klienten entsprechen, die auch in der Regel kaum einen Einfluß auf sie haben (vgl. *Scott* 1967, S. 257).

Für die Organisation erfüllt die Alltagstheorie mehrere Funktionen. Sie legitimiert einmal die Tätigkeit der Organisation und deren Anspruch auf materielle und ideelle Unterstützung in der Gesellschaft. Aus dem Legitimationszwang ergibt sich übrigens ein Interesse an hohen Deviantenraten, das insbesondere bei den Instanzen sozialer Kontrolle, z. B. der Polizei, festzustellen ist. *Eliot Freidson* (1968, S. 119) spricht in diesem Zusammenhang von einem »sampling bias«. Durch das Maß ihrer Aktivität können die Instanzen die gewünschte Deviantenrate steuern. In der Regel vergrößert sich die Zahl der als deviant definierten Personen in dem Maße, wie die Zahl der mit ihrer Kontrolle betrauten »Spezialisten« zunimmt (vgl. *Lofland* 1969, S. 136 ff.). Alltagstheorien leisten weiter, worauf bereits hingewiesen wurde, einen wesentlichen Beitrag zur Sozialisation der Klienten in Stigmatisiertenrollen, indem sie eine Identität konstruieren, die sich in Erwartungen an die Person umsetzt. Über die Sozialisation ermöglichen sie schließlich eine Funktionalisierung der Patienten zu verwaltbaren Objekten der Organisation, die deren Handlungsabläufen gefügig sind. Dies spielt insbesondere bei Organisationen, die – wie z. B. Heilanstalten (vgl. *Goffman* 1961) – ihre Klienten bei sich aufnehmen, eine wichtige Rolle, ist aber auch bei mehr oder weniger losen Kontakten zwischen Organisationen und Klienten der Fall (vgl. *Rubington/Weinberg* 1968, S. 110 f.).

Die Alltagstheorien der Organisationen sehen vielfach so aus, daß die Identität der Klienten in irgendeinem Sinne als »krank« definiert ist. Während früher Devianz weitgehend als eine absichtsvolle und damit schuldhafte Andersartigkeit angesehen wurde, herrschen heute Identitätskonstruktionen vor, die Abweichungen tendenziell als pathologisch definieren. Den so Definierten wird dann in der Regel die Verantwortung für ihre Abweichung abgesprochen oder doch reduziert zugeschrieben (vgl. *Peters* 1973). Es ist anzunehmen, daß gerade eine solche Pathologisierung die genannten Funktionen eher noch als die älteren Alltagstheorien zu leisten vermag, weil die Stigmatisierten damit in die Nähe von Eigenschaften gerückt werden, die in einer industriellen Leistungsgesellschaft besonders negativ bewertet werden. Von Pathologisierung werden dabei vor allem Gruppen betroffen, die – wie »Kriminelle« – von einer Verhaltensnorm abweichen. In diesem Zusammenhang sei auf die noch weithin ungebrochene Bedeutung des »medizinischen Modells« für die Erklärung und Behandlung von Abweichungen hingewiesen (vgl. *Keupp* 1972, S. 63 ff.).

Die Organisationen werden nun ihrerseits von einigen Faktoren beeinflußt, die für den Inhalt des Stigmas, für die Durchsetzung desselben in der Gesellschaft und für die Behandlung und Sozialisation der Klienten von Bedeutung sind. Auf drei dieser Faktoren soll etwas ausführlicher eingegangen werden: auf den Einfluß des kulturellen Systems, auf den Einfluß von Formalisierung und Bürokratisierung sowie auf den Einfluß der Klienten (vgl. *Scott* 1967).

Der Einfluß des umgebenden kulturellen Systems erfolgt einmal – direkt – über die von den Organisationsangehörigen internalisierten Normen und Werte und zum anderen – indirekt – über die Werte der Personen und Gruppen, die auf die Ziele der Organisation einwirken oder diese – etwa materiell – unterstützen. Die Werte bestimmen zunächst, an welche Gruppen die Organisation sich wendet. Leistungsideologien etwa wirken sich dahingehend aus, daß Unterstützungen vorrangig an Gruppen gegeben werden, die zu einer Arbeitsleistung fähig sind oder fähig gemacht werden können. So sind die Rehabilitationseinrichtungen unserer Gesellschaft fast ausschließlich darauf ausgerichtet, eine Eingliederung in den Arbeitsprozeß zu erzielen. Kulturelle Werte beeinflussen auch maßgeblich Ansatz und Zielsetzung der Tätigkeit einer Organisation. So setzt diese in westlichen Ländern vornehmlich bei dem einzelnen Individuum an; die sozialen Faktoren, die die Situation und Rolle des Stigmatisierten produzieren bzw. aufrechterhalten, werden hingegen weitgehend übersehen. Eine Veränderung wird demzufolge beim Einzelnen, nicht dagegen – was in den meisten Fällen die wichtigste Voraussetzung einer Entstigmatisierung wäre – in der sozialen Umgebung desselben oder in der Gesellschaft insgesamt angestrebt. Auf eine Reform der Gesellschaft richten sich die Bemühungen entweder gar nicht oder nur am Rande.

Bürokratisierung und Formalisierung, die in den meisten hier infragekommenden Organisationen ausgeprägt sind, wirken sich auf die Definition und Sozialisation der Klienten aus. Bürokratien brauchen z. B. eindeutige und anwendbare Regeln darüber, wer als Klient infrage kommt und wie dieser zu behandeln ist. Die Definition des Klienten muß also notwendig vom Einzelfall abstrahieren und die jeweiligen Definitionselemente in eine für die Organisation funktionsgerechte Ordnung bringen. So lautet die Definition von Blindheit etwa: 1/10 oder 1/50 und weniger der »normalen« Sehkraft. Steht eine solche Definition erst einmal fest, bestimmt sie das Handeln der Organisation weit mehr als die Meinung der Betroffenen, die sich keineswegs für blind halten mögen (vgl. *Scott* 1969, S. 17 ff.). Das Bemühen der Organisation geht dann dahin, den Klienten zur Übernahme der Definition zu bewegen.

Im Vergleich mit diesen Faktoren haben die Klienten den geringsten Einfluß auf die Tätigkeit der Organisation, auf deren Alltagstheorie sowie auf die Behandlung durch die Organisation. Diese hier sehr lapidar hingestellte Behauptung dürfte für viele Organisationen – wie etwa die Heilanstalt, die Polizei, bestimmte Einrichtungen der Sozialarbeit – unmittelbar evident sein. Die Gründe für diesen geringen Einfluß liegen wohl vor allem in dem niedrigen sozial-ökonomischen Status der meisten Stigmatisiertengruppen, in dem aus der Stigmatisierung resultierenden Verlust an sozialer Partizipation und in dem geringen öffentlichen Einfluß. Es fehlt den Betroffenen an einer Definitionsmacht, die der Macht der definierenden Organisation entgegengesetzt werden könnte (vgl. *Bonstedt* 1972, S. 8 f.).

## 8. Hypothesen zur Entstehung von Stigmata

Bisher sind Begriff und Prozeß sowie Funktionen und Folgen der Stigmatisierung, jedoch noch nicht deren Ursachen behandelt worden. Lediglich mit dem Beitrag, den bestimmte Organisationen im Stigmatisierungsprozeß leisten, sind die Ursachen berührt worden. Die Frage nach den Ursachen für die Stigmatisierung von Personengruppen in einer Gesellschaft soll deshalb abschließend aufgeworfen werden. Sie kann dabei ebensowenig wie die anderen Punkte in dieser überblickartig gehaltenen Darstellung vollständig beantwortet werden, was bei dem gegenwärtigen Stand unseres Wissens über Stigmatisierungs- und Ausgliederungsprozesse auch nicht möglich wäre. Es sollen lediglich vier – recht allgemein gehaltene – Hypothesen zur Genese von Stigmatisierungen vorgestellt und erläutert werden. Sie bedürfen alle einer eingehenderen Behandlung und einer weiteren

Präzisierung – bereits in begrifflicher Hinsicht –, als hier zu leisten ist.

Ein erster Ursachenkomplex wird in den Interessen globaler gesellschaftlicher Institutionen, wie Wirtschaft, Kirche oder Familie, sowie konkreter Machtgruppen in einer Gesellschaft, wie den Kapitaleignern in einer kapitalistischen oder herrschenden Funktionärsgruppen in einer zentralistisch-bürokratisch verfaßten kommunistischen Gesellschaft gesehen. Diese Hypothese bezieht Stigmatisierungen auf die Herrschaftsstruktur einer Gesellschaft, indem sie als die historisch feststellbare Leistung bestimmter Institutionen bzw. der Organisationen, die diese Institutionen tragen und durchsetzen, und/oder bestimmter herrschender Gruppen verstanden werden. So bringt etwa die Institution des Privateigentums den »Dieb«, die christliche Kirche den »sexuell Devianten« hervor. Ein Beispiel ist mit der sozialen Situation von Arbeitslosen, Landstreichern und anderen Randexistenzen im Frühkapitalismus zu geben. Die Stigmatisierung dieser Gruppen wurde durch bestimmte religiöse Überzeugungen der Zeit, die protestantische Arbeitsethik, bedingt und diente objektiv den Interessen einer Gruppe, den Unternehmern, indem sie diesen zu einer »Reservearmee« billiger und gefügiger Arbeitskräfte verhalf [7]. Die Entstehung der Stigmatisierung bestimmter anderer Gruppen wäre unter Umständen auf ähnliche Weise, durch den Rekurs auf die Interessen und die Aktionen bestimmter Institutionen und ihrer Organisationen sowie gesellschaftlicher Machtgruppen, zu belegen.

Die zweite Hypothese stellt einen Zusammenhang zwischen der Dynamik gesellschaftlicher Differenzierung, insbesondere der Herausbildung immer neuer, den sozialen Verkehr zwischen den Gruppen regulierenden Normen sowie Leistungsnormen, und Stigmatisierungen her. Jede Norm schafft dabei eine Gruppe der Möglichkeit nach stigmatisierbarer Personen. Daß einer Norm oder Normalitätsvorstellung nicht entsprochen wird, ist allerdings noch keine hinreichende Bedingung für eine Stigmatisierung, sondern es müssen zusätzliche Faktoren, wie etwa die erwähnte Machtdifferenz oder das Eingreifen bestimmter Organisationen, hinzukommen, um sie in Gang zu setzen. So ergeben sich, um ein Beispiel zu geben, aus der Norm, fehlerfrei schreiben und lesen zu können, die Legastheniker.

Die dritte – wiederum sehr allgemeine – Hypothese beansprucht lediglich für bestimmte Gruppen, insbesondere die Behinderten, Geltung. Sie geht von der Tatsache einer zunehmenden Zweck-Mittel-Orientierung in allen gesellschaftlichen Teilbereichen aus. Bestimmte Gruppen geraten in einen Widerspruch zu dieser immer schneller fortschreitenden Rationalisierung der gesellschaftlichen Verhältnisse, insofern sie sich diesen aufgrund einer objektiven Eigenschaft, wie etwa einer Behinderung, nicht oder nur unzulänglich anpassen können. Sie fallen insbesondere aus den sich entwickelnden Arbeitsverhältnissen heraus. Die Stimatisierung knüpft dann, bedingt oder verstärkt durch bestimmte kulturelle Wertmuster und Ideologien, bei diesem Unvermögen zur konformen Leistung an.

Die vierte Hypothese schließlich bezieht sich auf die anthropologische Grundausstattung des Menschen. Es wird darin ein entweder naturhaftes oder anerzogenes Bedürfnis nach Unterscheidung vom Anderen, nach Triebentladung von Aggressionen, nach Projektion belastender Ansprüche sowie nach Entlastung durch Orientierung an übernommenen Vorurteilen angenommen. Diese Bestrebungen erklären die Bereitschaft zur Stigmatisierung. Vielleicht kann man die hier bezeichneten Tendenzen auf eine ihnen zugrundeliegende Angst vor dem vermeintlich Andersartigen zurückführen, das man als solches selbst identifiziert oder das einem, etwa von den Instanzen sozialer Kontrolle oder den Massenmedien, vorgeführt wird [8].


## Anmerkungen

1 *R. A. Scott* (1967) zeigt eine solche unterschiedliche Ausprägung am Stigma des Blinden in der amerikanischen, englischen und schwedischen Gesellschaft auf.

2 Vgl. die recht interessante Untersuchung von *J. I. Kitsuse*, die nachweist, wie sich die Wahrnehmung, die andere von einer Person haben, ändert, wenn bekannt wird, daß es sich um einen Homosexuellen handelt (in *Rubington/Weinberg* 1968, S. 19 ff.)

3 Vgl. zu den Bedingungen der Rollenübernahme beim Individuum und in seiner sozialen Umwelt *J. Lofland* 1969, 121 ff.

4 Vgl. zur »Karriere« des »Kriminellen« das recht eindrucksvolle Verlaufsmodell, das *S. Quensel* dargestellt hat (»Wie wird man kriminell?«, in: Kritische Justiz, 1970, S. 375 ff.).

5 In der BRD bereits sehr früh und damit als einer der ersten hat *Hans Achinger* auf diese latente Funktion hingewiesen und sie am Beispiel von Sozialfürsorgeorganisationen dargestellt. Vgl. *H. Achinger*, Soziologie und Sozialreform, in: Soziologie und moderne Gesellschaft, Verhandlungen des 14. Dt. Soziologentages, Stuttgart 1959.

6 Stigmatisierungen sind natürlich nicht auf staatliche Kontrollinstanzen beschränkt, sie finden auch in nicht-staatlichen Organisationen statt und können hier ebenfalls erhebliche Folgen für die Stigmatisierten haben. Vgl. den Beitrag von *H.-J. Pohl* zur Stigmatisierung älterer Arbeitnehmer im Industriebetrieb in diesem Band.

7 Vgl. aus der Fülle der hier anzuführenden geschichtswissenschaftlichen

Literatur etwa *W. Fischer*, Soziale Unterschichten im Zeitalter der Frühindustrialisierung, in: International Review of Social History, 1963.

8 Die Ergebnisse einer Untersuchung zum »Bild der Geisteskranken in der Öffentlichkeit«, die in einer westdeutschen Großstadt durchgeführt wurde (*Jaeckel/Wieser* 1970), bestätigen diese Annahme. Die Ablehnung von »Geisteskranken« beruht danach auf einer Angst, die diese als eine prinzipielle Bedrohung sozialer Beziehungen erleben läßt (ebd., S. 55 ff.). Die Stigmatisierung anderer Gruppen ließe sich vielleicht ebenfalls aus einer auf jeweils bestimmte Faktoren gerichteten Angst erklären.

## Literatur

*Allport, G. W.*, Die Natur des Vorurteils, Köln 1971 (zuerst 1954 in den USA)

*Becker, H. S.*, Outsiders. Studies in the Sociology of Deviance, London 1963 (dt. Übersetzung 1973)

*Bergler, R.*, Psychologie stereotyper Systeme, Bern/Stuttgart 1966

*Bonstedt, C.*, Organisierte Verfestigung abweichenden Verhaltens. Eine Falluntersuchung, München 1972

*Bracken, H. von/Cotanidis, W.*, Untersuchungen zur Einstellung der Bevölkerung gegenüber geistig behinderten Kindern. Hektograph. Bericht, Marburg 1971

*Brusten, M./Müller, S.*, Kriminalisierung durch Instanzen sozialer Kontrolle – Analyse von Akten des Jugendamtes, in: Neue Praxis, 1972, S. 174 ff.

*Chapman, D.*, Sociology and the Stereotype of the Criminal, London 1968

*Feest, J.*, Die Situation des Verdachts, in: *Feest, J./Lautmann, R.* (Hrsg.), Die Polizei, Opladen 1971, S. 71 ff.

*Freidson, E.*, Disability as social Deviance, in: *Rubington, E./Weinberg, M. S.*, Deviance. The Interactionist Perspective, New York 1968, S. 117 ff.

*Goffman, E.*, Asylums. Essays on the social situation of mental patients and other inmates, New York 1961 (dt. Übersetzung 1972)

*Goffman, E.*, Stigma. Über Techniken der Bewältigung beschädigter Identität, Frankfurt 1967 (zuerst 1963 in den USA)

*Heintz, P.*, Soziale Vorurteile, Köln 1957

*Jaeckel, M./Wieser, S.*, Das Bild des Geisteskranken in der Öffentlichkeit, Stuttgart 1970

*Keupp, H.*, Psychische Störungen als abweichendes Verhalten, München 1972

*Lautmann, R./Schönhals-Abrahamson, M./Schönhals, M.*, Zur Struktur von Stigmata. Das Bild der Blinden und Unehelichen, in: Kölner Zeitschrift für Soziologie und Sozialpsychologie, 1972, S. 83 ff.

*Lemert, E. M.*, Human Deviance, Social Problems, and Social Control, Englewood Cliffs 1967

*Lofland, J.*, Deviance and Identity, Englewood Cliffs 1969

*Merton, R. K.*, The Self-Fulfilling Prophecy in: *Petersen, W./Matza, D.* (Eds), Social Controversy, Belmont 1963, S. 157 ff.

*Peters, H.*, Die politische Funktionslosigkeit der Sozialarbeit und die »pathologische« Definition ihrer Adressaten, in: *Otto, H.-U./Schneider, S.* (Hrsg.), Gesellschaftliche Perspektiven der Sozialarbeit, 1. Band, Neuwied 1973, S. 151 ff.

*Rokeach, M.*, The Nature of Attitudes, in: *Rokeach, M.*, Beliefs, Attitudes, and Values, San Francisco 1969, S. 109 ff.

*Rubington, E./Weinberg, M. S.* (Eds.), Deviance. The Interactionist Perspective, New York 1968

*Sack, F.*, Neue Perspektiven in der Kriminologie, in: *Sack, F./König, R.* (Hrsg.), Kriminalsoziologie, Frankfurt 1968, S. 431 ff.

*Sack, F.*, Probleme der Kriminalsoziologie, in: *König, R.* (Hrsg.), Handbuch der empirischen Sozialforschung, 2. Band, Stuttgart 1969, S. 961 ff.

*Scheff, Th.*, Being Mentally Ill., Chicago 1966

*Schmidt, G./Sigusch, V.*, Zur Frage des Vorurteils gegenüber sexuell devianten Gruppen, Stuttgart 1967

*Schumann, K. F.*, Ungleichheit, Stigmatisierung und abweichendes Verhalten, in: Kriminologisches Journal, 1973, S. 81 ff.

*Schur, E. M.*, Labeling deviant behavior. Its sociological implications, New York 1971 (dt. Übersetzung 1974)

*Scott, R. A.*, The Construction of Conceptions of Stigma by Professional Experts, in: *Douglas, J.* (Ed.), Deviance and Respectability, Boston 1967, S. 255 ff.

*Scott, R. A.*, The Making of the Blind Man. A Study of Adult Socialization, New York 1969

*Shoham, S.*, The Mark of Cain. The Stigma Theory of Crime and Social Deviation, Jerusalem 1970

*Thiersch, H.*, Stigmatisierung und Verfestigung abweichenden Verhaltens, in: Zeitschrift für Pädagogik, 1969, S. 373 ff.

Wolfgang Lipp

# Selbststigmatisierung

Abweichendes Verhalten ist eines der zentralen, immer wieder aktuellen Phänomene, das die Soziologie beschäftigt. Daß es nicht nur
praktische, das Dasein unmittelbar betreffende Gründe sind, die diesen Sachverhalt bedingen – Probleme der Sicherung einerseits der
kollektiven Moral, andererseits der Herrschaftsordnung –, sondern
Motive theoretischer Natur, ist deutlich; wenn die Soziologie kate-
gorial von der Frage lebt, wie Gesellschaft möglich ist, wie also Interaktionen, Erwartungen, wechselseitige Bezugnahmen auf Dauer organisiert sein können, so steht sie umgekehrt – und auf dieser Ebene
vielleicht noch grundsätzlicher – notwendig vor der Aufgabe, Erklärungen auch für interaktionelle Brüche, für soziale Abweichung bereit-
zustellen. Soziologie ist nicht nur Ordnungswissenschaft, sondern Wissenschaft vom Ordnungswandel. Sie untersucht nicht nur Prozesse,
die Ordnung aufbauen und sie erhalten, sondern auch Bewegungen,
die sie in Frage stellen und Gegenordnungen entgegenführen.

## 1. Zur gesellschaftlichen Produktion von Devianz

Zu den delikaten theoretischen Problemen, die in diesem Zusammenhang auftreten, gehört es, daß Abweichung – die Entfernung und
Abkehr vom »Normalzustand« – soziologisch nicht als zufällig, als
bloßes, nicht weiter erklärungsbedürftiges Faktum angesehen werden
kann, sondern als Folge von Wirkumständen begriffen werden muß,
die ihr gesellschaftlich vorausliegen: Abweichung kommt nicht von
ungefähr; sie entspringt, soziologisch gesehen, weder unmittelbar
durchschlagendem, sei es triebhaftem, sei es krankhaftem Verhalten,
noch purer Willkür, sondern ist kontextgebunden und wird von Kon-
textänderungen, den Variationen der Sozialstruktur, bedingt. In dem
Maße, wie Abweichung, auf Ordnungsdefizite weisend, das soziale
Dasein unterläuft, wird sie gesellschaftlich auch hervorgerufen, ja erst
»produziert«. Eben dieses Paradoxon ist es, das die Soziologie theoretisch zentral beschäftigt: die Aufgabe, Abweichung als Vorgang darzustellen, der durch die Gesellschaft, von der er sich abkehrt, immer
schon vorgefertigt ist, diese aber zugleich – und umgekehrt – in Fluß
bringen und neu begründen kann.

Das genannte Paradoxon aufzulösen, gehört zu den schwierigsten Problemen, die die Soziologie überhaupt behandelt. Es wird noch dadurch verschärft, daß Generalformulierungen etwa der Art, Abweichung sei ein »gesellschaftliches« Phänomen, sei »systemgebunden«, »strukturbedingt« etc., in dieser Form unergiebig sind und durch engermaschige, an die soziale Wirklichkeit näher heranführende Begriffsraster ersetzt werden müssen. Wie also – dies ist die Frage – wird Abweichung oder konkreter: werden soziale Randgruppen wie Sekten, Subkulturen, radikale Zirkel etc. wirklich, im wirklichen, handelnden Dasein ausgelöst? Wie sehen die Prozesse, die hier verlaufen, im einzelnen aus? Wer trägt, kontrolliert und verfestigt sie? Erst im zweiten ergänzenden Schritt ist zu klären, wie Abweichung ihrerseits auf die Gesellschaft, also wieder: bestimmte Gruppen und ihre Verknüpfungen, zurückwirkt und sie so oder so, im Gegenzug, umgestaltet.

## 2. »Stigmatisierung« als interaktionistisches Konzept

Mit dem Konzept der »Stigmatisierung«, wie es Goffman (1959, 1963) zunächst rollentheoretisch-allgemein, Becker (1963) – in der Form des »labeling«-Ansatzes – devianztheoretisch im engeren Sinne verwendet haben, hat die Soziologie ein Instrument entwickelt, das wichtige Schritte in die genannte Problemrichtung weiterführt. Auf breiter Grundlage rezipiert [1]*, öffnet es der Erklärung abweichenden Verhaltens maßgebliche Perspektiven. Der Kern des Konzepts liegt darin, daß es Abweichung nicht – wie psycho- oder biologistische Theorien, die etwa die ältere Kriminologie heranzog – als gesellschaftsextern ansieht, sondern als Produkt alltagsweltlicher Prozesse selbst, als Ergebnis bestimmter sozialer Sinngebung, Handlungsausgestaltung und Handlungsfestlegung. Soziale Stigmata – Indikator und Ausdruck von Devianz zugleich – sind hier nicht – oder besser: nicht nur – von sich aus gegeben, sondern werden symbolisch zugeschrieben, d. h. sozial erst »festgestellt«. Sie sind Zeichen stringenter »sozialer Definitionen«.

Das Stigmatisierungskonzept widerspricht, so gesehen, nicht nur jener immer noch gängigen, auf Lombroso (1887/1890) zurückgehenden These, daß man zum Verbrecher »geboren« und Abweichung eine »Naturtatsache« sei, sondern geht auch über die klassische soziologische Interpretation, wie sie Durkheim (1895) – und in seinem Gefolge funktionalistische Theoretiker – vorgenommen haben, spezifisch

---

* Anmerkungen s. S. 48

hinaus. Hatte *Durkheim* Devianz zwar generell, d. h. als Verhaltensfall erklärt, den gegebene soziale Normen mit statistischer Wahrscheinlichkeit aus sich ausgrenzen, so ließ er doch offen, wie sie konkret entstand, wie sie im einzelnen nachverfolgt und auch im Zeitkontext, im Veränderungsablauf, soziologisch untersucht werden konnte. Von *Durkheim* ausgehend, neigt heute namentlich der Funktionalismus dazu, Abweichung auf die Gesellschaft insgesamt, das »System« und seine Verteilungsmechanismen zu beziehen (*Merton 1957*). Das fragliche Phänomen wird auch hier nur allgemein erhellt; es bleibt im Detail – in den besonderen Gruppen-, Interaktions- und Identifikationsbedingungen – eigentümlich anonym, ja steht in Gefahr, evolutionär relativiert und am Ende aufgelöst zu werden[2].

*Vorzüge*

Auf dem Boden des symbolischen Interaktionismus stehend, gelingt es dem Stigmatisierungskonzept gerade die letztgenannten Tendenzen zu vermeiden. Ebensowenig wie auf Naturtatsachen schlechthin wird Abweichung hier auf Gesellschaftsprozesse im großen, auf Gesamtordnungen, zurückgeführt, die dem sozialen Leben in seinen Gliederungen, Eigenarten und faktischen Vollzügen »von außen«, gewissermaßen zwanghaft, auferlegt wären; das Interesse wendet sich von Systemanalysen vielmehr ab und konzentriert sich auf das konkrete Geschehen. So sehr die Wahrscheinlichkeit, daß Abweichung auftritt, vom System auch vorbestimmt sein mag: das Stigmatisierungskonzept stellt heraus, daß Abweichung als Faktum erst durch Handeln im Vollzug, durch konkrete Erwartungen, wirkliches Entscheiden, wirkliche Machtausübung erzeugt werden kann. Abweichung wird, mit anderen Worten, vom Stigmatisierungskonzept nicht als »objektiv« vorgegeben, als bloßer Geschehensausfluß bestimmt, sondern als Vorgang, den Subjekte – und Gruppen von Subjekten – steuern: »subjektiv« begründet, wird sie interaktionell »konstruiert«.
Hier ist nicht der Ort. die voraussetzungsvollen erkenntnistheoretischen Prämissen selbst, auf die sich dieses Konzept bezieht, anzusprechen und näher zu diskutieren [3]. Das Konzept interessiert vom Ergebnis her. Die Hervorkehrung des »subjektiven« Faktors, damit aber sozialindividueller Identifikations-, Wissens- und Sinngebungsprozesse, stellt in diesem Sinne gegenüber objektivistischen Theorien, wie sie neben funktionalistischen heute besonders von Ansätzen marxistischer Herkunft vertreten werden [4], einen Vorzug dar, der den vielfältigen Erscheinungsformen, den komplexen Entstehungs- und Veränderungs-

bedingungen sozialer Abweichung differenzierter, also besser gerecht wird, als Globalperspektiven es vermöchten.

## Grenzen

Daß das Stigmatisierungskonzept freilich nicht nur Vorzüge, sondern auch Schwächen impliziert, braucht nicht verschwiegen zu werden. Ohne prinzipiell zu sein, stehen sie zum Kontrastangebot objektivistischer Erklärungen insofern in paradoxer Beziehung, als sie einerseits dazu neigen, deren zum Teil berechtigte Postulate zu mißachten, andererseits aber nicht gewahr werden, daß sie wesentliche, am soziologischen Objektivismus kritisierte Merkmale auch in die eigene Position übernommen haben. Ist im ersteren Fall die Gefahr gegeben, daß das Stigmatisierungskonzept die Rolle subjektiver Faktoren überbetont, also stets mitgegebene objektiv-umfassende Ursachenketten aus der Erklärung abweichenden Verhaltens ausklammert, so im zweiten die Tendenz, daß das Moment des Subjektiven – spontane interaktionelle Sinngebung – selbst reifiziert, also mit Strukturmerkmalen einseitig so verkoppelt wird, daß Veränderungen und Alternativen, Umkehrungen und Neudefinitionen sozialer Abweichung als praktisch unmöglich erscheinen.

Werden die erstgenannten Schwächen – Schwächen der Methode – vor allem dadurch bedingt, daß das Stigmatisierungskonzept an die symbolische Darstellung, die Thematisierung und konkrete soziale Sichtbarmachung der Phänomene, die sie erfaßt, gebunden ist – das Dunkelfeld sozialer Devianz, das doch gleichwohl ein Faktum ist und Abweichung auf Ursachen durchschlagender, objektiver Art verweist, wird in diesem Sinne kaum greifbar ( *Bidermann/Reiss* 1967; *Gibbs* 1969, S. 13) –, so scheinen die Schwächen, die in der Tendenz zur Objektivierung liegen, weniger methodologisch als gewissermaßen professionell, von bestimmten fachideologischen Konzeptionen her vermittelt zu sein. Soziologen, die abweichendes Verhalten untersuchen, scheinen vielfach auch dort, wo sie interaktionistisch vorgehen, einer unterschwelligen professionellen Motivation zu unterliegen, Abweichung primär »sozial«, als Definitionsprodukt der »Gesellschaft«, ihrer dominanten Macht- und Kontrollinstanzen, kaum jedoch oder doch nur akzidentiell als Absicht und konkrete Strategie der Abweichenden selbst, der einzelnen sozialen Individuen und Gruppen, zu bestimmen. Zeigen methodologische Schwächen Blindflecken an, die zwar nicht voll beseitigt, durch Verfeinerung der Forschungsinstrumente aber aufgehellt und jedenfalls markiert werden können, so fällt das Stigmatisierungskonzept, gibt es professionellen Suggestionen unverhältnismäßig nach, hinter seine genuine, ebenso anspruchsvolle wie überlegene Leistungsfähigkeit zurück; es wird außerstande, sein analytisch-heuristisches Potential – das erfolgversprechende Vermögen, abweichendes Verhalten nicht nur vom »Normalzustand«, sondern diesen vom abweichenden Verhalten her zu erfassen – voll zu entfalten und unter Beweis zu stellen.

## Kritik

Die Schwächen, die das Stigmatisierungskonzept methodologisch aufweist, verstärken sich also immer dann, wenn unter der Hand auch die Vorzüge, die es auszeichnen, aufgegeben werden und Abweichung in pseudointeraktionistischer Perspektive erneut objektivistisch, als Zwangsprozeß, dargestellt wird [5]. Die folgenden Analysen unternehmen es, die Unausweichlichkeit gerade dieser Konsequenz in Zweifel zu ziehen. Von Inkonsistenzen theoretischer Art abgesehen, scheinen auch die Sachverhalte selbst, die konkreten Phänomene, fachideologisch verengte, letztlich einseitige Sichtweisen nicht zu decken. Eben auf sie, die Sachverhalte, wird nachstehend der Akzent gelegt: Abweichung als Faktum ist gesellschaftlich nicht nur fremd-, sondern durchaus auch selbstbestimmt. Wenn der Interaktionismus gezeigt hat, daß das Handeln Handlungsschablonen – soziale Impulse – im »taking the rôle of the other« (Mead 1934) zwar übernimmt, aber zugleich sich aneignet, sie individuell durchformt und »nomisch« aufordnet, so gilt dies auch und nicht zuletzt für deviantes Verhalten. Stigmatisierungsforscher, die dies übersehen, verkürzen, ja desavouieren nicht nur ihre spezifischen theoretischen Prämissen, sondern gehen an zentralen Wirklichkeitsbereichen vorbei. Neben der passiven hat Stigmatisierung auch eine aktive Seite; daß Menschen Stigmata tragen, daß sie »auffällig« werden, kann auch bedeuten, daß sie Auffälligkeit gesucht, daß sie Stigmata nicht nur im Zuge von »Stigmatisierungskarrieren« (Goffman 1963), auf deren »Schiene« sie geraten sind, sondern primär selbsttätig übernommen haben.

## 3. Selbststigmatisierung – Entwurf eines Alternativmodells

Obwohl die aktive, an Stigmatisierungsprozessen feststellbare Komponente – wie im folgenden belegt wird – näherem Hinblick unschwer entgeht, hat es die Stigmatisierungsdiskussion in der Tat versäumt, das Phänomen der »Selbststigmatisierung« gebührend zu berücksichtigen, ja begrifflich nur anzusprechen. Von wenigen, eher kursorischen Beiträgen abgesehen, die dem fraglichen Phänomen eine zudem zweitrangige, d. h. primär psycho-, nicht soziologische Bedeutung zusprechen [6], liegen Arbeiten, die Selbststigmatisierung zum distinkten, für devianzsoziologische Analysen relevanten Gegenstand erheben, bisher kaum oder nur in Ansätzen vor [7].

Den Gründen dieser Enthaltsamkeit nachzugehen und sie etwa – was möglich wäre – ideologie- und professionskritisch zu rekonstruieren, muß hier unterbleiben. Die Leerstelle, die die Stigmatisierungsdiskussion aufweist, verwundert freilich umso mehr, als Selbststigmatisierung von fundamentaler, gesellschaftlich-geschichtlicher Relevanz zu sein scheint. Wie sich zeigen läßt, weist sie über den engen interaktionellen Rahmen, von dem sie ausgeht, vielfach weit hinaus, und greift in das umfassende gesellschaftliche Handlungsgeschehen selbst, seine Deutungsmuster und sein Selbstverständnis, dynamisch über. Mag die Vermutung auch naheliegen: Selbststigmatisierung ist keineswegs auf zwanghaftes, individuell-»masochistisches« Verhalten (allein) bezogen, auf Personen, die dazu neigen – ja es als Lust empfinden –, sich selbst zu quälen, sondern steht für Handlungsformen, die die »Leiden der Gesellschaft« (*Dreitzel* 1968) indizieren und eben diese, die sozialen Zwangsverhältnisse, zum Thema machen.

Hypothetisch – und hier im Vorgriff gesagt – ist festzustellen, daß Selbststigmatisierung nicht allein, wie jeder andere Fall von Devianz, gesellschaftlich »hergestellt« wird, sondern die Produktionsweisen, die sie erzeugen, zugleich reproduziert, also kritisch widerspiegelt, »bricht«, und so verändert. Selbststigmatisierung scheint die Funktion, bestehende soziale Ordnungen ins Bild zu bringen, ihnen ihr Gesicht zu zeigen und neuen Gestaltungen Raum zu geben, dabei insofern vorrangig auszufüllen, als sie diese Ordnungen symbolisch – über ihr Selbstverständnis, das sie aufnimmt, darstellt und »umdreht« – jeweils zentral erfaßt; sie trifft und lähmt die Prinzipien, die eine Gesellschaft konstituieren, damit ebenso direkt wie freibeweglich; von näherem bremsenden Konkretisierungsdruck entlastet, spricht sie, das ist ihr »Witz«, das soziale »Gewissen« an. Ein Hofnarr, ein kluger Mann, der nur sagt, wie es ist, ist am Ende eher in der Lage, seinen Herrn zur Behebung von Mißständen zu veranlassen, als eine Gruppe von Landsknechten, deren Aufstand man niederknüppelt.

Analysen jedenfalls, die Selbststigmatisierung systematisch noch näher erschließen, könnten dazu beitragen, das eingangs apostrophierte, doppelbödige Problem des Ordnungswandels, der Neubegründung sozialer Handlungszusammenhänge, theoretisch in helleres Licht zu rücken, als weite Bereiche devianzsoziologischer Arbeiten dies ahnen lassen. Im folgenden soll versucht werden, einen ersten konzeptionellen Schritt in diese Richtung zu gehen, den Blick für die neue soziologische Fragestellung – und die ihr entsprechende soziale Wirklichkeit – zu schärfen und Hinweise zusammenzustellen, die weitere Forschung anregen können.

## 3.1. Defektive und kulpative Stigmata

Wenn Selbststigmatisierung ein Fall von Stigmatisierung ist, ist es notwendig, diesen Fall, ehe er spezifisch behandelt werden kann, auf Stigmatisierung im allgemeinen zu beziehen. Was ist Stigmatisierung, was sind Stigmata im Wortsinn? Etymologisch mit »stechen«, »Stiche zufügen« verbunden, bedeutet Stigmatisierung ursprünglich Tätowierung: die Narbung der menschlichen (tierischen) Haut mittels Instrumenten wie Waffen, Loch- oder Brandeisen. Stigmata, die Spuren von Stigmatisierung, stellen so gesehen zunächst physische, ja unmittelbar körperliche Male dar: Defekte im Sinne sei es des Fehlens, sei es des Verlustes von organischer Vollkommenheit. Sie weisen zugleich jedoch, auf die Sozialebene projiziert, darauf hin, daß ihre Träger gesellschaftlich unterlegen, daß sie besiegt, unterworfen und geknechtet worden sind. Stigmata zu tragen impliziert, mit anderen Worten, botmäßig zu sein; Stigmata, also Wundmale, zuzufügen, heißt dann umgekehrt, Aggressionen zu entladen, Herrschaft zu dokumentieren: ein Besitz- und Abgabe-, d. h. Sollverhältnis, festzulegen. Folgt man der Wortverwendung der Antike, so ist Stigmatisierung Brandmarkung von Sklaven; die Spuren, die sie einbrennt, sind Kennzeichnungen und Kennzeichen; sichtbare physische Male, enthalten sie zugleich gesellschaftspraktische, symbolische, d. h. am Ende moralische Schuld indizierende Bedeutung. Zieht man diese Linie weiter aus, so kennzeichnen Stigmata zuletzt Kriminelle: sie machen Verbrechen manifest.

Die neuere Stigmatisierungsforschung geht davon aus, auch Merkmale wie Gebrechen, etwa Blindheit, die primär nicht auf Macht- und Gewaltverhältnisse zurückgeführt werden können, als Ansatzpunkte für Stigmatisierungsprozesse anzusehen; sie wird tatsächlich gegebenen sozialen Mechanismen damit durchaus gerecht. Die physischen Merkmale von Stigmata auf der einen, die symbolisch-sozialen Gehalte auf der anderen Seite sind in fließenden Grenzen offenbar austauschbar. Geht im Falle des Sklaven oder – um aktueller zu werden – des »Gastarbeiters« der soziale Akt der physischen Stigmatisierung – der Einsatz der Brandeisen, Behördenstempel etc. – zeitlich voraus, so kehrt sich dieses Verhältnis im Falle des Blinden, des Häßlichen, des Idioten um: vorgeordnet ist hier das physische Moment; Prozesse der sozialen Stigmatisierung, der Abdrängung der betreffenden Personen in Rand- und Außenseiterlagen und schließlich gesellschaftliche Schuldzusammenhänge erfolgen erst im zweiten Schritt.

Ohne ausführlicher behandelt werden zu können, machen die skizzierten Aspekte deutlich, daß Stigmata und Stigmatisierung namentlich zwei von der Sache her getrennte, im Rahmen sozialer Interaktion grundsätzlich aber aufeinander bezogene, »dialektische« Dimensionen aufweisen: Stigmata zeigen erstens, daß Personen oder Personengruppen bestimmte Mängel – so genarbte und verbrannte Haut, fehlende Gliedmaßen, Gebrechen etc., aber auch fehlende Bildung, Armut, Ohnmacht – prinzipiell also: Differenzen zur Normalität im Sinne von Defekten aufweisen; das defekte – »beschädigte« (*Goffman* 1963) – Dasein wird an »defektiven« Stigmata identifiziert. Und Stigmata drücken zum zweiten aus, daß sie ihren Trägern von der Gesellschaft selbst aufgeprägt, im Sinne also eines Unterlegenheits- und d. h. Botmäßigkeits-, Buß- und Schuldverhältnisses zugeschrieben worden sind. Stigmata implizieren auf dieser Ebene, daß ihre Träger Defekte nicht nur faktisch haben, sondern verantwortlich für sie sind und für sie im Debet stehen: daß Stigmatisierte also, eben weil sie Stigmata tragen, offenbar zu recht gebrandmarkt sind und ihre Differenz zur Normalität, jetzt im Sinne gesellschaftlicher Moral, faktisch büßen müssen. Stigmata dieser Art werden hier »kulpativ« genannt. Die kulturanthropologisch-ethnologische [8], aber auch die von kulturellen Bedingungen absehende sozialpsychologische [9] Forschung haben hinreichend Belege dafür erbracht, daß das menschliche Verhalten und die Wege, die sein Selbstverständnis einschlägt, unaufhebbar dazu neigen, äußere Ursachen in Motive umzudefinieren, sie also persönlichem Handeln zuzuschreiben, Handeln also als gesellschaftsbezogen, d. h. moralisch zu sehen, es mit Schuldqualitäten zu besetzen und umgekehrt. Stigmatisierungsprozesse stellen in diesem Zusammenhang nur ein weiteres, in ihrer besonderen Konfiguration freilich ins Auge springendes prototypisches Beispiel dar. Indem Stigmata zunächst Mängel, physische und soziale Defekte zum Ausdruck bringen, werden sie gesellschaftlich nicht nur zum Zeichen, daß diese Mängel verschuldet sind, sondern zugleich zum Anlaß, die Stigmataträger moralisch zu verurteilen, sie zu ächten und zu unterdrücken. Sind die semantischen Pole, die Stigmata und Stigmatisierungsprozesse aufweisen – physische Defekte und zugeschriebene soziale Schuld – in dieser Skizze zutreffend erfaßt, dann läßt sich vermuten, daß auch Selbststigmatisierung von ihnen bestimmt wird, daß auch Selbststigmatisierung von Defekten einerseits – also defektiven Stigmata – und Schuld zum anderen – kulpativen Stigmata – ausgeht und wesentlich auf sie bezogen ist. Ohne präzisere systematisch-theoretische Aussagen anzustreben [10], soll im folgenden versucht werden, dieser Vermutung nachzugehen und sie deskriptiv zu entwickeln.

3.2. Zwangsformen: Hypochondrie und Querulantentum

So paradox die Möglichkeit, daß Menschen sich sowohl physisch-körperlich als auch moralisch-sozial stigmatisieren, daß Menschen also die Last, »auffällig« zu sein, selbst auf sich laden: so paradox diese Möglichkeit im ersten Hinblick auch scheinen mag, sie ist durch eine Fülle von Beispielen in der Tat belegt. Akte der Selbststigmatisierung erweisen sich als durchaus alltägliches, »normales« gesellschaftliches Phänomen. Sie reichen von eher bloß physisch, eher bloß individuell relevanten Fällen zu Fällen von kollektiver und hochwirksamer moralischer Bedeutung; sie erstrecken sich von Zusammenhängen eher unbewußter, zwanghafter Art bis in die Sphäre voll reflektierter, entschiedener Wahl. Obwohl Selbststigmatisierungen konkret stets mehrere Facetten, also neben der individuellen auch kollektive, neben der physischen auch moralische Bedeutung haben und umgekehrt, obwohl die Aspekte Zwang und Spontaneität in ihnen stets vermischt auftreten, scheint es möglich zu sein, Schwerpunkttypen zu bilden und sie spezifisch zu entwickeln. Nachstehend wird es unternommen, Typen dieser Art exemplarisch auf
1. die Dominanz zwanghafter Momente,
2. die Dominanz von Spontaneität,
3. das Vorwalten physisch-individueller,
4. das Vorwalten moralisch-kollektiver Merkmale zu beziehen.
Der Begriff der Selbststigmatisierung nimmt zwischen der Vorstellung etwa der klassischen Rechtsdogmatik, abweichendes (kriminelles) Verhalten sei »autonom« gewählt – also »verschuldet« und eben deshalb strafbar –, und der Perspektive der Soziologie, Devianz sei gesellschaftlich »definiert« und in diesem Sinne nicht Individuen, sondern

»Kontrollinstanzen« anzulasten, eine Zwischenlage ein. So sehr das Kollektiv, genauer: ein Stigmatisierungszusammenhang, abweichendes Verhalten präformieren kann, so wenig ist auszuschließen, daß Deviante die Zwänge, denen sie sozial unterliegen, individuell sei es verstärken, sei es modifizieren, also mitbestimmen und aktiv gestalten können. Der Mörder, um ein Beispiel zu bringen, handelt sicher nicht »aus freien Stücken«; ist aber der wiederholte Mord, den er begeht, schon auch »sozial« bedingt?

Der aus der Gerichtspraxis wohlbekannte, theoretisch zuerst von *Freud* (1915), dann vor allem von *Reik* (1925) behandelte Zwang, Verbrechen zu wiederholen, ist nicht unmittelbar gesellschaftlich, sondern primär psychisch – namentlich auf tiefenpsychologischer Ebene – begründet [11]. Bestimmte Individuen haben offenbar das Bedürfnis – die psychoanalytische Ableitung dieses Phänomens soll hier nicht weiter entwickelt werden –, ihre »Untaten« zu wiederholen: das Bedürfnis, erneut straffällig zu werden, erneut und erneut büßen zu müssen. Der Drang, an den Tatort zurückzukehren – dort aber »gestellt« zu werden –, das Offerieren von Geständnissen, die das Strafregister nur erweitern, ja schon Tatphantasien, die selbstquälerisch die Folgen mitausmalen, stellen Dispositionen dar, die diesen Zusammenhang verdeutlichen. So psychopathisch – und insofern zwanghaft – solche Verhaltensformen – sind sie in Reinform ausgeprägt – auch scheinen mögen: sie sind von Zwängen, die von der Gesellschaft ausgehen, durchaus zu unterscheiden. In ihrer Bindung an Ich- und Überich-Strukturen, also an Strukturen individueller Handlungsführung, stellen sie im Kontext sozialer Stigmatisierungen gewissermaßen aparte, von sich aus wirkende Komponenten dar [12]. Deviante, die im »Wiederholungszwang« handeln – Verbrecher, die straffällig aus Strafbedürfnis, schuldig aus Schuldbewußtsein werden –, stellen in diesem Sinne ebensosehr »klinische«, pathologische Fälle dar, wie sie sich als Individuen, als Wiederholungstäter, selbst stigmatisieren. Sie selbst sind es, die sich verurteilt sehen wollen, die die Schuld, an die sie sich fixieren, öffentlich immer neu beweisen: sie selbst sind es, die Stigmata – die Konsequenzen, die die Gesellschaft für Schuld bereithält – aktiv auf sich nehmen.

Die Psychoanalyse hat früh darauf hingewiesen, daß »Verbrechen aus Schuldbewußtsein« und die mit ihnen verbundenen, besonderen psychodynamischen Zwänge nicht auf Extremfälle beschränkt, sondern von genereller Bedeutung sind. Alles Verhalten, das die Dimensionen Untat und Schuld, Botmäßigkeit und Buße berührt, steht demnach unter Wiederholungszwang. Der Gläubige, der sich Bußprozessionen anschließt, der Werktätige, der ein Planübersoll erfüllt, die Hausfrau, die, indem sie die Böden scheuert, ihr Rollenelend perpetuiert, verfolgen in gleicher Weise die Intention, sei es durch Bußfertigkeit, sei es durch das Ableiten von Pflicht, sich eben dieser, ihrer »Pflicht und Schuldigkeit« als gerecht, als wieder und wieder würdig zu erweisen. Ohne daß es möglich wäre, Zusammenhänge dieser Art näher zu verfolgen, wird hier deutlich, daß Selbststigmatisierung nicht allein auf psychisch-extreme, d. h. krankhafte Fälle, sondern auf sehr weite, umfassende Verhaltensbereiche bezogen ist. Wenn dies zutrifft, wenn Selbststigmatisierung ein Phänomen sozialer Normalität darstellt, dann scheint es nahezuliegen, dieses Phänomen als nicht mehr nur zwangsverursacht, sondern auch freibestimmt, d. h., als normal im Sinne eines alltäglichen, kontinuierlich ablaufenden interaktionellen Geschehens anzusehen.

So mag das Verhalten des Hypochonders, des »eingebildeten Kranken«, der sich Krankheiten zuschreibt, die er nicht hat, noch selbst als Krankheit behandelt werden; der Fall des »Querulanten«, des Andersmeinenden, der zum Außenseiter wird, weil er die Harmonie der Clique stört, ist in schon andere Zusammenhänge einzuordnen. Handeln Jüdinnen, die den Davidsstern als Schmuckstück tragen, Studenten, die sich Mao-Plaketten anstecken, oder Nacktläufer, die mit Geschlechtsteilen Ärgernis erregen, in jedem Falle zwangsmotiviert? In jedem Falle »fallen« sie »auf«, adoptieren sie Stigmata. Ist der Wehrdienstverweigerer, der den Wehrdienst im »Irrenhaus« leistet, selbst verrückt? Sind Sozialarbeiter, die in Slums tätig werden, Opfer des Klassenkampfs? Hier wie dort begeben sich Individuen – und natürlich Gruppen –, die die Stigmata des »Minderwertigen«, des »Fremden«, des »Narren« etc. auf sich nehmen, in die »Schußlinie« von Definitionen, also jener Abstempelungs- und Unterdrückungsprozesse, die im Effekt zu Zwängen sekundärer – gesellschaftlicher – Abkunft führen können. Selbststigmatisierer heben die Zwänge, die die Gesellschaft versteckt entwickelt, aus der Latenz erst ans Licht; sie dekouvrieren sie. Die Beispiele zeigen, daß sie die Folgen vielleicht gewollt, vielleicht bewußt herausgefordert haben. Eben hierin liegt, will man zusammenfassen, der Kern des Phänomens. Individuen, die sich selbst stigmatisieren, greifen selbst nach den Stigmata: sie wenden Stigmatisierungsprozesse, die sie in Gang setzen, damit ins Manifeste, Kalkulierbare. Sie sehen sie voraus, stellen sich auf sie ein und gehen mit ihnen um. Selbststigmatisierung enthält wesentlich also Komponenten entschiedener individueller Spontaneität: Komponenten alltäglicher, »normaler« interaktioneller Konstruktion.

# 4. Dominanz von Spontaneität

Man könnte Handlungen, die diesem Typ zurechnen [13], zunächst unter dem Titel »Provokation« subsumieren. Wenn es zutrifft, daß Stigmata letztlich »Schuld« anzeigen – Schuld aber nach Akten sozialer »Bestrafung« ruft –, dann müssen Personen, die sich selbst stigmatisieren, gesellschaftlich gesehen als Provokateure wirken.

## 4.1. Provokation

In der Tat haben etwa »Gammler«, die die Gesellschaft als »hergelaufen«, »schmutzig« und »faul« abqualifiziert, sei es unterschwellig, sei es bewußt, die provokatorische Intention, ihr Gegenüber – die Gesellschaft – in ihrem »Leistungszwang« in Frage zu stellen, sie zu verunsichern und als »verklemmt« zu erweisen. Provokationen dieser Art schreiten, wie sich plausibel machen läßt, schnell vom Allgemeinen, Diffusen, ins Konkret-Spezifische vor. »Kommunarden«, die die Umwelt als »triebhaft«, »pervers«, kurz: als »chaotisch« diskreditiert, greifen mehr oder weniger gültige, »bornierte« Ehe- und Familienideale an. »Hausbesetzer«, die sich des Vergehens der »Sachbeschädigung«, des »Eigentumsdelikts« schuldig machen, also »straffällig« werden, »entlarven« bestimmte »kapitalistische« Rechts- und Wirtschaftsnormen.

Selbststigmatisierung verfolgt hier offenbar den Zweck, Stigmatisierungen, wie oben schon angedeutet, »umzudrehen«. Wenn Stigmatisierung mit »stechen«, »Stiche zufügen« umschrieben werden konnte, so ließe Selbststigmatisierung sich nunmehr mit »sticheln« übersetzen. Ist dieses Sticheln in Fällen, in denen Selbststigmatisierer die Zugehörigkeit etwa zu »Perversen«, zu Randgruppen, wie z. B. Homosexuellen, bekunden, noch von eher geringfügiger Wirkung, kann es die Gesellschaft – genauer: bestimmte, sie repräsentierende Kontrollinstanzen – in anderen Zusammenhängen durchaus massiver, mit klarem strategischem Kalkül provozieren. So mögen Studenten, die sich als »unterprivilegiert« bezeichnen – und das Stigma fehlender Vorrechte, also sozialen Elends, durch Verwilderungsattribute wie Bärte, Schlotterkleidung, Mokassins noch unterstreichen – ihre Bezugsautoritäten schon eher ins Wanken bringen. Der Einsatz von Polizei, den sie durch Ordnungswidrigkeiten, durch »Streiks« etc. provozieren, kann dann als »Repression«, als die zutage tretende Gewalt des Systems, die Überprüfung, um ein anderes Beispiel zu bringen, von

Personaldaten und Biographien, zu der Behörden sich veranlaßt sehen, als »Grundrechtsvergehen« verkündet werden.

Selbststigmatisierer, die Reaktionen dieser Art mit einberechnen, testen am Ende nicht nur die Gewalt, die Macht, sondern die Ohnmacht ihrer Adressaten: wenn Frauen und Ärzte, die öffentlich bekennen, abgetrieben zu haben – und in diesem Sinne »Schuld« eingestehen –, als »verantwortungsvoll« gewürdigt, wenn Abtreibungsakte über Massenmedien verbreitet werden, sind Paragraphen und Gesetzesfolgen, die hier herausgefordert werden, nicht mehr nur auf der Ebene der Rechtsordnung, sondern schon der konkreten sozialen Moral diskreditiert.

»Provokationen«, um zu verdeutlichen, liegen in den genannten Fällen insofern vor, als diese Akte die Übernahme primär kulpativer, nicht bloß defektiver Stigmata implizieren; Provokateure schreiben sich nicht bloße Mängel, individuelle Unzulänglichkeiten zu; sie laden Schuld, also Ächtung, auf sich und sie versuchen, diese Schuld umzudefinieren, sie neu zu verteilen und an die ächtenden Instanzen zurückzugeben. Jenes mit Schuld mitgesetzte, besondere Verhältnis, das Selbststigmatisierer und die Gesellschaft auf dieser Ebene verbindet, macht es dabei verständlich, daß Provokationen die Tendenz haben, in die Tiefenstruktur sozialer (moralischer) Ordnungen selbst vorzustoßen, also gewissermaßen prinzipiell zu werden. »Afrolook« steht so gesehen mit »Black-Power«-Bewegungen, mit Formationen einer nicht-amerikanischen, nicht-industriellen, nicht-weißen Gegenkultur, das Recht auf den »eigenen Bauch« mit »Women's Lib« in Beziehung; hier wie dort handelt es sich um grundsätzliche, gesellschaftlich sei es auf stärkere, sei es schwächere Basis gestellte Strömungen, die an das Tagesgeschehen, an aktuelle Konflikte, unschwer anknüpfen und sie verstärken können. Wenn es zutrifft, daß provokatorisches Verhalten weniger die Entlastung von Defekten, also bestimmten individuellen Mängeln, sondern die Umbewertung von Debita, also der Sollvorschriften, die Botmäßigkeits- und Herrschaftsordnung der Gesellschaft, erstreben, dann schließen Selbststigmatisierungen militanten Aktionismus, ja bürgerkriegsartige Prozesse, keineswegs aus. Provokationen nehmen hier auf einer Ebene, auf der die Identität der Gesellschaft schlechthin in Frage steht, einen ebenso spezifischen wie am Ende allgemeinen Charakter an. Fordern sie die Gesellschaft zum einen zu Entscheidungen hier und jetzt, zu Antworten präzisester Art heraus, so versuchen sie zum anderen, sie insgesamt aus den Angeln zu heben; sie relativieren ihre Schuld- und Kontrollmechanismen generell.

## 4.2. Askese

Bewußte, willentlich gewählte Formen von Selbststigmatisierung liegen freilich nicht nur auf der Ebene der Provokation, sondern im Rahmen von Verhaltensweisen vor, die man »asketisch« nennen könnte. Akte der Askese nehmen dabei weniger die Stigmata gesellschaftlicher Schuld – also die Zeichen eines »Vergehens« – auf sich, als vielmehr die Male sozialer Defekte. Asketen sind, von der Gesellschaft her gesehen, sozusagen »impotent«. Attribute, die die Alltagswelt, wenn nicht mit Achtung, so wesentlich mit der Vorstellung von »Normalität«, von »Vollständigkeit«, verbindet, gehen ihnen augenscheinlich ab. Asketen trinken nicht, sie sind Vegetarier, sie leben zölibatär. So sehr diese einfachen, primären Formen von Askese – Erscheinungsweisen des Abstinenzlertums – in der Tat von Unzulänglichkeiten physischer Art bedingt sein mögen: die Zwangsmomente, die ihnen hier, aber auch auf der Ebene hinzutretender sozialer Auflagen innewohnen, werden in abgeleiteten Formen durch bewußte, freie Führung ohne Zweifel überlagert. Im Unterschied zum Eunuchen, dessen Defekt offensichtlich ist, werden dem Eremiten, der der »Fleischeslust« absagt, sexuelle Bedürfnisse sicherlich zum Problem; er zieht sich dennoch in die Klause zurück. Ähnlich ist Understatement in der Kleidung, wie es Gruppen zelebrieren, die statt Hosen Flickenjeans tragen, in der Regel weniger auf sozialökonomische Deprivation, also Zwänge, sondern eher – und paradoxerweise – auf wirtschaftliche »Betuchtheit«, also materielle Möglichkeiten und freie Wahl, zurückzuführen [14].

Daß Verhaltensweisen, wie sie hier erörtert werden, die verschiedensten Formen, Fortentwicklungen und Metamorphosen annehmen können, liegt auf der Hand. Askese manifestiert sich zuletzt verbal, auf programmatisch-ideologischer, ja der Ebene nur noch des Geschwätzes. *Franz von Assisi*, Gründer jenes Büßer-, Dienst- und Arbeitsordens, stammte aus feudalem, *Karl Marx*, wie man weiß, aus bürgerlichem Hause; »Linke« von heute haben an der Riviera gebaut. Die Beispiele zeigen, daß die Ablehnung von Attributen, die die Gesellschaft sei es als alltäglich, als »normal«, sei es als Zeichen von Perfektion darstellt, auf der einen, und selbst wertbetontes, voll reflektiertes Handeln auf der anderen Seite sich nicht auszuschließen brauchen; ausgeschlossen, als normal in Frage gestellt, werden hier nicht jene, die sich selbst stigmatisieren, sondern die jeweils anderen: die Alltagsverhältnisse und Normen der Gesellschaft insgesamt [15].

Asketisches Verhalten weist insofern passive, – also nicht, wie provokatorisches, aktivistische – Komponenten auf, als es die Gesellschaft nicht unmittelbar, durch spezifischen Angriff, sondern mittelbar, durch Rückzug und Abkehr, diskreditiert. Eremitismus, Anachoretismus, ja noch das Wandervogeltum verkörpern diesen Typus in Reinform. Die stigmative Bedeutung, die asketischem Verhalten zukommt, springt an ihnen paradimatisch ins Auge. Wenn es zutrifft, daß Stigmatisierung die Abdrängung Stigmatisierter in Rand- und Außenseiterlagen, ihre »Verbannung« und grundsätzliche soziale »Ächtung« impliziert, dann nimmt Selbststigmatisierung – wie namentlich eben Asketen zeigen – diese Konsequenzen gewissermaßen vorweg. Der Mönch und noch der Weltgeistliche, die den »evangelischen Räten« der »Armut«, der »Demut«, der »Keuschheit« und »Arbeit« folgen, stigmatisieren sich mit Eigenschaften, die fernab, ja im Gegenpol der Werte der Alltags-welt liegen: mit Eigenschaften, die, wenn nicht Ächtung, so doch zunächst Verachtung, Geringschätzung, Vorurteile hervorrufen können. Asketen emigrieren in eine »andere« Welt – auch und gerade dann, wenn sie »innerweltlich« wirken; an die Stelle von Lebenslust, Verschwendung und Prunk setzen sie, wie *Max Weber* (1904/05) gezeigt hat, nüchterne Berechnung, an die Stelle von Fülle Knappheit, von Genuß und Muße Mühe, Disziplin und Zucht.

Gerade hier, am Beispiel innerweltlicher Askese, wird freilich deutlich, daß Selbststigmatisierung über die soziale Peripherie, den Bannraum, in den sie sich begibt, hinausdrängt. Indem sie sich von der Gesellschaft abkehrt, schafft sie – anders als »spezifisch« gerichtete Provokationen und über sie hinaus – Möglichkeiten, die Gesellschaft insgesamt – in »universalistischer« Perspektive – in anderem Lichte zu sehen. Asketen verstehen sich, wie schon die Wüstenpropheten Israels, als Sprachrohr übergeordneter allgemeiner Prinzipien. Die Makel, die sie auf sich nehmen, deuten und bilden sie zum Spiegel um, in den sie die Gesellschaft blicken lassen. So stellen Rückzugsbewegungen wie der Rustikalismus, der Proletismus, der Anarchismus etc. – das Tragen etwa von country boots, von Thälmannmützen oder der Blick durch Nickelbrillen, die an die Strenge sozialistischer Gründerväter erinnern – die »Industriegesellschaft« als »morbide«, das »Klassensystem« als »am Ende« dar, oder demonstrieren Sektierer wie Nudisten, mögen sie auch verfolgt und mißverstanden werden, daß es auch ohne Kleider geht, ja daß Zustände vielleicht paradiesischer Art erreicht werden können.

## 4.3. Exhibitionismus

Ob das Beispiel des Nudismus dem Typus der Askese zugerechnet werden kann, ist sicherlich problematisch. Wenngleich es askesemäßige Züge sowohl nach außen, gegenüber der Gesellschaft, aufweist, deren »Perversität« Nudisten mißbilligen, als auch hinsichtlich der Binnenmoral, die in der Tat an Haltungen des Puritanismus erinnert (vgl. *Weinberg* 1973), stellt es mit dem Merkmal der Nacktheit weniger gesamtgesellschaftlich relevante, »universalistische« Stigmata dar, als physisch-individuelle, »konkrete« Attribute. Die verschiedenen, hier behandelten Typen, unter die sich Selbststigmatisierung subsumieren läßt, schließen einander freilich nicht aus; sie geben – wie an dieser Stelle hervorgehoben werden muß – jeweils nur abstrakte, nicht systematisch, sondern von unterschiedlichen Gesichtspunkten her entwickelte Ordnungsmöglichkeiten an. Die Phänomene selbst, die gegebenen konkreten Prozesse von Selbststigmatisierung, gehen ineinander über. Nicht nur die Typen, die die Phänomene klassifizieren, überlappen sich; auch die Wirklichkeit ist im Fluß: sie gestaltet sich aus, setzt Schwerpunkte und entwickelt sich von Handlungsform zu Handlungsform fort. So kann Nudismus, um zum Beispiel zurückzukehren, im Falle etwa indischer Gymnosophen die Charakteristika von Askese in Reinform implizieren; in anderen Fällen, in denen – wie vielleicht beim Nacktläufer – die Zurschaustellung unmittelbar »konkretistischer« Merkmale im Mittelpunkt steht, liegen eher Verhaltensformen vor, die man als »Exhibitionismus« bezeichnen könnte.

Von exhibitionistischen Formen von Selbststigmatisierung ist immer dann zu sprechen, wenn Individuen bestimmte – defektive – Mängel, die ihnen sei es physisch anhaften, sei es gesellschaftlich zugeschrieben werden, sowohl ostentativ nach außen kehren – und in diesem Sinne vergößern –, als auch kritisch-distanziert umbewerten bzw. umzubewerten versuchen. Defekte werden in dem Maße, in dem Individuen sie offenlegen, hier zum Persönlichkeitsmaßstab und Ziel von Identität erhoben; in ihrer neuen, zum Ausgangsstigma gegenläufigen Bedeutung dargestellt, erscheinen sie als Merkmale, die aufzuweisen die Individuen als Anrecht geltend machen.

»Konkret« zu nennen sind Verhaltensformen dieser Art insofern, als sie von ihren Trägern schwerlich abgelöst, d. h. auf Bezugsgruppen übertragen werden können. Sie bleiben an die besondere Existenz, die faktischen Makel der Selbststigmatisierer selbst gebunden. Glatzköpfige, die ihr Stigma, die Glatze, durch Beseitigung etwa letzter Haarrelikte, durch Verzicht auf Perücken oder das Tragen dunkler Anzüge noch unterstreichen, stigmatisieren in diesem Sinne primär sich allein; ihr Verhalten läßt Rückschlüsse darauf, ob Identifikationen vorliegen, die über private Identitätsstrategien hinausgehen – Identifikationen also mit weiteren Glatzenträgern –, oder ob Glatzköpfigkeit insgesamt als positiv verkündet wird, nicht oder nicht sinnvoll zu. Die Betonung des konkreten individuellen Merkmals steht im Mittelpunkt. Auch der »Zwerg«, der seinen Mißwuchs für Geld zur Schau stellt, der Invalide, der seine Beinstümpfe zeigt, intendieren zunächst konkret sich selbst, nicht aber, andere vergleichbare Personen oder das Merkmal generell zur Geltung zu bringen. Ähnliche Bezüge liegen bei Selbstverstümmlern, etwa Mitgliedern »schlagender« Verbindungen, vor. Wenn es zutrifft, daß verstümmelt zu sein, Narben oder Tätowierungen aufzuweisen etc. gesellschaftlich als »Defekt« angesehen wird, dann verfolgen Personen, die sich »Schmisse« zufügen oder sich auf Brust und Armen Segelschiffe eingravieren, offenbar die Absicht, ihre unmittelbare physisch-individuelle Erscheinung hervorzuheben. Sie machen sich »interessant«: das besondere, individuelle »Auffälligwerden«, das mit Stigmata verbunden ist, wird hier nicht abgewehrt, sondern mit Nachdruck angestrebt. Narben und Kampfeszeichen allgemein, über den Privatfall hinaus, zu propagieren, das Seemannsleben also auch Bürgern, die ihr Büro, ihre Gattin und genaue Uhrzeit schätzen, schmackhaft zu machen, dürfte auf dieser Ebene von nur sekundärer, nachgeordneter Bedeutung sein.

Daß die angeführten Beispiele Formen von Exhibitionismus darstellen, ist näher zu erläutern. Unter Exhibitionismus wird hier die öffentliche Darbietung von Merkmalen verstanden, die einerseits unmittelbar, »konkret«, den Individuen selbst anhaften, andererseits aber gesellschaftlich ausgedeutet und als bestimmte Mängel, als Defekte, begriffen werden, die die Entfaltung und Integration sozialer Beziehungen stören. Nudisten verhalten sich, so gesehen, exhibitionistisch nicht so sehr deswegen, weil sie die Geschlechtsteile entblößen, sondern weil sie – herkömmlich »normale« Verhältnisse vorausgesetzt – Defekte ihrer sozialen Ansprechbarkeit, ihrer Kommunikabilität sichtbar machen. Exhibitionistisch in diesem Sinne sind damit nicht nur Personen, die sich zu Perversionen physischer Art bekennen, sondern Individuen (Gruppen), die mit psychisch-sozialen Insuffizienzen – ihren Ticks, Wahnvorstellungen, schlechten Umgangsformen – kokettieren, sich also als orginalistisch um jeden Preis, als ebenso bewußt wie notorisch unbeherrscht, als querulantisch oder kommunikationsunwillig schlechthin darstellen. Noch der Selbstmörder – auch wenn er zum Sprung von der Brücke, der tödlich sein wird, Fernsehreporter nicht bestellt –

ist in diesem Sinne Exhibitionist; er zeigt auf, daß er unfähig oder eben nicht willens ist, das Leben, und d. h. immer: das soziale Dasein, länger zu ertragen, und entblößt damit ein radikales interaktionelles Defizit.

## 4.4. Ekstase

Obwohl zwischen Selbststigmatisierungen, wie sie oben skizziert worden sind, und solchen, die moralisch-kollektive Merkmale in den Mittelpunkt stellen, Verweisungen und Übergänge denkbar sind, sind unter den Typen, denen sie zurechnen, letztlich gegensätzliche Verhaltensformen subsumiert. Standen im exhibitionistischen Falle primär defektive Stigmata zur Diskussion, so handelt es sich nunmehr um Phänomene, in denen kulpative Stigmata thematisiert werden: Attribute, die offen »Schuld« anzeigen und diese Schuld nicht auf Individuen, sondern letztlich die Gesellschaft beziehen. Flagellanten etwa, die sich blutig peitschen, Märtyrer, die sich niedermachen lassen, Kritizisten, die sich und die Welt, die sie diskreditieren, erniedrigen und einer anderen, einer Gegenmoral, unterwerfen, begeben sich – und offensichtlich massiv – in Schuldzusammenhänge: Die Übel, auf die sie weisen, werden ihnen selbst verübelt. Sie werden mit ihnen exekutiert.

Wurden in Abgrenzung der hier behandelten Phänomene oben Begriffe wie »Exhibitionismus«, »Provokation« und »Askese« herangezogen, so können Stigmatisierungsprozesse des letzteren – des moralisch-kollektiven Typs – unter die Kategorie der »Ekstase« fallen. Sich vorsätzlich, erhobenen Hauptes Schuldzuschreibungen auszusetzen, die Strafreaktionen und Vergeltungen der Gesellschaft bis hin zur physischen Vernichtung zur Folge haben, bedeutet in der Tat, »außer sich« zu sein; es setzt Züge ekstatischer Art voraus. Wer, wie *Giordano Bruno*, dem Übel nicht widersagt, widersetzt sich der Gesellschaft: der Inquisition, der jeweils relevanten Kontrollinstanz, weil er ihr widersteht; er hat Stand und Halt nicht in ihr, sondern in einer Gegenwelt; dem Feuer, das ihn äußerlich zerstört, entspricht ein Feuer, das ihm im Inneren glüht.

Die Qualen und Selbstquälereien, die das Handeln hier auf sich nimmt, sind – ihrem Symbolgehalt nach – vom Träger jetzt freilich abgelöst und auf das Kollektiv, die Gesamtgesellschaft, gerichtet. Personen, die aus ideologischem Fanatismus ihre Angehörigen denunzieren, Stadtpartisanen, die Anlaß geben, auf Fahndungslisten geführt zu werden, oder der Student, der sich auf dem Wenzelsplatz verbrennt, wollen mit dem Schaden, den sie ihrer Familie, ihrer Gruppe und sich selbst zufügen, nicht eigene, individuelle Makel exkulpieren, sondern auf die »Vergehen«, die »Schuld« der Gesellschaft verweisen. Indem sie diese, die Generalschuld, bis hin zur Konsequenz des Todes auf sich laden, kehren sie sie gleichsam um, und heben sie – in höchstgesteigertem Anspruch – am Ende auf. Schon Jesus war in diesem Sinne nicht »Opfer der Justiz«, sondern Opfer seiner selbst; er selbst war es, der sich Wunden und Stiche, der sich das Stigma des Todes einhauen ließ; indem er starb, hat er nicht sich, sondern die Justiz, die Mächte dieser Welt »kriminalisiert«. Das Kreuz, das er auf sich nahm, sollte die Welt – Selbststigmatisierung erreicht hier den Gipfel – am Ende von Schuld überhaupt erlösen.

Selbststigmatisierungen, die diesem Typus zurechnen, stehen in unmittelbarer Nähe zu millenarischen, utopisch gerichteten Verhaltensweisen. Sie leben vom »Mythologem der verkehrten Welt« (*Mühlmann* 1961). Indem sie die Wirklichkeit, die sie trägt – die Moral also und die Ordnung der Gesamtgesellschaft –, im Kern in Frage stellen und mit Gegenbildern sei es nativistisch-archaisierender, sei es progressistisch-futuristischer Art konfrontieren, springen sie in Bereiche des Phantastischen, des Irrealen ab: in eine »heile« Welt, in der die Reichen arm, die Armen reich, in der die letzten die ersten und die Sünder rein sein werden.

Daß orgiastische Bewegungen wie etwa Karnevalsbräuche, in denen »Weiber« den Männern die Krawatten abschneiden und Politiker die Regierungsgewalt »Jecken« übergeben, in diesem Zusammenhang zu erwähnen sind, ist offensichtlich; strukturell benachbart sind ihnen Massenausbrüche, kollektive Hysterien und Jagden nach Sündenböcken, schließlich revolutionäre Prozesse und Akte der Selbstreinigung: die radikale Säuberung und Ausmerzung des Übels. Juden verschwinden dann in Gaskammern, Arbeiter werden zu Räten, Ratsherren zu Verrätern gestempelt und in Arbeitslager verschoben.

## 5. Selbststigmatisierung als soziale Umdefinition

So skizzenhaft, was die Beispiele betrifft, und so wenig systematisch die vorstehenden Überlegungen entwickelt sind, sie sind an dieser Stelle abzubrechen. Die Ausführungen dürften immerhin – das war ihr Hauptanliegen – deutlich gemacht haben, daß Selbststigmatisierung nicht nur ein sehr konkretes, spezifisch profiliertes und eigenwertiges soziales Phänomen darstellt, sondern daß dieses Phänomen im Rahmen gesellschaftlichen Geschehens auch von breiter, ja grundsätzlicher Bedeutung ist. Selbststigmatisierung als genuine Verhaltensfigur wahrzunehmen, sie der soziologischen Analyse gesondert zu erschließen, ist für das Verständnis der sozialen Wirklichkeit dabei insofern unerläßlich, als sie deren »Konstruktion« nicht nur im Sinne »alltäglicher«, also genereller Normierungs-, Definitions- und Kontrollprozesse mitgestaltet, sondern im Sinne zugleich einer antipodischen, dialektischen Bewegung. Wie Selbststigmatisierung namentlich mit der Erscheinungsform »moralisch-kollektiver« – und hier vor allem »ekstatischer« – Prozesse zeigt, ist ihr die Tendenz inhärent, die gesellschaftlichen Verhältnisse parallel zu den vorgegebenen primären Ordnungsinstanzen nicht nur mitzukonstruieren, sondern zu rekonstruieren, zu redefinieren. Sie verfolgt im Effekt die Intention, die soziale Ordnung – also die Moral eines Kollektivs und die ihr entsprechende, bestimmte Mechanik der Schuldzuschreibung und Sanktion – »umzudrehen« und ins Gegenteil zu verkehren.

Selbststigmatisierung ist die Gegenform, die dialektische Kehrseite von Stigmatisierung [16]. Sie tritt mit Phänomenen, die man seit *Weber* als »charismatisch« bezeichnet [17], unmittelbar in Zusammenhang. In der Tat liegen Stigmata, damit aber die Merkmale von Selbststigmatisierung, mit charismatischen Qualitäten schon insofern auf einer Ebene, als sie in gleicher Weise als Devianz, als Devianz in freilich verschiedener Richtung, anzusehen sind. Über diese formale, bloß äußerliche Gemeinsamkeit hinaus, die wichtige, vorstrukturierende Ambivalenzen schafft [18], sind Stigma und Charisma aber auch innerlich, im intentionalen Kern verbunden. Die Gehalte, die sie entwickeln, setzen sich immer dann voraus, ja fließen dann ineinander über, wenn Selbststigmatisierung gegeben ist. Der Antagonismus, der Alltag und Charisma scheidet (*Weber* 1964, S. 838) gilt, wie gezeigt werden konnte, wesentlich für Selbststigmatisierung selbst; er wird hier entscheidend, im existentiellen Wagnis, erst forciert. Stigma und Charisma sind, legt man diese Perspektive an, nur noch graduell getrennt [19]. Sieht man von der Spannweite, der Tendenz der Moralstruktur »umzuschlagen«, einmal ab, so scheint dieser Umschlag für das Handeln, die stigmative Praxis, eine Frage der Durchhaltekraft zu sein. Wenn Selbststigmatisierung den Sinn, den sie ausdrückt, am Ende festhält, wenn ihre Träger die Vergeltung, die wehrende Gewalt, die die Gesellschaft auf sie lenkt, ertragen: wenn sie die Feuerprobe bestehen, dann steigen sie auf aus der Asche, strahlen sie Glanz, üben sie Herrschaftsgewalt von sich aus aus.

Blickt man an dieser Stelle zurück, so wurde im einzelnen erörtert,

44

daß Selbststigmatisierung von Formen vorwiegend zwanghafter Art
– also Verhaltensweisen, die den Normen der Bezugsgesellschaft noch
quasi unterworfen bleiben – sich in fließenden Übergängen zu solchen
freierer, autonomer Führung ausgestaltet. War einerseits festzustellen,
daß Selbststigmatisierung nur die Fortsetzung, ja die Verschärfung
und Exekution von Stigmatisierung ist, daß Selbststigmatisierung
Stigmatisierung auf Bewußtseinsebene also nur bestätigt – der Verbrecher mit Geständniszwang, der Selbstankläger im Schauprozeß, die
Frau, die sich dem »schwachen Geschlecht« zurechnet, sind Exempel –,
so konnte zum anderen belegt werden, daß Selbststigmatisierung sich
von Zwängen, die Kontrollinstanzen auferlegen, am Ende auch befreit
und ihnen Kontrapunkte setzt. Exhibitionismus, Provokation, Askese
und millenarische Ekstase scheinen dabei die wichtigsten prototypischen
Möglichkeiten darzustellen, die Individuen und Gruppen von primä-
rem – sei es aktuellem, sei es auch nur latentem – sozialen Druck ent-
lasten. Ist Exhibitionismus, pointiert gesprochen, das Mittel, konkrete
physische Mängel umzudefinieren, so stehen bei Provokation, Askese
und Ekstase in stärkerem Maße übergreifende, gesellschaftlich relevante Stigmata im Mittelpunkt. Während Provokation die gegebene
kollektive Moral dabei spezifisch, an diesem oder jenem Punkt angreift,
hat Askese, also retreatistisches Verhalten, die Tendenz, die soziale
Ordnung universalistisch, allgemein, zu diskreditieren. Liegen bei diesen ersteren Formen insgesamt realistische, an konkreten Gegebenheiten
ansetzende Orientierungen vor, so dominieren im Falle millenarischer
Ekstase eher utopisch-utopistische Züge. Die eminente gesellschaftliche
Bedeutung, die Prozessen der Selbststigmatisierung zukommt – Relevanz letztlich also für sozialen Wandel, für Geschichte – ist freilich
gerade hier offensichtlich: millenarische Bewegungen und ihr Prinzip,
Schuld umzukehren und Schuld zu tilgen, Reines unrein und Unreines
rein zu machen, sind nicht nur von ethnologischem Interesse (*Douglas*
1961); ihre Wirksamkeit nicht allein in archaischen, sondern modernen
industriellen Gesellschaften steht außer Zweifel (vgl. *Kesting* 1973).
Die hier entwickelte Typologie ist nicht in systematisch-theoretischer,
sondern deskriptiver Absicht entworfen. Sie geht von erkennbar ver-
dichteten phänomenalen Aspekten aus: Aspekten, die in ihrer tatsächlichen, handlungspraktisch-sozialen Funktion freilich vage, also mehr-
deutig, bleiben können. Die damit verbundene Gefahr, daß die Typen,
ja der Begriff der Selbststigmatisierung selbst, die Prägnanz verlieren
und beliebig verwendbar werden, ist offensichtlich. Sie muß vermieden
werden. Natürlich ist weder soziales Verhalten schlechthin, noch schon
jede Form von Stigmatisierung auch Selbststigmatisierung. Selbststig-

matisierung – um den hier entwickelten Ansatz definitorisch zu präzisieren – ist vielmehr immer dann gegeben, wenn Individuen (Gruppen) sich symbolisch mit Merkmalen identifizieren, die im Bewußtsein jeweiliger Bezugsgruppen – an deren Stelle auch die Gesamtgesellschaft treten kann – negativ besetzt sind, d. h. Abwehr – und am Ende Vergeltungsreaktionen – hervorrufen.

Selbststigmatisierung muß dabei spontan, aktiv, d. h. in einem Kontext erfolgen, der von den Subjekten, die sich mit Stigmata identifizieren, dynamisch mitgestaltet werden kann. Das Ausmaß an Spontaneität, an aktiver Selbstbestimmung, variiert von Fall zu Fall: Zwischen den Polen einerseits zwanghafter, andererseits autonomer negativer Identifikation jeweils pendelnd, gibt es zugleich die Wahrscheinlichkeit an, mit der Stigmatisierungszusammenhänge sei es »gebrochen« und »umgedreht«, sei es bestätigt und verstärkt werden. Als Kriterium von Spontaneität ist der Grad anzusehen, mit dem Selbststigmatisierung Stigmatisierungszusammenhänge aus der Latenz, also der sozialen Verborgenheit, in die Öffentlichkeit hebt, d. h. erst manifest macht. Personen, die sich mit Stigmata identifizieren, die ihnen ausdrücklich schon zugeschrieben sind, entwickeln lediglich geringe Spontaneität; Personen, die sich zu Stigmata, die ihnen bisher nicht anhafteten, dadurch bekennen, daß sie sie erst enthüllen – sei es als Merkmale unmittelbar ihrer selbst, sei es als Mitgliedschaften zu stigmatisierten Gruppen – zeigen hohe Spontaneität.

Die so gefaßte nominale Definition in operationale Begriffe umzuformen, also die Hypothesen, die das Konzept der Selbststigmatisierung nahelegt, der empirischen Prüfung zugänglich zu machen, ist sicherlich schwierig. Klärungen in dieser Richtung haben Neuland auch insofern zu erschließen, als schon das Konzept der Stigmatisierung, also das Basiskonzept, empirisch nur mit einiger Mühe umsetzbar ist und Arbeiten, die entsprechende Vorstöße machen, erst am Anfang stehen [20]. Da namentlich die Perspektiven, die mit dem Ansatz der Selbststigmatisierung verbunden sind, für die soziologische Theoriebildung von Interesse sind, wäre es freilich wünschenswert, wenn die Forschung hier bald zu gesicherten, kumulierbaren Ergebnissen käme.

Faßt man zusammen, so steht man vor einem Paradoxon. Wenn Selbststigmatisierung – die Selbstkennzeichnung sozialer Subjekte mit Mangel- und Schuldsymbolen – am Ende als Entstigmatisierung, ja als charismatischer Prozeß verstanden werden kann, dann scheinen nicht neue Erkenntnisse, sondern logische Widersprüche impliziert zu sein. Heben sich Sektierer, die an der Straßenecke an den Weltuntergang mahnen, Politiker, die, weil sie zu ihren Affären stehen, demissionieren, oder der Gelehrte, der Reportern die Zunge entgegenstreckt, über die Stigmata, die sie sich zufügen, selbstverklärend schon hinweg? Über empirische Belege hinaus sind zuletzt auch theoretische, die Zusammenhänge systematisch erschließende Ableitungen zu entwickeln: Modelle, die die fragliche, ja paradoxe These auch strukturell erklären können.

Versuche in dieser Richtung waren hier nicht auszubreiten; ein kurzer, abschließender Hinweis, der künftige Forschung anleiten könnte, mag freilich Markierungen setzen: Die Paradoxie, daß Selbststigmatisierung mit Entstigmatisierung verbunden ist, ja dessen Möglichkeit erst plastisch ins Bewußtsein rückt, scheint sich theoretisch dann aufzulösen, wenn man Selbststigmatisierung als Reflexionsvorgang, als »reflexiven Mechanismus« (*Luhmann* 1966) versteht. Selbststigmatisierung stellt sich, so gesehen, als Relationierung dar (vgl. *Luhmann* 1973): als Akt, der sich selbst neu verortet und in seiner Bedeutung spezifiziert. Heißt dies einerseits, daß sich Stigmatisierung – ist sie gesellschaftlich vorgegeben und schon konkret entfaltet – in den Konsequenzen für das Individuum intensiviert, ja durch Schuldeingeständnis quasi objektiv gemacht wird, so zugleich und zum anderen, daß ihre Inhalte vom Primärkontext abgelöst, also sozial zum Objekt erhoben werden. Relativsetzungen dieser letzteren »dialektischen« Art kommen vor allem dann zum Zuge, wenn Selbststigmatisierung nicht an aktuelle, schon übermächtige, sondern bloß latente, d. h. nur mögliche, ja zuletzt nur fingierte Stigmatisierungstendenzen anschließt. Personen und Personengruppen, die – ohne wirklich stigmatisiert zu sein – sich selbst stigmatisieren, stellen Stigmatisierung – soziale Schuldzuschreibung – damit erst dar und zur Diskussion. Indem sie Stigmata symbolisch auf sich nehmen, verkünden sie ihre Distanz zu ihnen, und leiten sie eine Umkehr der Antriebsrichtung, eben Entstigmatisierung und am Ende die Gegendeutung von Stigmata ein.

Stigmatisierung ist dann nicht mehr gegen die Subjekte, die betroffenen Individuen und Gruppen gerichtet, sondern gegen die »kontrollierenden« sozialen Instanzen; sie wird im Rahmen von Selbststigmatisierung selbst stigmatisiert. Nicht die Individuen, die Selbststigmatisierer, sind es dann, die hier büßen; das schlechte Gewissen – das jedenfalls ist eine letzte noch theoretisch erschließbare Intention (vgl. *Schoeck* 1973) – wird der Gesellschaft beigebracht.

# Anmerkungen

1 Vgl. neben Wegbereitern wie *Tannenbaum* (1938), *Lemert* 1951 und *Kitsuse* (1962) jetzt bes. *Cicourel* (1968), *Rubington/Weinberg* (1968), *I. D. Douglas* (1970), *Schur* (1971) und *Rock/Mcintosah* (1974). S. a. *Gibbs* (1969). Zur deutschen Rezeption vgl. *Sack* (1972) und *Albrecht* (1973); s. a. Opp (1972).

2 Vgl. hierzu näher *Lipp* (1972).

3 Zum symbolischen Interaktionismus vgl. besonders *Berger-Luckmann* (1966). S. ferner den Ansatz der Ethnomethodologie (*Garfinkel* 1967). Siehe zu diesen Konzepten jetzt die Textsammlung Arbeitsgruppe Bielefelder Soziologen (1973, Bd. 1), die neben einer Einführung auch detaillierte Kommentare enthält.

4 Vgl. *Werkentin/Hofferbert/Baurmann* (1972). S. a. *Schumann/Schumann* (1972).

5 Es darf nicht verwundern, daß Soziologen, Sozialarbeiter, Sozialpolitiker, die ihren fachideologischen »bias« nicht durchschauen, Tendenzen dieser Art gerade dann, wenn sie praktisch tätig werden, vorantreiben und realisieren können. Der liberale Impetus, der über die Stigmatisierung vorerst aufklärt, kann sich dort, wo er Entstigmatisierung plant und verordnet, nicht nur ins Bürokratische verkehren, sondern mit den Kontrollinstanzen, also Instanzen, die sozial »Auffällige« erst produzieren – auch objektiv verbünden. Vgl. dazu *Gouldner* (1968), *Scott* (1970), ferner *Peters* (1969).

6 Vgl. das lernpsychologische Konzept des »self-reinforcement« (»self-punishment«) bei *A. Bandura* (1971). Erste Vorschläge, dieses Konzept devianztheoretisch – und hier namentlich im Rahmen der »labeling«-Theorie – heranzuziehen, hat *J. Toby* (1973) gemacht. Vorstöße in dieser Richtung vgl. auch bei *Turner* (1972), ferner bei *Rotenberg* (1974), der den Terminus »self-labeling« zur Feinzeichnung von Stigmatisierungsprozessen im Persönlichkeitsbereich verwendet.

7 Auch bei *Freidson* (1965), der von »professioneller Abweichung« spricht, oder *Klapp* (1972), der zwischen »Fremd-« und »Selbsttypisierung« unterscheidet und Strategien der »Gegenetikettierung« kennt, bleibt die Analyse auf das Individuum, das psychologische Subjekt beschränkt, dem die Kontrollinstanzen der Gesellschaft letztlich übermächtig gegenüberstehen. Begriffsbildungen dieser Art führen über die Konzepte der »Stigmatisierungskarriere«, des »Stigmamanagements« (*Goffman* 1963) oder der »aggressiven Devianz« (*Becker/Horowitz* 1970), die der »labeling«-Ansatz schon bisher entwickelt hat, kaum hinaus. Ein Versuch, die Diskussion aus der Bindung an passivistische Grundannahmen zu befreien, liegt am ehesten – sieht man von den Andeutungen *Hagans* (1973) ab – bei *Schervish* (1973) vor. *Schervish* mißt Gruppen, die sich mit Stigmata, die ihnen zugeschrieben werden, identifizieren und sie nach außen kehren, gesamtgesellschaftlich-politische Bedeutung bei.

8 Vgl. in diesem Zusammenhang vor allem *Kelsen* (1946), dessen rechtsethnologische Studien die Verschränkung von »Kausalität« und »Vergeltung« überzeugend demonstriert haben. – Ich verdanke den Hinweis auf *Kelsen* Herrn Prof. *Wolfgang Schoene*. Prof. *Schoenes* Kommentar haben die vorliegende Arbeit anregend auch sonst gefördert.

9 Vgl. namentlich die Arbeiten zum Phänomen der »Zuschreibung«, zuletzt in *Jones* et al. (1971/72).

10 Ausarbeitungen in dieser Richtung, die einer monographischen Studie vorbehalten sind, werden vom Verfasser vorbereitet.

11 Vgl. aber *Reiwald* (1948). Daß zwischen sozio- und psychologischer Erklärung von Verbrechen unterschieden werden muß, hat im übrigen schon *Durkheim* (1895/1965, S. 157) betont. Über *Durkheim* hinaus ist freilich zu versuchen, diese Differenz nicht nur als Differenz festzuhalten, sondern ihre Momente, wie die vorliegende Studie fordert, in ihrem wechselseitigen dynamischen Verhältnis zu erfassen.

12 So sehr Ich- und Überichstrukturen sozial, also über Sozialisationsinstanzen vermittelt sind, so wenig ist es, gerade angesichts pathologischer Fälle, zulässig, soziale Makro- und interaktionelle Mikrofaktoren gleichzusetzen. Vermittlungen implizieren zweierlei: neben gesellschaftlichen auch individuelle Wirkmomente. Auch Verbrecher entwickeln Identität; sie stellen Ansprüche an sich – Ansprüche, die freilich weniger von der »Theatralik« normaler bloßer »Imagepflege« (*Goffman* 1959, S. 1967) als von Fatalismus und Verzweiflung getragen sind. Erst auf dieser Ebene – der Ebene der Verzweiflung, der der Kriminelle nicht mehr entkommt – wird manifest, daß soziale Zwänge, verstärkt über Insuffizienzen physisch-psychischer Art, »schicksalhaft« in der Tat durchschlagen.

13 Der Begriff »Spontaneität« ist hier nicht im romantischen Sinne – als gäbe es »freie« Individuen, freie »Entscheidungen« schlechthin – zu verstehen, sondern als Korrekturformel zu Perspektiven, die soziales Verhalten als vollständig determiniert ansehen, das Dasein also penetrant wenn nicht Zwängen physikalisch-biologischer Art, so doch solchen der »Gesellschaft«, des »Systems«, der »Entwicklung« unterstellen.

14 Die Erscheinungsformen der Mode stellen für die hier behandelte Fragestellung eine Fülle von Beispielen bereit. Auf nähere Exemplifizierungen, die im einzelnen sehr unterschiedlich einzuordnen sind, muß an dieser Stelle verzichtet werden.

15 Als »jeweils andere« sind hier jeweils relevante, soziale »Bezugsgruppen« anzusehen. Zur Bezugsgruppe kann am Ende die Gesamtgesellschaft avancieren.

16 Wenn »Kriminalität«, wie *Haferkamp* (1972) nahelegt, »normal« ist, dann kann Selbststimatisierung als einer der wichtigsten, vielleicht wirkungsvollsten Versuche angesehen werden, aus diesem Zusammenhang die Konsequenz zu ziehen. Sie stülpt Normalität ins Abnorme, Alltagsordnungen ins Anomische um. »Nicht der Homosexuelle ist pervers«, so der Filmtitel von Rosa von Praunheim, »sondern die Situation, in der er lebt«.

17 »*Charisma* (ist) eine als außeralltäglich ... geltende Qualität einer Persönlichkeit ..., um derentwillen sie als mit übernatürlichen oder übermenschlichen oder mindestens spezifisch außeralltäglichen, nicht jedem anderen zugänglichen Kräften oder Eigenschaften (begabt), oder als gottesgesandt oder als vorbildlich und eben deshalb als *Führer* gewertet wird« (*Weber* 1964, S. 179; vgl. näher ebd., S. 159 f., 179 ff., 182 ff., 198 ff., S. 832–873).

18 Vgl. in diesem Sinne etwa *Katz* (1972), der Abweichung nur als passive, »produzierte«, nicht aktive, spontane Abweichung sieht und so das ent-

scheidende, Stigma und Charisma verbindende Zwischenglied, Selbststigmatisierung, nicht in den Blick bekommt.

19 Perspektiven dieser Art liegen im Prinzip schon bei *Weber* vor. *Weber* bezieht charismatische Führung zunächst auf Situationen »psychischer, physischer, ökonomischer, ethischer, religiöser, politischer *Not*« (*Weber* 1964, S. 832). »Die Träger des Charisma ... müssen, um ihrer Sendung genügen zu können, (dabei) außerhalb der Bande dieser Welt stehen« (ebd., S. 834). Sie üben, »weltabgewandt«, »revolutionäre Gewalt«, »von innen, von einer zentralen ›Metánoia‹ der Gesinnung ... her« aus (ebd., S. 837). Wenn sie freilich die Not, das alltägliche Elend, dessen Behebung sie verkündet haben, nicht zu meistern vermögen, trifft das Unheil sie selbst. Sie klagen sich dann »öffentlich, vor allem Volk (ihrer) eigenen Sünden und Unzulänglichkeiten an ... Versöhnt auch diese Buße ... nicht, so gegenwärtig(en) (sie) Absetzung und Tod, der ... als Sühneopfer vollzogen wird« (ebd., S. 835).

20 Einen erfolgversprechenden Versuch, Stigmatisierungsvariablen nicht nur aufzustellen, sondern zu testen, stellt das Projekt von *Vaskovics* (1974) dar. – Ich verdanke Herrn Professor *Vaskovics* Problemschärfungen auch hinsichtlich meiner eigenen Überlegungen.

# Literatur

*Albrecht, G.,* Die »Erklärung« von Devianz durch die »Theorie« des Symbolischen Interaktionismus – Neue Perspektiven und alte Fehler, in: Soziologie. Sprache, Bezug zur Praxis, Verhältnis zu anderen Wissenschaften. René König zum 65. Geburtstag, Köln/Opladen 1973, S. 775–803.

*Arbeitsgruppe Bielefelder Soziologen* (Hrsg.), Alltagswissen, Interaktion und gesellschaftliche Wirklichkeit, Bd. 1: Symbolische Interaktionismus und Ethnomethodologie, Reinbek 1973.

*Bandura, A.,* Vicarious and Self-Reinforcement Processes, in: The Nature of Reinforcement, hrsg. von *R. Glaser,* Columbus/Ohio 1971.

*Becker, H. S.,* Outsiders. Studies in the Sociology of Deviance, New York/London 1963; deutsch: Außenseiter. Zur Soziologie abweichenden Verhaltens, Frankfurt/Main 1973.

*Becker, H. S./Horowitz, I. L.,* The Culture of Civility, in: Transaction, 1970, S. 12–19.

*Berger, P./Luckmann, Th.,* The Social Construction of Reality, Garden City, N. Y. 1966; deutsch: Die soziale Konstruktion der Wirklichkeit, 3. Aufl., Frankfurt/Main 1972.

*Bidermann, A. D./Reiss, A. J.,* On Exploring the »Dark Figure« of Crime, in: Annals, 1967, S. 1–15.

*Cicourel, A.,* The Social Organization of Juvenile Justice, New York/London/Sydney 1968.

*Douglas, J. D.* (Hrsg.), Deviance and Respectability. The Social Construction of Moral Meanings, New York/London 1970.

*Douglas, M.,* Purity and Danger. An Analysis of Concepts of Pollution and Taboo, London 1966.

*Dreitzel, H. P.,* Die gesellschaftlichen Leiden und das Leiden an der Gesellschaft, Stuttgart 1968.

*Durkheim, É.,* Les régles de la méthode sociologique, Paris 1895; deutsch: Die Regeln der soziologischen Methode, 2. Aufl., Neuwied/Berlin 1965.

*Freidson, E.,* Disability as Social Deviance, in: Sociology and Rehabilitation, hrsg. von *M. B. Sussman,* Washington 1965, S. 71–99.

*Freud, S.,* Der Verbrecher aus Schuldbewußtsein, in: Einige Charaktertypen aus der psychoanalytischen Arbeit (1915). In: ders., Gesammelte Werke, Bd. 10, London 1946, S. 389–391.

*Garfinkel, H.,* Studies in Ethnomethodology, Englewood Cliffs/N. J. 1967.

*Gibbs, J. P.,* Conceptions of Deviant Behavior: The Old and the New, in: Pacific Sociological Review, 1969, S. 9–14.

*Goffman, E.,* The Presentation of Self in Everyday Life, New York 1959; deutsch: Wir alle spielen Theater. Die Selbstdarstellung im Alltag, München 1969.

ders., Stigma. Notes on the Management of Spoiled Identity, Englewood Cliffs/N.J. 1963; deutsch: Stigma – Über Techniken der Bewältigung beschädigter Identität, Frankfurt/Main 1967.

ders., Interaction Ritual. Essays in Face-to-Face Behavior, Chicago 1967; deutsch: Interaktionsrituale. Über Verhalten in direkter Kommunikation, Frankfurt/Main 1971.

*Gouldner, A. W.,* The Sociologist as Partisan: Sociology and the Welfare State, in: The American Sociologist, 1968, S. 103–116.

*Haferkamp, H.,* Kriminalität ist normal, Stuttgart 1972.

*Hagan, J.,* Labeling and Deviance: A Case Study in the »Sociology of the Interesting«, in: Social Problems, 1973, S. 447–458.

*Jones, E. E.,* et al., Attribution: Perceiving the Causes of Behavior, Morristown/N. J. 1970/71.

*Katz, J.,* Deviance, Charisma, and Role-defined Behavior, in: Social Problems, 1972, S. 186–202.

*Kelsen, H.,* Vergeltung und Kausalität, Den Haag 1946.

*Kesting, H.,* Herrschaft und Knechtschaft, Freiburg 1973.

*Kitsuse, J. J.*, Societal Reaction to Deviant Behavior, in: Social Problems, 1962, S. 247–256.

*Klapp, O. E.*, Heroes, Villains, and Fools: Reflections of the American Charakter, San Diego 1972.

*Lemert, E. M.*, Social Pathology, New York 1951.

*Lipp, W.*, Anomie, Handlungsmöglichkeit, Opportunismus. Grenzfragen der Systemtheorie, in: Zeitschrift für die gesamte Staatswissenschaft, 1972, S. 343–370.

*Lombroso, C.*, Der Verbrecher, Bd. 1, Hamburg 1887, Bd. 2, Hamburg 1890.

*Luhmann, N.*, Reflexive Mechanismen, in: Soziale Welt, 1966, S. 1–23.

ders., Selbst-Thematisierungen des Gesellschaftssystems, in: Zeitschrift für Soziologie, 1973, S. 21–46.

*Mead, G. H.*, Mind, Self, and Society, Chicago 1934; deutsch: Geist, Identität und Gesellschaft, Frankfurt/M. 1968.

*Merton, R. K.*, Social Structure and Anomie, in: Social Theory and Social Structure, Glencoe/Ill., 2. Aufl. 1957, S. 131–160; deutsch: Gesellschaftsstruktur und Anomie, in: Konformismus-Nonkonformismus, hrsg. von *W. Lipp*, Neuwied/Berlin 1975.

*Mühlmann, W. E.*, Chiliasmus und Nativismus. Studien zur Psychologie, Soziologie und historischen Kasuistik der Umsturzbewegungen, Berlin 1961.

*Opp, K. D.*, Die »alte« und die »neue« Kriminalsoziologie. Eine kritische Analyse einiger Thesen des »labeling approach«, in: Kriminologisches Journal, 1972, S. 32 ff.

*Peters, H.*, Die politische Funktionslosigkeit der Sozialarbeit und die »pathologische« Definition ihrer Adressaten, in: Jahrbuch für Sozialwissenschaft, 1969, S. 405–416.

*Reik, Th.*, Geständniszwang und Strafbedürfnis, Wien 1925; neue Aufl. Frankfurt/Main 1971.

*Reiwald, P.*, Die Gesellschaft und ihre Verbrecher, Zürich 1948, Neuausg. mit Beiträgen von *H. Jaeger* und *T. Moser*, Frankfurt/M. 1973.

*Rotenberg, M.*, Self-labeling: A Missing Link in the ›Societal Reaction‹ Theory of Deviance, in: The Sociological Review, 1974, S. 335–354.

*Rubington, E./Weinberg, M. S.* (Hrsg.), Deviance. The Interactionist Perspective, New York 1968.

*Sack, F.*, Definition von Kriminalität als politisches Handeln: Der »labeling approach«, in: Kriminologisches Journal, 1972, S. 3–31.

*Schervish, P. G.*, The Labeling Perspective: Its Bias and Potential in the Study of Political Deviance, in: American Sociologist, 1973, S. 47–57.

*Schoeck, H.,* Die Lust am schlechten Gewissen, Freiburg 1973.

*Schumann, C./Schumann, K. F.,* Wie marxistisch ist der Labeling-Ansatz?, in: Kriminologisches Journal, 1972, S. 229–234.

*Schur, E. M.,* Labeling Deviant Behavior. Its Sociological Implications, New York 1971.

*Scott, R. A.,* The Construction of Conceptions of Stigma by Professional Experts, in: *J. D. Douglas* (Hrsg.), 1970, S. 225–290.

*Tannenbaum, F.,* Crime and Community, New York 1938.

*Toby, J.,* Is the Social Actor Psychologically Empty?, in: Contemporary Sociology, 1973, S. 132–135.

*Turner, R. H.,* Deviance Avowal as Neutralization of Commitment, in: Social Problems, 1972, S. 308 ff.

*Weber, M.,* Die protestantische Ethik und der Geist des Kapitalismus, in: Die protestantische Ethik, hrsg. von *J. Winckelmann,* Hamburg 1969.

ders., Wirtschaft und Gesellschaft, Tübingen 1922, erw. Neuauflage Köln/Berlin 1964.

*Weinberg, M. S.,* Sexuelle Schamhaftigkeit im F.K.K. Lager, in: Teilnehmende Beobachtung abweichenden Verhaltens, hrsg. von *J. Friedrichs,* Stuttgart 1973, S. 242–253.

*Werkentin, F./Hofferbert, M./Baurmann, M.,* Kriminologie als Polizeiwissenschaft oder: Wie alt ist die neue Kriminologie?, in: Kritische Justiz, 1972, S. 221–252.

ULRICH GERKE

# Typisierungen und abweichendes Handeln

## *Zur Analyse jugendlicher Randgruppen*

Die Existenz gesellschaftlicher Randgruppen wird in der Regel als eine Tatsache hingenommen, ohne weiter hinterfragt zu werden. Jeder weiß um ihre Existenz und hält sie für ganz natürlich. Entscheidend erscheint dann nur, daß der Staat dafür Sorge trägt, daß sie nicht zu einer Bedrohung der öffentlichen Ordnung werden. Der »Normal-Bürger« hat festumrissene Vorstellungen über Randgruppen; er weiß sie einzuordnen und sieht, daß seine Mitbürger ebenso denken wie er und daß sie Randgruppen in gleicher Weise verurteilen.

So gibt es gesamtgesellschaftliche Vorstellungen und Typisierungen sowohl für das, was als »normal« gilt, als auch für das, was als »abweichend« zu gelten hat. Diese Typisierungen beziehen sich nicht nur auf die abweichende Handlung, sondern werden auch den jeweiligen Personen oder Gruppen als »Wesens«-merkmal zugeschrieben, d. h. die abweichende Handlung bildet die Grundlage für die Zuschreibung bestimmter Persönlichkeitsmerkmale. Personen oder Gruppen werden stigmatisiert, sie werden zu Asozialen, Kriminellen, Geisteskranken, Gammlern und Rockern. Zuschreibungen, Definitionen, Stigmatisierungen oder Etikettierungen basieren demnach auf Typisierungen sowohl der Handlungen als auch der Handelnden.

In diesem Beitrag soll nun zunächst der Frage nachgegangen werden, wie solche gemeinsamen Vorstellungen oder Typisierungen, die sich im Bewußtsein der Menschen als Wissen über ihre Alltagswelt niedergeschlagen haben, dazu beitragen, daß sich ein jeder ein bestimmtes Bild von seiner Umwelt und seinen Mitmenschen macht. Es soll gezeigt werden, daß sich aus diesen mit anderen geteilten Vorstellungen entscheidende Konsequenzen für das Handeln in der Alltagswelt ergeben. Auf diesem allgemeinen Hintergrund soll dann die Frage erörtert werden, welche Auswirkungen solche gemeinsamen Vorstellungen für die Ausgliederung von Randgruppen haben, und wie dieser Ausgliederungsprozeß aus der Sicht der Randgruppen aufgenommen wird; das heißt: Ausgliederung soll als ein wechselseitiger sozialer Prozeß betrachtet werden.

## 1. Der Mensch als Akteur

Zumindest implizit taucht das Typisierungskonzept, wenn auch mit teilweise anderen Umschreibungen, in fast allen soziologischen Ansätzen auf. Einen ganz zentralen Stellenwert nimmt es indes in den handlungstheoretischen Ansätzen der Soziologie ein, insbesondere im Symbolischen Interaktionismus, in der Phänomenologie und in der Ethnomethodologie. Hier sollen zunächst die wichtigsten Aspekte dieses Typisierungskonzepts dargelegt werden, ohne dabei auf den theoretischen Hintergrund dieses Konzepts einzugehen [1]*. Ausgangspunkt der Überlegungen ist der Mensch als bewußt Handelnder, als Akteur. Die besondere Qualität des Menschen zeichnet sich dadurch aus, daß er nicht nur auf bestimmte Reize reagiert und durch gesellschaftliche Strukturen festgelegt ist, wodurch er zum Träger ihm zugewiesener Rollen degradiert ist, sondern daß die soziale Wirklichkeit [2], innerhalb derer die einzelnen Menschen leben, als solche durch menschliche Leistungen in Interaktionsprozessen [3] konstruiert wird. Daß die Menschen zur Konstruktion ihrer Wirklichkeit befähigt sind, beruht darauf, daß sie Bewußtsein besitzen. Dieses ermöglicht ihnen, Objekte ihrer Umwelt als solche zu erkennen und mit einem gemeinsamen Sinn oder einer gemeinsamen Bedeutung zu belegen. Aus der Vielgestaltigkeit der Umwelt werden auf diese Weise Sinnzusammenhänge ausgegrenzt und zu einem System von Bedeutungen, dem Alltagswissen, zusammengesetzt.

Das gemeinsame Wissen, mit dem Menschen ihre Umwelt aufordnen, erwächst aus gemeinsamem Handeln und strukturiert wiederum neues Handeln; das heißt: aus dem sinnhaften sozialen Handeln in Interaktionen entwickeln sich gemeinsame Vorstellungen über die gesellschaftliche Wirklichkeit. Handlung und menschliches Bewußtsein bilden somit zwei Ebenen im Interaktionsprozeß, die einander wechselseitig bedingen [4]. Dieser »Wirklichkeitsaufbau« vollzieht sich in einem dreistufigen Prozeß, bestehend aus Entäußerung, Typisierung und Identität [5].

Die Phase der *Entäußerung* ist dadurch gekennzeichnet, daß jeder Mensch gezwungen ist, in irgendeiner Form zu produzieren, um überleben zu können. Er entäußert sich z. B. in Form bestimmter Handgriffe, Gesten und Worte. Werden solche Entäußerungen von anderen erwidert, besteht die Möglichkeit, daß Entäußerung und Erwiderung wiederholt werden und eine entsprechende Beziehung zwischen beidem

---

* Anmerkungen s. S. 74

im Bewußtsein der Handelnden aufgebaut wird. Dieses Zueinander-In-Beziehung-Setzen gibt der Entäußerung ihre Bedeutung; sie wird mit einem bestimmten Sinn belegt, sie wird zu einem Symbol. Bedeutungen sind somit soziale Produkte, die durch definierende Aktivitäten von miteinander interagierenden Personen hervorgebracht werden (*Blumer* 1969, S. 5).

Durch die subjektive Wahrnehmung der einzelnen Handlungspartner werden die beobachtbaren Handlungen erfaßt und geordnet. Subjektiv beginnen die Handlungspartner zu wissen, so und nicht anders hängen Teile der Welt zusammen. Sie beginnen zu typisieren, d. h. es werden ganz bestimmte Handlungsalternativen ausgegrenzt, mit einem gemeinsamen Sinn belegt, systematisiert und mit anderen in Beziehung gesetzt. *Typisierungen* liegen somit auf einer anderen Ebene als Handlungen, sie sind gedankliche Abstraktionen von beobachtbaren Handlungssituationen. Das Gesamt-System der Typisierungen bildet das Alltagswissen; Typisierungen sind die Bausteine, aus denen Wissenssysteme zusammengesetzt sind.

Bewußtes, auf Typisierungen basierendes Handeln spielt eine entscheidende Rolle bei der Entwicklung der *Identität* oder Persönlichkeit des Menschen. Die Gewißheit gemeinsam gefundener Typisierungen ermöglicht es dem Menschen, sein Handeln auf das anderer abzustimmen. Er antizipiert die Reaktionen seiner Gegenüber, indem er deren Rollen übernimmt [6], sich in Gedanken in sie hineinversetzt und aus ihrer Perspektive sich selbst als Handelndem gegenübersteht. Er sieht sich somit selbst als Objekt. An diesen gedanklich vorweggenommenen Reaktionen seines Gegenüber werden die eigenen Handlungen ausgerichtet. Dieser Andere kann sowohl eine konkrete Person als auch ein »verallgemeinerter Anderer« [7] sein, etwa in Form gemeinsam akzeptierter Norm- und Wertvorstellungen. Der Mensch wird sich so seiner selbst bewußt, sowohl als Typisierender als auch als Typisierter in einer bestimmten sozialen Umwelt. Indem der einzelne sich so als Objekt sehen kann, begreift er sich selbst als Teil seiner sozialen Wirklichkeit.

## 2. Die Kategorie der Typisierung

Will man das Handeln anderer in seiner spezifischen Situationsgebundenheit in der Alltagswelt begreifen, so ist es notwendig, ihre
Typisierungen, die sie ihrem Handeln zugrundelegen, zu ergrün-
den [8].

Typisierungen sind Abstraktionen und Generalisierungen früher selbst
erlebter oder durch Sozialisationsagenten (Eltern, Lehrer u. a.) ver-
mittelter Handlungssituationen, die es erlauben, nachfolgende gleich-
artige oder ähnliche Handlungssituationen einzuordnen. Interaktionen
sind somit als Interpretationsprozesse zu betrachten, in denen die
Handlungspartner ihre Typisierungen aufeinander abstimmen. Das
bedeutet jedoch nicht, daß damit zugleich Harmonie erzielt wird,
sondern lediglich, daß die Handlungssituation von den Partnern in
gleicher Weise eingeschätzt wird.

Wissen wird mit anderen geteilt, zeichnet sich somit durch *Intersubjektivität* aus. Der Gewißheitsgrad der Intersubjektivität ergibt sich
aus den gemeinsam geteilten Typisierungen. Typisierungen werden im
Interaktionsprozeß gewonnen, in der gemeinsamen Kommunikation,
deren Grundlage eine gemeinsame Sprache ist. Die Sprache wird so
zum entscheidenden Typisierungsmedium, sie bietet die Gewißheit für
eine gemeinsame Verständigung.

Hinzu kommt die *Reziprozität* der Perspektiven; das heißt, daß die
Handlungspartner in der Lage sind, durch Hineinversetzen in die
Rolle des jeweils anderen, die Handlungssituation aus der Sicht des
anderen zu interpretieren.

Die Aspekte der Wirklichkeit, die für die Handelnden *Relevanz* besitzen, unterliegen spezifischen Typisierungen. Je näher Handlungssituationen der persönlichen Lebensbewältigung stehen, desto differenzierter sind die Typisierungen, z. B. bei zentralen Belangen der eigenen
Gruppe, der Berufstätigkeit oder spezifischer Interessen.

So wie die Menschen versuchen, eine Handlungssituation aufgrund
von Typisierungen zu bewältigen, so sehen sie auch den Handlungspartner nicht in seiner vollen Identität, sondern lediglich als Typ. Sie
haben ein typisiertes Bild vom anderen. Die Reaktionen des anderen
können sie sich nur im Rahmen ihrer eigenen Vorstellungen und Erfahrungen ausmalen. Ein plastisches Beispiel dafür bietet das Spiel
eines Kindes mit seiner Puppe. Das Kind versetzt sich dabei in die
Rolle der Mutter und sieht sich selbst als Objekt in der Puppe. Durch
Rollenübernahme und Nachvollzug typischer Handlungsmuster der
Mutter lernt das Kind das von ihm erwartete Sozialverhalten. So wie

die Menschen die anderen in ihrer Typikalität sehen, so sehen sie sich selbst ebenfalls als Typ, durch Übernahme der Perspektive des anderen und durch gedankliche Interaktion mit sich selbst als Objekt.

## 3. Typisierung und Interaktion

Die weiterführende Frage ist nun, wie entstehen Typisierungen und auf welchen Ebenen wickelt sich typisiertes Handeln ab. Typisierungen erwachsen aus Entäußerungen, und zwar dann, wenn diese erwidert, symbolisiert und systematisiert werden, d. h. wenn sie auf gedanklicher Ebene sinnhaft mit anderen Entäußerungen verknüpft werden. Solche Entäußerungen werden zur Gewohnheit, werden habitualisiert, wenn sie z. B. Erleichterungen des gemeinsamen Verständnisses mit sich bringen, wenn sie für die Handlungspartner Relevanz besitzen. Der Sinn habitualisierter Handlungen geht als Routinewissen in den allgemeinen Wissensvorrat ein, er wird zu typisiertem Wissen (*Berger/Luckmann* 1969, S. 57; *Dreitzel* 1962, S. 183).

Die Weitervermittlung von Typisierungen ist eine entscheidende Funktion der Sozialisation. Die Alltagswelt kann nicht von jedem in direkten Interaktionen stets neu erfahren werden, sondern wird ihm vermittelt, z. B. durch Eltern, Lehrer, Freunde oder Arbeitskollegen. Typisierungen, die im Sozialisationsprozeß weitervermittelt werden, haben ihre Beziehung zur Entstehungssituation verloren. Sie haben sich verselbständigt, sie sind zu einer eigenen Faktizität geworden, da die Menschen sich nicht mehr bewußt sind, daß diese Typisierungen letztlich aus menschlichen Aktivitäten hervorgegangen sind, daß z. B. das Leistungsprinzip in unserer Gesellschaft kein »natürliches« Prinzip ist, sondern durch menschliche Definitionen entstanden ist [9].

Typisierungen erhalten dadurch im Bewußtsein der Menschen Dingcharakter, sie werden zu personen- und situationsunabhängigen Tatsachen, zu scheinbar objektiven Bestandteilen der sozialen Welt[10]. Die Konsequenz solcher Verdinglichungen ist, daß z. B. die Gesellschaft nicht mehr als von Menschen geschaffen angesehen wird, sondern als etwas Vorgegebenes, unabhängig vom Menschen Bestehendes, in das sich der Mensch einzufügen hat.

Verdinglichte Typisierungen, zu Wissenssystemen zusammengefaßt, bilden eigene Sinnwelten, z. B. Religionen, Wissenschaften, Gesetze, kulturelle Wertsysteme u. a. (vgl. *Berger/Luckmann* 1969). Im Bewußtsein der Menschen werden sie zu einer außerhalb von ihnen existierenden Faktizität, die als solche mit normativer Gewalt wiederum Interaktionen strukturiert. Sie geben an, was gesamtgesellschaftlich als »normal« zu gelten hat. Wer dem zuwiderhandelt, wird als Abweichler stigmatisiert und unterliegt entsprechenden negativen Sanktionen [11], die von der Meidung bis hin zur Strafverfolgung reichen können.

Verdinglichte, vom Entstehungszusammenhang losgelöste Typisierungen gehören zum Routinewissen der Alltagswelt. Diese Routine wird gestört, wenn problematische Situationen auftauchen, wenn z. B. Mitglieder unterschiedlicher Gruppen miteinander in Berührung kommen. Bisher hatte jede Gruppe ein typisiertes Bild der anderen, das als gesichert innerhalb der eigenen Gruppe galt, und somit weitgehend problemlos war. Kommt es beim Aufeinandertreffen mehrerer Gruppen zu einer gemeinsamen Interpretation der neuen Handlungssituation, so löst sich das Problem. Kommt kein Konsensus zustande, so erhebt sich die Frage, wessen Vorstellungen sich durchsetzen, welche Typisierungen soziale Geltung und somit eine normative Wirkung haben, und wieweit sich die Unterlegenen ihnen entziehen können.

Entscheidend ist, daß die gesellschaftlichen Gruppen, die ökonomische oder politische Machtpositionen innehaben, im allgemeinen eher in der Lage sind, ihre Typisierungen, ihr Bild von der gesellschaftlichen Wirklichkeit als bindend durchzusetzen als unterprivilegierte Gruppen. Die gesellschaftliche Stellung der Mächtigen ermöglicht es ihnen, ihre Interessen als gesamtgesellschaftlich gültige zu rechtfertigen und in Vorschriften und Gesetzen zu verfestigen.

## 4. Typisierungen der Kontrollinstanzen

Bisher wurde allgemein auf das Typisierungskonzept und seine Bedeutung für das sinnhafte soziale Handeln eingegangen. In den folgenden Abschnitten sollen die Typisierungsaktivitäten der Instanzen sozialer Kontrolle und der sie stützenden gesellschaftlichen Gruppen in Beziehung gesetzt werden zu den Typisierungen gesellschaftlicher Randgruppen. Dazu werden zwei soziologische Ansätze – der Definitionsansatz und der Subkulturansatz – näher charakterisiert und eine Verbindung zwischen beiden hergestellt.

Der *Definitionsansatz* [12] hat sich als eine Gegenposition zu den traditionellen Ansätzen abweichenden Verhaltens [13] entwickelt. »Durch selektive Mechanismen werden auffällige ... Menschen in Kontakt mit Rechtspflegeinstitutionen gebracht, die diese absondern und als auffällig oder kriminell etikettieren und somit einerseits die Verhaltenschancen der Personen beschneiden und andererseits bei ihnen einen

Identitätswandel herbeiführen, der sie fortan im Sinne der Etikettierung handeln läßt« (*Schumann/Winter* 1971, S. 147). Im Vordergrund dieses Ansatzes stehen weder die Abweichler als Person oder Gruppe noch die Motive und Bedingungen ihres abweichenden Handelns, sondern privilegierte gesellschaftliche Gruppen, die andere als Abweichler typisieren und etikettieren. Sichtbare Vertreter dieser Gruppen sind die Instanzen sozialer Kontrolle, wie die Justiz, die Polizei, und die Sozialarbeit. Sie sollen die Aufrechterhaltung der gesamtgesellschaftlich etablierten Typisierungen garantieren.

Geltende Normen werden von den Vertretern des Definitionsansatzes nicht als feste, unproblematische Bestandteile gesellschaftlicher Wirlichkeit begriffen. Gegenstand der Forschung sind vor allem die noch komplizierten Prozesse der Normverletzung und der darauf erfolgenden Reaktionen (*Sack* 1972, S. 18). Normen sind dabei nicht nur als Handlungsanleitungen zu verstehen, sondern bilden darüber hinaus die Grundlage zur Rekonstruktion und zur nachträglichen Beurteilung bereits abgelaufener Handlungen. Sowohl die Begehung einer Straftat als auch die Rekonstruktion z. B. vor Gericht ist ein sinnhaftes soziales Handeln. Die Interpretation der Handlung im Gerichtssaal erfolgt jedoch in einem ganz anderen Bezugsrahmen als die als strafbar typisierte Handlung; sie liegt zeitlich später und findet in einer anderen Situation statt. Hinzu kommt, daß die Rechtsinstanzen auf ein Normverständnis zurückgreifen, das oft von dem der Angeklagten abweicht. Diese Interpretationsdiskrepanz kann soweit gehen, daß der Angeklagte der Argumentation der Richter nicht folgen kann, wie man häufig in Jugendgerichtsprozessen beobachten kann. So wurden im Rahmen einer empirischen Untersuchung Mitglieder einer delinquenten Jugendgruppe [14] daraufhin befragt, inwieweit sie selbst davon überzeugt sind, Straftaten zu begehen. Ihre Antwort war: Unterbewußt ist man davon überzeugt, eine Straftat zu begehen; das steht aber bei der Begehung der Tat nicht im Vordergrund. Nur wenn man gesehen wird, dann hat man das Gefühl »jetzt biste erwischt«. Später vor den anderen hat man das Gefühl »die Bullen verarscht zu haben«. Fragt man weiter, warum sie das machen, so antworten sie: »Das ist unheimlich spannend. Man macht das, um den anderen zu zeigen, daß man was Besonderes getan hat, z. B. die Bullen verarscht. Oder man macht's, wenn man kein Geld oder keine Zigaretten hat« (*Gerke* 1973, S. 146).

Die Hilflosigkeit mancher Jugendlicher vor Gericht basiert größtenteils darauf, daß sie eine strafbare Handlung in ganz anderer Weise typisieren als die Rechtsinstanzen. Eher »unbewußt« haben sie die Perspektive der Rechtsinstanzen verinnerlicht, z. B. durch die Sozialisation im Elternhaus oder in der Schule. Doch innerhalb ihrer Gruppe handeln sie nach anderen Prioritäten, während die Rechtsinstanzen nachträglich ein »Motiv« für die strafbare Handlung suchen und dabei von ihren eigenen Norm- und Wertvorstellungen ausgehen. Charakteristisch für diese Interpretationsdiskrepanz sind z. B. die unterschiedlichen Sprachebenen der Rechtsinstanzen und der Jugendlichen.

Richterliche Entscheidungen basieren zum einen auf gesetzlich fixierten Normen, zum anderen unterliegen sie bestimmten Ermessensspielräumen, die sich in Formeln wie »Rechtsgefühl«, »Intention« und »Erfahrung« äußern (*Sack* 1968, S. 461). Handlungen werden von Richtern problematisiert und als auffällig bezeichnet, wenn sie den allgemeinen Typisierungen dessen, was als »normal« bezeichnet und akzeptiert wird, widersprechen. »Der richtige Kriminelle bzw. der typische Fall des Kriminellen ist demnach nicht derjenige, der eine fremde Sache gestohlen hat, sondern derjenige, der zusätzlich etwa folgende Merkmale aufweist: einen unsteten Beruf ausübend, in einer schlechten Gegend wohnend, ein liderliches Leben führend etc. . . . Dieser Zuschreibungsprozeß einer kriminellen, genereller einer abweichenden Rolle vollzieht sich in einem sozialen Prozeß, dessen nur sichtbare Stationen die Institutionen der sozialen Kontrolle sind. Er ist natürlich eingebettet in ein Netzwerk sozialer Beziehungen, in denen die betreffende Person lebt, und wird in vielfacher Weise vorbereitet, angelegt, verstärkt und verhindert durch informelle Prozesse unterhalb der Schwelle institutioneller ›Sichtbarkeit‹, ohne daß letztere darum vom Sozialanalytiker weniger beobachtet werden sollten« (*Albrecht/Sack* 1969, S. 27).

Zuschreibungen sind kein Privileg und spezifisches Charakteristikum von Kontrollinstanzen, sondern stellen ein generelles Merkmal der interaktiven und kommunikativen Prozesse zwischen Menschen dar (*Sack* 1972, S. 24). Zuschreibungen basieren auf Typisierungen bestimmter gesellschaftlicher Gruppen, die ihre Vorstellungen von »Normalität« zu gesamtgesellschaftlich verbindlichen erhoben haben möchten. *H. S. Becker* kommt daher zu dem Schluß, daß die Fähigkeit, normative Regeln aufzustellen und auf andere Gruppen anzuwenden, auf Machtunterschieden beruht, das heißt: Gruppen, die aufgrund ihrer sozialen Stellung Machtpositionen innehaben, sind am ehesten imstande, ihre Regeln durchzusetzen. So dominieren in unserer Gesellschaft Mittelschichtnormen, denen sich auch die Unterschichtangehörigen zu fügen haben, sei es in der Schule, vor Gericht oder anderswo (*Becker* 1963, S. 17).

Solche mit politischer oder ökonomischer Macht ausgestatteten Gruppen sehen in einer Abweichung von ihren zur Norm erhobenen Vorstellungen eine Gefährdung der öffentlichen Ordnung und damit letztlich ihrer eigenen Interessen. Dieser Gefährdung wird entgegengewirkt, indem nicht nur die abweichende Handlung negativ sanktioniert wird, sondern gleichzeitig das Motiv für die abweichende Handlung in anlage- und milieubedingten auffälligen Persönlichkeitsmerkmalen der Betroffenen gesucht wird. So beschreiben Kontrollinstanzen Rocker als Gewalttäter, bei denen Härte, Rücksichtslosigkeit und Brutalität im Vordergrund stehen (*Wolf/Wolter* 1974, S. 25). Abweichendes Verhalten ist dann nicht mehr ein Produkt sozialstruktureller Ungleichheiten, sondern individueller Unzulänglichkeiten. Es wird daher auch nicht versucht, die soziale Situation der »Auffälliggewordenen« zu verändern, sondern die Abweichler wieder in die bestehende Gesellschaft einzupassen.

Tatsächlich wird die Wiedereingliederung jedoch erschwert, da die mit dem neuen Status des »Kriminellen« oder des »Abweichenden« verknüpften negativen Typisierungen die Betroffenen insofern isolieren, als ihnen die Mitmenschen in den Alltagsinteraktionen nun mit Mißtrauen und Feindseligkeit begegnen. Im Prozeß der Rollenübernahme machen sich die Aufgefallenen diese durch Kontrollinstanzen und »konforme Bürger« an sie herangetragenen Typisierungen zu eigen, sie übernehmen deren Perspektive und identifizieren sich schließlich selbst damit. Solche negativen Typisierungen haben somit die Funktion von »self-fulfilling-prophecies« [15]; das heißt, dadurch, daß die als Abweichler typisierten Personen und Gruppen die an sie herangetragenen Typisierungen übernehmen und sich damit identifizieren, fühlen sich die Kontrollinstanzen im nachhinein in ihren Annahmen bestätigt [16].

## 5. Die Randgruppe als Subkultur

Die in der Gesamtgesellschaft durchgesetzten Typisierungen bilden bei Ausgliederungsprozessen nur die eine Seite des Problems. Entscheidend ist ebenfalls die Sicht der Betroffenen. Wir müssen wissen, wie diese auf die Typisierungen der Kontrollinstanzen reagieren und wie sie sich selbst als Randgruppen typisieren. Vorallem der Subkulturansatz [17] ist zu einiger Popularität gelangt auch bei den Instanzen der sozialen Kontrolle, so z. B. bei der Analyse delinquenter Jugendgruppen wie etwa »Rocker«, »Fixer« oder »Typen« [18]. Eine allgemeine Definition des Begriffs Subkultur gibt *R. König*: »Unter Subkultur versteht man die Herausdifferenzierung von Untersystemen kultureller Normen, die unter Umständen von den gesamtgesellschaftlichen Normen beträchtlich abweichen können. Die subkulturellen Systeme können mehr oder weniger organisiert sein« (1967, S. 158). *König* sieht die Entstehung von Subkulturen in Abhängigkeit vom gesamtgesellschaftlichen Normensystem, das im wesentlichen auf den berufstätigen, männlichen Erwachsenen ausgerichtet ist. Somit ist die Subkulturbildung Jugendlicher als gruppenspezifische Form der Erreichung von Erwachsenenstatus zu verstehen, als Kompensation für mangelnde Integration und als Abhebung gegen die Erwachsenenwelt.

Schon die frühen Subkulturtheoretiker wie *Thrasher* (1963) und *Whyte* (1967) zeigten auf, daß delinquente Jugendbanden nicht willkürlich handeln, sondern daß ihr Handeln strukturiert, systematisiert und organisiert abläuft, und zwar nach Regeln, die der Gesamtgesellschaft oft entgegenlaufen. Der wichtigste Vertreter in der Nachfolge von *Thrasher* und *Whyte* ist *A. Cohen* (1961). Vor allem sein Ansatz ist bei den Instanzen der sozialen Kontrolle bekannt, da er vorrangig delinquente Jugendgruppen aus dem Blickwinkel der Kontrollinstanzen und weniger aus dem Blickwinkel der Selbsteinschätzung der Jugendlichen analysiert [19].

Nach *Cohen* stehen delinquente Jugendgruppen in Konflikt mit den gesamtgesellschaftlich geltenden Mittelschichtnormen, sie bilden Kontrakulturen: die gruppenspezifischen Typisierungen sind stark normiert und auf Verletzung der Mittelschichtnormen ausgerichtet. Für Angehörige solcher Gruppen besteht die normative Verpflichtung, daß man die Gesetze der Mittelschichten verletzt, daß man stiehlt, randaliert, vandaliert, »trouble« macht (vgl. *Sack* 1971, S. 275). Die Funktion dieser Gruppenkultur besteht in der Lösung von Status-Problemen der Jugendlichen. Die typische Reaktion der Mittelschichtangehörigen besteht indes darin, diese Gruppe als »Gefährdung der öffentlichen Sicherheit« oder als »kriminell« zu typisieren.

Eine modifizierte Position gegenüber *Cohen* nimmt *W. B. Miller* (1968) ein. *Miller* weist der Unterschicht eine eigene Kultur zu, entstanden in einem langfristigen historischen Prozeß. Er versucht, die kulturellen Kräfte, die auf die Unterschichtangehörigen einwirken, aus der Sicht der Akteure und in ihrer Situationsgebundenheit in der Alltagswelt zu erfassen. Solche unterschichtspezifischen Typisierungen können auch von der Mittelschicht als deviant definierte Akte einschließen, obwohl diese Akte in der eigenständigen kulturellen Tradition der Unterschicht durchaus als konform angesehen werden. Nach *Miller* finden sich Unterschicht-Jugendliche häufig in gleichgeschlechtlichen Gruppen von Gleichaltrigen, den Eckenstehergruppen [20], zusammen. »Delinquente Banden« sind für ihn Unterarten dieser Eckenstehergruppen. Das Handeln dieser Gruppen basiert für *Miller* auf Typisierungen, die in der Unterschicht hochbewertet werden, die jedoch nicht auf die absichtliche Verletzung der Normen der Mittelschicht ausgerichtet sind; demnach wird es bestimmt durch die Konformität mit den Typisierungen der Unterschicht und der eigenen Gruppe. Diese Priorität des Handlungsbezuges kann jedoch dazu führen, daß das Handeln die Normen anderer Gruppen verletzt und von diesen als gesetzwidrig definiert wird. Die Zugehörigkeit zu Eckenstehergruppen wird durch Kenntnis der gruppenspezifischen und durch den Besitz der in der Gruppe hochbewerteten Eigenschaften erlangt. Der Status innerhalb der Gruppe wird gemessen an den in der Unterschicht hochbewerteten Typisierungen wie Härte, Gerissenheit, ausdrücklicher Widerstand gegen Autoritäten, Wagemut oder Geschicklichkeit [21].

In neueren Subkulturansätzen, wie denen von *Yablonsky* und *Lerman*, werden delinquente Jugendgruppen eher als lose Gruppierungen analysiert, innerhalb derer abweichende Handlungen in Zweier- und Dreiergruppen begangen werden. *L. Yablonsky* (1962 u. 1971) bezeichnet solche Gruppierungen als »Neargroups« und stellt dafür folgende Merkmale auf:

- diffuse Rollendefinition der Mitglieder,
- begrenzter innerer Zusammenhalt der Gruppe,
- Unbeständigkeit der Gruppen,
- minimaler Normenkonsensus,
- veränderliche wechselnde Mitgliedschaft,
- ungeklärte Führerschaft,
- begrenzte Definition von Mitgliedschaftskriterien (vgl. *Yablonsky* 1971, S. 227).

Er bemängelt, daß die Instanzen sozialer Kontrolle, die sich mit solchen Jugendgruppen auseinanderzusetzen haben, mit einem vorgefaßten, aus ihrem Blickwinkel typisierten Bild an diese Gruppen herantreten. Daß sich eine Gruppe dann tatsächlich nach diesem Bild entwickelt, ist für ihn eine Konsequenz aus der Konfrontation mit den Kontrollinstanzen, und beruht damit letztlich auf einer »self-fulfilling-prophecy« oder, wie *Yablonsky* es bezeichnet, auf einer »group-fulfilling-prophecy« (1971, S. 230). Delinquenz ist für ihn nicht das zentrale Merkmal der »Neargroups«, abweichendes Handeln bietet jedoch eine gute Möglichkeit, sich innerhalb der Neargroup Ansehen zu verschaffen. *Yablonski* schreibt den Unterschichtjugendlichen, speziell den Slumbewohnern, ein Sozialisationsdefizit zu, das dazu führt, daß sie soziale Beziehungen nur schwer verinnerlichen, sich nicht mit anderen identifizieren und somit Ablehnung außerhalb ihres Wohnsitzes zu spüren bekommen. Die Neargroup dient ihnen als Vehikel, um dieses Defizit im Rahmen ihrer beschränkten Möglichkeiten auszugleichen, um soziale Beziehungen aufzubauen und Ansehen zu erlangen. Dabei bieten vor allem Gewalttätigkeiten eine Möglichkeit, um dem Einzelnen Ansehen und einen schnellen Aufstieg innerhalb der Gruppe zu verschaffen (*Yablonsky* 1971, S. 233).

Ähnlich wie *Yablonsky* distanziert sich *P. Lerman* (1967/68) von den frühen Subkulturtheoretikern, die delinquente Jugendgruppen mit organisierten und strukturierten Banden gleichsetzten. Er unterstreicht insbesondere die Beziehung zwischen subkulturellen Typisierungen und konkreten Interaktionen zwischen den Jugendlichen als einen sich wechselseitig bedingenden Prozeß. Er geht von einer Subkultur der Jugendlichen mit eigenen abweichenden Situationsdefinitionen aus, die auf einer eigenen Sprache, d. h. auf eigenen typisierten abweichenden Sprachsymbolen beruhen. Innerhalb dieser abweichenden Sprachgemeinschaft, die *Lerman* »Netzwerk« nennt, gibt es kleinere Gruppen, Zweier- und Dreiergruppierungen sowie größere Gruppierungen mit und ohne eigene Gruppennormen.

*Lerman* übernimmt nicht die Annahme der anderen Subkulturtheoretiker, die Unterschichtzugehörigkeit und mangelnde Anpassung an Mittelschichtnormen als die eigentliche Ursache für abweichendes Handeln ansehen, sondern er beschreibt lediglich ein Nebeneinander von konformen und abweichenden Wertvorstellungen. Die Existenz delinquenter Jugendgruppen erklärt er damit, daß abweichende Wertvorstellungen für männliche Jugendgruppen attraktiver sind als konforme. Abweichende Handlungen vollziehen sich nach seinem Ansatz auf der Basis von Zweier- und Dreierbeziehungen; das abweichende Handeln beruht auf der Spontaneität der Akteure, auf gegenseitiger Stimulierung und auf günstigen Gelegenheiten.

## 6. Typisierungen in jugendlichen Randgruppen

Die unterschiedlichen Subkulturansätze haben gemeinsam, daß sie subkulturelles Handeln als sinnhaftes soziales, auf Typisierungen beruhendes Handeln verstehen. Drei Hauptaspekte lassen sich aus diesen Ansätzen herauskristallisieren:

1. Subkultur- und Kontrakulturbildung sind als Reaktionen auf Kontakte mit Kontrollinstanzen und ›Normalbürgern‹ zu verstehen.

2. Die Bildung von Subkulturen ist für Unterprivilegierte und sozial Benachteiligte eine Chance zur Selbstverwirklichung – und zwar durch gruppenspezifische Kriterien der Zugehörigkeit und Statuserlangung.

3. Abweichendes Handeln nimmt nur einen begrenzten Raum innerhalb der Aktivitäten subkultureller Gruppen ein. Es ist spontan und episodenhaft. Zumeist werden solche Akte in Zweier- und Dreiergruppierungen durchgeführt.

Delinquente Jugendgruppen durchlaufen in der Regel verschiedene Stadien, vom recht lockeren Zusammenschluß und minimalen Normenkonsensus bis hin zu strukturierten »Clubs« und »Banden« mit eigenen Satzungen und Mitgliedschaftsregeln. Fester strukturierte Gruppen zentrieren sich zumeist um eine bestimmte Aktivität, die für sie von Relevanz ist und eine Verwirklichung ihrer Ideale darstellt. So lassen sich etwa »Fixer« und »Typen« durch gemeinsamen Drogenkonsum identifizieren. Drogenkonsum bietet die Möglichkeit des Rückzugs aus sozialen Zwängen und das Erleben einer besseren Traumwelt, als Kompensation des eigenen Unvermögens in der Alltagsrealität. Für jugendliche Diebesgruppen bedeutet Stehlen und der Weiterverkauf der gestohlenen Sachen die Möglichkeit, sich Geld zu beschaffen und den »großen Mann zu markieren«. Für jugendliche Motorradfans, von den Erwachsenen oft als »Rocker« typisiert, bietet das Motorrad die Möglichkeit, unabhängig und frei zu sein. Dabei anfallende Schlägereien bieten zusätzlich die Chance, die Stärke der eigenen Gruppe unter Beweis zu stellen.

Um dieses für Außenstehende nur schwer einsehbare Selbstverständnis delinquenter Jugendgruppen zu illustrieren, sollen im folgenden einige Typisierungen einer delinquenten Jugendgruppe angeführt werden. Das Freizeitverhalten dieser Gruppe wurde in einer dreimonatigen Phase der teilnehmenden Beobachtung intensiv untersucht. Die Gruppe, die ihren Haupttreffpunkt in einem »Haus der offenen Tür« in einem typischen Unterschichtviertel hatte und dort die Freizeit gemeinsam verbrachte, umfaßte ca. 40 Jugendliche. Sie setzte sich aus mehreren Untergruppierungen zusammen. Die Gruppe der älteren Jungen bestand aus Mitgliedern zweier ehemaliger »Clubs«, die nach Konflikten mit den Kontrollinstanzen auseinandergefallen waren. Ihre Aktivitäten bestanden in starkem Alkoholkonsum, in Musikhören und in Glücksspielen wie Pokern oder 17 + 4. Die Jüngeren zentrierten sich um ihr gemeinsames Interesse an Motorrädern. Die Mädchen, die 13–16 Jahre alt waren, bildeten eine gesonderte Gruppe, wenn sie nicht gerade mit einem der Jungen eine engere Freundschaft geschlossen hatten. Sie hatten den geringsten Status in der Gruppe und wurden als »Weiber« oder »Keulen« bezeichnet.

Der engere Kern, der sich am stärksten mit der Gruppe identifizierte und auch innerhalb der Gruppe den höchsten Status hatte, umfaßte ca. 10 zumeist ältere Jungen. Sie waren fast alle irgendwann einmal mit dem Gesetz in Konflikt geraten, z. B. durch Schlägereien, Randaliererei, Verkehrsvergehen oder kleinere Diebstähle. Die Jüngeren waren vor allem durch Diebstähle von Mopeds und Mopedteilen auffällig geworden. Sie hatten sich in einer Schonung ein Lager angelegt und dort Mopeds »umfrisiert« (umgebaut) oder neu zusammengesetzt, die sie dann selbst fuhren oder verkauften. Die gesamte Gruppe wurde sowohl von den Instanzen sozialer Kontrolle als auch von den Anwohnern als »Rocker«, »Diebe«, »Säufer« und »Gammler« typisiert, und fast täglich fanden Kontrollen durch die Polizei statt.

Die folgenden Äußerungen von Gruppenmitgliedern stammen zumeist aus Gruppendiskussionen, die vom Beobachter angeregt wurden (vgl. *Gerke* 1973). Im normalen Zusammenleben bilden sie einen festen Bestandteil des Routinewissens der Gruppe und werden dort nicht weiter problematisiert.

»... daß in letzter Zeit sowenig los ist, ist einfach eine Zeiterscheinung. Früher haben wir alle für ›Böcke‹ (Motorräder oder Mopeds) geschwärmt, und als wir dann welche hatten, ist auch viel losgewesen. Da sind wir immer rumgefahren und haben auch viel unternommen. Vor allem sind wir damals immer zusammengewesen und haben alles gemeinsam unternommen.
Aber diese Zeit ist jetzt vorbei. Die meisten sind jetzt älter geworden und haben teilweise Autos. Hinzu kommt, daß viele von uns eine feste Freundin haben und sich dann von den anderen absondern. Solche festen Freundschaften haben auch den alten ›Club‹ kaputtgemacht.
Diese Zeit kann wieder aufleben, doch der Nachwuchs fehlt. Keiner von den Alten ist bereit. Neue um sich zu scharen. Und die Neuen allein schaffen es nicht, sich zusammenzurotten. Sie brauchen einen Älteren, der es versteht, sie um sich zu scharen. R. ist so einer gewesen, aber daraus ist auch nicht das richtige geworden. Und die Älteren machen das ebenfalls nicht mehr. Die meisten von uns haben noch die Nase voll. Wir haben damals alle Verhand-

lungen gehabt und viele haben jetzt noch Bewährung. Die schlagen sich auch nicht mehr, es sei denn sie werden angegriffen.«

Aufgrund gruppenspezifischer Typisierungen, die zu einem alltagstheoretischen Wissenssystem zusammengefaßt wurden, waren die Jugendlichen in der Lage, ein Ablauf- oder Zirkelmodell zu erstellen, wie Jugendgruppen sich strukturieren und wieder zu lockeren Gruppierungen übergehen. Entscheidend bei der Strukturierung der Gruppen ist eine zentrale Beschäftigung, hier das Motorradfahren. Werden die Jugendlichen älter, bricht die strukturierte Gruppe, der »Club« auseinander. Die Gründe sind meist Beziehungen zu Mädchen und Konflikte mit den Kontrollinstanzen. Nur Ältere, die die alten Zeiten noch miterlebt haben, sind in der Lage, Jüngere für die Neugründung eines »Clubs« zu begeistern. Wie man Zugehörigkeit und Status in einer Gruppe erlangt, zeigen die Äußerungen von Mitgliedern einer Untergruppe, die »weiche Drogen« wie »Shit« (Haschisch) oder »Trips« (LSD) nahm. Auf die Frage, warum man »Gift« (Drogen) nimmt, antworteten sie:

»Zuerst aus Neugierde, dann findet man's gut, macht Spaß. Man gewöhnt sich daran, es gibt einem Befriedigung. Man fühlt sich zugehörig zu der Gruppe, die Gift nimmt. Man will ›in‹ sein, mit der Mode gehen. Die Gruppe wird verfolgt, weil es nicht erlaubt ist. Man will der Gruppe zeigen, daß die Erwachsenen einem den Buckel runterrutschen können.
Die Technik spielt eine Rolle, um innerhalb der Gruppe ›in‹ zu sein. Man muß wissen, wie man einen Joint dreht und daran zieht, welche Namen es für Shit und Trips gibt und wie man sich bei Trips verhalten muß. Man muß immer etwas in der Tasche haben, das man vorzeigen kann. Das ist wie beim Saufen, da hat auch am meisten Prestige, wer am meisten vertragen kann, wer am schnellsten ist und wer ›Pils‹ und ›Ex‹ unterscheiden kann. Das trifft aber nur zu, wenn alle mitmachen.«

Als Ursache für die Gruppenbildung wurde von den Jugendlichen angeführt:

»Die Masse ist stark, der Einzelne schwach. Die Leute haben sich getroffen, weil sie zuhause keine Liebe, kein geregeltes Familienleben hatten. Dann haben sich mehrere von denen hier zusammengefunden und andere sind nachgezogen, z. T. aus denselben Gründen.«

Ihre Absetzung von den Erwachsenen charakterisierten sie folgendermaßen:

»Wir tun das Gegenteil von dem, was die Erwachsenen machen. Wir nehmen nicht jede Arbeit an, nur um zu arbeiten. Wir lassen uns nicht anmotzen, z. B. bei der Arbeit.
Wir tun gern das, was verboten ist, z. B. Rauchen schon mit 12 Jahren. Wir führen kein geregeltes Leben, sind nicht in der Familie, daraus entsteht dann das, wie hier an unserem Treffpunkt.

Beschimpfungen als Kriminelle oder Rocker geben gerade den Anreiz, das zu tun. Die Erwachsenen sehen nicht die Gründe für Straftaten, sie sehen nur die Straftaten, nicht die Familienverhältnisse, z. B. kein Vater oder der Vater ein Säufer.«

Die kriminellen Delikte, die sie begingen, waren ebenfalls typisch für ihre Situation: »stramm« (betrunken) oder ohne Führerschein Autofahren, Auto- oder Motorradteile stehlen, Ladendiebstähle, Automaten aufbrechen, Zigaretten »kloppen« (aus Automaten entwenden) oder Drogen nehmen. Schlägereien wurden von den Jugendlichen nicht als kriminelle Delikte typisiert. Sie besaßen jedoch ein eigenes Wissens- und Bewertungssystem über körperliche Auseinandersetzungen. Sie differenzierten nach Auseinandersetzungen mit Erwachsenen und mit anderen Jugendlichen, wobei sie die Jugendlichen noch in Gruppen und Einzelpersonen unterteilten. Starker Alkoholkonsum bildete nach ihrer Meinung die treibende Kraft, die überhaupt erst entsprechende Situationen entstehen ließ. Schlägereien mit rivalisierenden Gruppen sind zumeist Ausdruck eines Konkurrenzkampfes, in dem die Gruppen ihre Stärke maßen. Solche Konfrontationen ereigneten sich zumeist in einer Phase, in der die Gruppe fester strukturiert war und durch Motorräder eine gewisse Mobilität gewann. Auf die Frage, ob es in letzter Zeit noch Schlägereien gegeben habe, antworteten die Jugendlichen:

»Das hat alles stark nachgelassen. Daß wir so wie früher zusammen auf die Kirmes fahren, daß es dann wohl auch schon mal zu einer Schlägerei kommt, das ist heute kaum noch drin. Das hat sich alles irgendwie überlebt. Aber damals, als wir noch mit den ›Highways‹ zusammen waren, waren wir unschlagbar. Da hätte sich keiner getraut, gegen uns anzugehen.«

Auseinandersetzungen zwischen einzelnen Jugendlichen werden in der Regel als Zweikämpfe ausgefochten. Versuchen sich Dritte einzumischen, werden sie von den anderen Jugendlichen mit den Worten »laßt die, das machen die untereinander aus« zurückgehalten. Auseinandersetzungen mit Erwachsenen werden als Ausdruck des Generationenkonflikts empfunden, z. B. wenn Erwachsene am Handeln und am Erscheinungsbild der Gruppe Anstoß nehmen. Ein Jugendlicher schildert eine solche Konfrontation.

»Wir haben an der Bar gesessen und waren auch schon nicht mehr ganz nüchtern. Da hat sich einer zwischen uns gedrängt und uns angepöbelt. Rabe hat dann eine Auseinandersetzung mit ihm gehabt, aber eine Schlägerei haben wir in der Bar nicht machen wollen. Wir wollten immer mit dem anderen rausgehen, aber das wollte der nicht. Er hat dann mit mir weitergestänkert. Ich selbst wollte nichts machen, aber als der andere mich in die Haare packte, ist's aus gewesen. Sowas kann ich auf den Tod nicht haben.

Da hab' ich ihn zusammengehauen. Wir sind dann abgehauen aber eine Barfrau hat sich die Nummer von unserem Auto gemerkt.«

Anlässe für Schlägereien bilden zumeist Provokationen wie »Anrempeln«, »Anpöbeln« oder »Anmotzen«. Bei Konfrontationen zwischen Jugendlichen sind alle Mittel erlaubt, ohne eine bestimmte Technik schlagen sie »wild drauflos«. Schlägereien mit Erwachsenen werden als »irgendwie anders« typisiert, das »kommt drauf an, wie der andere gebaut ist«, »kommt auf die Situation an«. Körperliche Auseinandersetzungen haben vor allem den Zweck, die Stärke der eigenen Gruppe unter Beweis zu stellen, die eigene Stärke zu demonstrieren, andere zu verteidigen oder die Gegner in ihre Schranken zu verweisen. Die Typisierung »Kumpel« gehört zum Routinewissen der Gruppe. Jeder weiß, was ein Kumpel ist. Nur auf Nachfrage wird sie erläutert.

»Mit denen ist man fast immer zusammen. Die müssen so sein wie ich selbst, kameradschaftlich, müssen dieselben Einstellungen haben, auch zu den Mitmenschen und zum Leben. Mit denen muß ich mich verstehen können, wir müssen einer Meinung sein, müssen dieselben Interessen haben. Man muß sich mit ihnen über alles unterhalten können, über Frauen, Fußball, Musik, über bestimmte Probleme, z. B. zuhause, Geldprobleme, Arbeit. Man muß ihnen vertrauen können, sie dürfen nicht alles weitererzählen. Sie müssen alles mitmachen, zusammen saufen, ab und zu Blödsinn machen, z. B. Leute verarschen, kleine Streiche und Brüche machen oder Stoff (Haschisch) rauchen.«

Diese gruppenspezifischen Typisierungen illustrieren die Hauptkriterien der angeführten Subkulturansätze, wie Absetzung von den Erwachsenen, eigene Möglichkeiten der Selbstverwirklichung und die Begehung abweichender Handlungen.

7. Die Beziehung zwischen gesamtgesellschaftlichen und subkulturellen Typisierungen

Sowohl der Definitions- als auch der Subkulturansatz beschreiben jeweils einen Aspekt eines sozialen Prozesses, die Ausgliederung von Randgruppen, in unserem Fall delinquente Jugendgruppen wie Rocker, Diebe oder Drogenabhängige. Beide Ansätze versuchen, die Bedingungen für gruppenspezifisches Handeln in der Alltagswelt zu analysieren und bedienen sich dabei des Typisierungskonzepts. Zuschreibungen und subkulturelle Situationsdefinitionen beruhen auf jeweils unterschiedlichen gruppenspezifisch typisierten Wissensbeständen.

Typisierungen sind gedankliche Abstraktionen und Generalisierungen. Sie setzen sich je nach Relevanz für einzelne Gruppen zu bestimmten Wissenssystemen zusammen, dem gruppenspezifischen Wissen von der Wirklichkeit. Bezogen auf die Problematik der Ausgliederung von Randgruppen heißt das, daß sowohl die Produzenten abweichenden Handelns als auch ihre Kontrolleure in ihren Situationsdefinitionen auf dieselben Entäußerungen – nämlich die konkreten Handlungen – zurückgreifen, sie jedoch in unterschiedlicher Weise – je nach Relevanz und Interesse – typisieren.

Schlägereien zwischen Jugendlichen oder auch zwischen Jugendlichen und Erwachsenen erscheinen für Kontrollinstanzen als Randaliererei, Körperverletzung oder Gefährdung der öffentlichen Sicherheit. Jugendliche dagegen besitzen ihr eigenes Wissenssystem über Schlägereien, wie die Ausführungen im vorangegangenen Kapitel zeigen. Der Beweis körperlicher Stärke ist für sie ein Mittel, um Status und Ansehen zu erlangen und die Zugehörigkeit zu einer Gruppe zu demonstrieren.

Gesamtgesellschaftlich akzeptiertes Statusstreben vollzieht sich auf andere Weise: durch gute Schulbildung, berufliches Vorwärtskommen oder Anhäufung von Eigentum. Konforme Gruppen, die diese Typisierungen übernehmen, sehen dann im Handeln der von uns untersuchten Jugendlichen-Randgruppen eine potentielle Bedrohung. Dieses Handeln wird daher als »abweichend«, im Extremfall als »kriminell« definiert, also mit Merkmalen belegt, die nicht in direkter Beziehung zur ursprünglichen Handlungssituation stehen. Es handelt sich hierbei also um Typisierungen zweiten Grades, daß heißt um Interpretationen von Handlungen, die der Typisierende im Vollzug der Typisierung selbst nicht begeht.

»Konforme Gruppen«, die das Leistungsprinzip als höchstes und quasi natürliches Prinzip innerhalb einer Gesellschaft begreifen, ohne hierbei die spezifischen Interessen der ökonomisch und politisch herrschenden Gruppen zu erkennen, sehen in gesellschaftlichen Randgruppen eine Bedrohung. Die Ursache für das »gestörte Verhältnis« gegenüber dem Leistungsprinzip, das diese Randgruppen nach Ansicht der »Konformen« haben, wird jedoch nicht in den sozialen Benachteiligungen dieser Gruppen gesehen, sondern in der Persönlichkeitsstruktur der Randgruppenmitglieder selbst. Man glaubt daher, der angeblichen Bedrohung am ehesten dadurch entgegenwirken zu können, daß man das Problem individualisiert und auf die Feststellung abweichender Persönlichkeitsmerkmale reduziert, ohne die eigentlichen strukturellen Ursachen zu beseitigen. Das einzelne Mitglied einer Randgruppe wird somit sehr bald als »Abweichler« und »Auffälliger« Objekt institutioneller Maßnahmen der Instanzen sozialer Kontrolle, als deren Aufgabe es angesehen wird, jede Bedrohung durch Abweichler und Randgruppen abzuwenden und die Gesellschaft selbst in ihrer »Normalität« zu erhalten.

## 8. Konsequenzen

Welche Konsequenzen ergeben sich nun aus dieser Analyse? Sie soll zunächst einmal dazu anregen, gesellschaftliche Ausgliederungsprozesse und die Existenz von Randgruppen nicht als eine »natürliche« Tatsache einer jeden Gesellschaft einfach hinzunehmen, sondern diese vor allem als eine Folge sich wechselseitig bedingender sozialer Prozesse zwischen »konformen« und »abweichenden« Gruppen aufzufassen. Die scheinbare Zwangsläufigkeit der Ausgliederung gleicht dabei einem Teufelskreis, dem nur schwer zu entrinnen ist. Ein aktuelles Beispiel für einen solchen Teufelskreis sich gegenseitig aufschaukelnder Vorurteile bietet die Radikalisierung politischer Hochschulgruppen. Dort, wo sie unbequem werden, werden sie als eine Bedrohung der »freiheitlich-demokratischen« Grundordnung dargestellt. Sie gelten nun nicht mehr als vollwertige Gesprächspartner, sondern werden als »Phantasten« und »Spinner«, im Extrem als »Kriminelle« abgestempelt. Entsprechend reagieren diese Gruppen auf die ihnen entgegengebrachten Vorurteile und bestätigen damit ihrerseits die vorgefaßte Ansicht ihrer politischen Gegner.

Ein Ansatzpunkt zur Veränderung und Aufhebung von Ausgliederungsprozessen wäre es, zu versuchen, solche Randgruppen aus ihrer inneren Logik heraus zu begreifen und ihr Handeln vor dem Hintergrund seiner Situationsgebundenheit zu sehen. So wäre ein erster Schritt getan, die von Randgruppen geteilten gruppenspezifischen Typisierungen als eine bestimmte Form von Abwehrmechanismen zu begreifen, die letztlich nur die Folge struktureller Benachteiligungen und Vorurteile darstellen.

Diese Einsicht in die soziale Dynamik von Randgruppen wäre vor allem für die Instanzen sozialer Kontrolle von Bedeutung, da gerade sie unmittelbar mit »abweichenden Gruppen« zu tun haben. Eine Änderung der Einstellungen der Kontrollinstanzen könnte jedoch Konflikte mit den herrschenden Gruppen heraufbeschwören, deren Interessen sie bislang in erster Linie vertreten haben. Doch böte gerade ein solcher Konflikt die Chance, das bisherige Routinewissen der Herrschenden zu verunsichern und damit die Einstellung gegenüber

Randgruppen zu verändern. Eine gewandelte Einstellung aber würde sich wiederum auf die Interaktionen mit den Randgruppenmitgliedern selbst auswirken. Die Erkenntnis, daß man Randgruppen und ihre Mitglieder nicht pauschal als »asozial« abqualifizieren kann, könnte somit ein wichtiger Schritt sein, um soziale Benachteiligungen und Diskriminierungen abzubauen.

## Anmerkungen

1 Einen entscheidenden Stellenwert nimmt das Typisierungskonzept innerhalb der handlungstheoretischen Ansätze in der Soziologie ein, wie bei *Mead* (1968) und im Symbolischen Interaktionismus (*Blumer* 1969), sowie bei *Schütz* (1971) und in der Phänomenologie (*Berger/Luckmann* 1969) und der Ethnomethodologie (*Douglas* 1971, *Cicourel* 1970). Eine vergleichende Darstellung handlungstheoretischer Ansätze unternimmt *Haferkamp* (1972). Von einer Arbeitsgruppe Bielefelder Soziologen wurde eine Auswahl zentraler Aufsätze zum Symbolischen Interaktionismus und zur Ethnomethodologie zusammengestellt (1973).

2 Als soziale Wirklichkeit werden alle diejenigen Ereignisse und Tatbestände verstanden, die das Handeln der Gesellschaftsmitglieder ausmachen und bestimmen (*Matthes/Schütze* 1973, S. 11).

3 Interaktionen sind sinnhafte, soziale Handlungen zwischen Menschen.

4 Das in diesem Zusammenhang oft mißbräuchlich verwendete Marx-Zitat »Es ist nicht das Bewußtsein der Menschen, das ihr Sein, sondern umgekehrt ihr gesellschaftliches Sein, das ihr Bewußtsein bestimmt« (*Marx* 1947, S. 12) stellt zwar das Primat der Handlungsebene, der Produktivkräfte und Produktionsverhältnisse heraus, vernachlässigt aber, daß die im Bewußtsein verinnerlichten gesellschaftlichen Institutionen und Wertvorstellungen eine eigene Ebene bilden und wiederum strukturierend auf die Handlungsebene zurückgreifen (*Marx u. Engels* 1953, S. 504). Auf diese Wechselwirkung geht *Marx* in seinen Überlegungen zu »Basis« und »Überbau« ein (vgl. *Tomberg* 1974).

5 Dieser dreistufige Prozeß wird von *Haferkamp* (1974) ausführlich dargestellt.

6 Die Annahme der Rollenübernahme, so wie sie hier angeführt wird, geht auf *Mead* zurück (1968).

7 Der Begriff des »verallgemeinerten anderen« (generalized other) wurde von *Mead* geprägt (1968, S. 198).

8 Die radikalste Position in dieser Hinsicht nimmt *Douglas* ein (1971, S. 11).

9 Diesen Verselbständigungs- und Entfremdungsprozeß charakterisiert *Marx* sehr treffend: »Die Ausgeburten ihres Kopfes sind ihnen über den Kopf gewachsen. Vor ihren Geschöpfen haben sie, die Schöpfer, sich gebeugt« (*Marx* 1968, S. 341).

10 Typisierungen sind in dem Sinne objektiv, als sie im Bewußtsein der Handelnden Realitätscharakter besitzen, analog dem Thomas-Theorem: »Wenn die Menschen Situationen als real definieren, sind sie in ihren Konsequenzen real« (zit. nach *Merton* 1971, S. 144).

11 Typisierungen haben nicht die normative Gewalt wie institutionalisierte Vorschriften und Gesetze. Die normative Gewalt der Typisierungen liegt eher auf der informellen Ebene, in den Alltagsbeziehungen.

12 Hier wird die Bezeichnung »Definitionsansatz« verwendet. Andere Bezeichnungen dieses Ansatzes sind »labeling-approach« oder »societal-reaction-approach«.

13 Die Bezeichnung »Verhalten« ist in diesem Zusammenhang irreführend, da hier von einem bewußten, auf andere bezogenen Handeln ausgegangen wird, nicht von Verhaltensweisen unterhalb dieser Schwelle, wie z. B. Reaktionen auf Belohnung oder Bestrafung in lerntheoretischen Ansätzen. Zur Abgrenzung soll daher in folgenden der Begriff »abweichendes Handeln« verwendet werden.

14 In dieser empirischen Untersuchung von *Haferkamp* über »Kriminelle Karrieren und gruppengebundene Lernprozesse«, an der der Verfasser der vorliegenden Arbeit mitgewirkt hat, wurde das Zusammenleben unterschiedlicher delinquenter Jugendgruppen und konformer Kontrollgruppen durch teilnehmende Beobachtung erfaßt. Eine delinquente Jugendgruppe soll hier definiert werden als eine Gruppe, die ihre überwiegende Freizeit zusammen verbringt, die einen festen Treffpunkt hat und durch eine bestimmte, als abweichend typisierte Aktivität zu identifizieren ist.

15 *Merton* definiert diesen Begriff folgendermaßen: »Die ›self-fulfilling-prophecy‹ gibt ursprünglich eine *falsche* Definition der Situation, die ein neues Verhalten hervorruft, welches am Ende die zunächst falsche Vorstellung *richtig* werden läßt. Die trügerische Richtigkeit der ›self-fulfilling-prophecy‹ verewigt die Herrschaft des Irrtums. Der Voraussagende wird nämlich den tatsächlichen Verlauf der Ereignisse zum Beweis dafür heranziehen, daß er von Anfang an Recht hatte« (*Merton* 1971, S. 146).

16 Ein eindrucksvolles Beispiel für eine erfolgreiche Typisierung und Stigmatisierung bietet die psychiatrische Praxis. Jemand, der als psychisch krank typisiert und in eine Heilanstalt eingewiesen worden ist, hat erst Chancen auf »Heilung«, wenn er »eingesehen« hat, daß er krank ist, wenn er sich mit seinem neuen Status »Geisteskranker« identifiziert. Erst nach dieser »Einsicht« kann nach Ansicht vieler Anstaltspsychiater mit der Therapie begonnen werden.

17 Einen allgemeinen Überblick über das Subkulturkonzept und die Beziehung zwischen Kultur und Subkultur gibt *F. Sack* (1971).

18 Der Begriff »Rocker« ist eine Typisierung der Kontrollinstanzen und umschreibt Tätigkeiten wie Randalieren, Belästigungen oder Schlägereien. »Fixer« und »Typen« sind Sprachsymbole der Drogensubkultur. »Fixer« spritzen »harte Drogen« wie Opiate, »Typen« nehmen »weiche Drogen« wie Haschisch oder LSD.

19 Gerade in der Sozialarbeit, speziell der Jugendarbeit, ist dieser Ansatz verbreitet. Einschränkend muß jedoch bemerkt werden, daß dieser Ansatz sowie die frühen Subkulturansätze auf Untersuchungen von organisierten Jugendbanden in amerikanischen Slumvierteln basieren, deren Ergebnisse man nicht ohne weiteres auf deutsche Verhältnisse übertragen kann.

20 Die Bezeichnung »Eckensteher« stammt aus amerikanischen Untersuchungen. Eckenstehergruppen haben in der Regel einen festen Treffpunkt, meist eine Straßenecke, von der aus sie ihr Revier kontrollieren.

21 *Miller* charakterisiert die Lebensweise der Unterschicht sowie die aller

eigenen kulturellen Gruppen durch eine Anzahl von Kristallisationspunkten, die jeweils als eine Dimension angesehen werden, innerhalb derer die verschiedenen Handelnden in den verschiedenen Situationen einen recht weiten und differenzierten Bereich alternativen Verhaltens folgen können (1968, S. 341).

## Literatur

*Albrecht, G./Sack, F.*, Die Polizei als gesellschaftliche Kontrollinstanz der Kriminalität, in: Kriminologische Journal 1969, S. 24–30.

*Arbeitsgruppe Bielefelder Soziologen* (Hrsg.), Alltagswissen, Interaktion und gesellschaftliche Wirklichkeit, Reinbek 1973.

*Becker, H. S.*, Outsiders. Studies in the Sociology of Deviance, New York und London 1963.

*Berger, P. L./Luckmann, Th.*, Die gesellschaftliche Konstruktion der Wirklichkeit. Eine Theorie der Wissenssoziologie, Frankfurt 1969.

*Blumer, H.*, Symbolic Interactionism. Perspective and Method, Englewood Cliffs, New Jersey 1969.

*Cicourel, A. V.*, Basic and Normative Rules in the Negotiation of Status and Role, in: *Dreitzel, H. P.* (Hrsg.), Recent Sociology Nr. 2, London 1970, S. 4–45.

*Cohen, A. K.*, Kriminelle Jugend. Zur Soziologie jugendlichen Bandenwesens, Reinbek 1961, zuerst New York 1955.

*Douglas, J. D.* (Hrsg.), Understanding Everyday Life. Toward the Reconstruction of Sociological Knowledge, London 1971.

*Dreitzel, H. P.*, Selbstbild und Gesellschaftsbild. Wissenssoziologische Überlegungen zum Image-Begriff, in: Archive Européenner, de Sociologie Bd. 3, 1962, S. 181–228.

*Gerke, U.*, Das Konzept der Typifikation und seine Anwendung und Analyse im Bereich abweichenden Verhaltens, illustriert an empirischem Material, Diplom-Arbeit an der Universität Bielefeld 1973.

*Haferkamp, H.*, Soziologie als Handlungstheorie, Düsseldorf 1972.

*Haferkamp, H.*, Die Struktur elementarer sozialer Prozesse, Stuttgart 1973.

*König, R.*, Soziologische Theorie, in: *König, R.* (Hrsg.), Soziologie. Das Fischer-Lexikon Bd. 10. Umgearbeitete und erweiterte Neuausgabe, Frankfurt 1967.

*Lerman, P.*, Gangs, Networks and Subcultural Delinquency, in: American Journal of Sociology 1967/68, S. 63–72.

*Lerman, P.*, Individual Values, Peer Values and Subcultural Delinquency, in: American Sociological Review 1968, S. 219–235.

*Marx, K.*, Kritik der politischen Ökonomie, Ost-Berlin 1947.

*Marx, K.*, Die Frühschriften, hrsg. von *Landshut, S.*, Stuttgart 1968.

*Marx, K./Engels, F.*, Ausgewählte Briefe, Berlin 1953.

*Matthes, J./Schütze, F.*, Zur Einführung: Alltagswissen, Interaktion und gesellschaftliche Wirklichkeit, in: *Arbeitsgruppe Bielefelder Soziologen* (Hrsg.), Alltagswissen, Interaktion und gesellschaftliche Wirklichkeit, Reinbek 1973.

*Mead, G. H.*, Geist, Identität und Gesellschaft aus der Sicht des Sozialbehaviorismus. Mit einer Einleitung herausgegeben von *Morris, Ch. W.*, Frankfurt 1968, zuerst Chicago 1934.

*Merton, R. K.*, Die Eigendynamik gesellschaftlicher Voraussagen, in: *Topitsch, E.* (Hrsg.), Logik der Sozialwissenschaften, Köln/Berlin 1971, S. 144–161.

*Miller, W. B.*, Die Kultur der Unterschicht als Entstehungsmilieu für Bandendelinquenz, in: *Sack, F., König, R.* (Hrsg.), Kriminalsoziologie, Frankfurt 1968.

*Sack, F.*, Neue Perspektiven in der Kriminologie, in: *Sack, F./König, R.* (Hrsg.), Kriminalsoziologie, Frankfurt 1968.

*Sack, F.*, Die Idee der Subkultur. Eine Berührung zwischen Anthropologie und Soziologie, in: Kölner Zeitschrift für Soziologie und Sozialpsychologie 1971, S. 261–282.

*Sack, F.*, Definition von Kriminalität als politisches Handeln: der labeling approach, in: Kriminologisches Journal 1972, S. 3–31.

*Schumann, K. F./Winter, G.*, Zur Analyse des Strafverfahrens, in: Kriminologisches Journal 1971, S. 136–166.

*Schütz, A.*, Collected Papers Bd. I. The Problem of Social Reality. Edited and Introduced by *Natanson, M.*, The Hague 1971.

*Tomberg, F.*, Basis und Überbau. Sozialphilosophische Studien, Darmstadt 1974.

*Trasher, F. M.*, The Gang. A Study of 1.313 Gangs in Chicago. Gekürzt und mit einer neuen Einleitung von *Short, J. F.*, Chicago 1963, zuerst 1927.

*Whyte, W. F.*, Street Corner Society. The Social Structure of an Italian Slum, Chicago/London 1967, zuerst 1943.

*Wolf, H. E./Wolter, H. J.*, Rocker-Kriminalität, Seevetal-Ramelsloh 1974.

*Yablonsky, L.*, The Violent Gang, New York 1962.

*Yablonsky, L.*, The Delinquent Gang as a Neargroup, in: *Rubington, E./Weinberg, M. S.* (Hrsg.), Deviance. The Interactionist Perspective, New York 1971.

GÜNTER ALBRECHT

# Obdachlose als Objekte von Stigmatisierungsprozessen [1] *

Obdachlosigkeit erfreut sich in der wissenschaftlichen Literatur seit kurzem einer gewissen Konjunktur. Die meisten bisher vorgelegten Studien beschäftigen sich mit den Wohn- und Lebensbedingungen der Obdachlosen [2], einige mit der Frage der Verursachung der Obdachlosigkeit [3]. Gemeinsam ist ihnen in der Regel, daß sie keine stringente theoretische Basis besitzen; gemeinsam ist den meisten Studien jedoch auch die Annahme, daß Obdachlose – wenn sie erst einmal obdachlos geworden sind – Opfer und Objekte von Einstellungen, Vorurteilen und Diskriminierungen werden, ja daß gerade diese besondere Behandlung durch die soziale Umwelt für die »Karriere« der Obdachlosen von entscheidender Bedeutung ist, dadurch nämlich, daß sie eine soziale »Ausgrenzung« erfahren, mit all ihren Konsequenzen.

Diese Annahme verweist auf eine theoretische Richtung der Sozialwissenschaften, die in den letzten Jahren auch in der deutschen Diskussion Anklang gefunden hat, ohne allerdings allgemeine Anerkennung zu finden. Es handelt sich um den Ansatz der »gesellschaftlichen Reaktion« – »Definitionsansatz«, »Stigmatheorie«, »labeling approach« – oder wie immer man ihn nennen will [4]. Ohne die gesamte, recht verschlungene Diskussion hier nachzeichnen zu können, sei darauf hingewiesen, daß dieser Ansatz davon ausgeht, daß es nicht auf eine »Erklärung« des »abweichenden Handelns« von Akteuren ankommt, sondern auf die Prozesse der »Zuschreibung«, durch die den Akteuren die Qualität des »Abweichlers« angeheftet und durch die die Karriere des »Akteurs« beeinflußt wird [5]. Wir wollen im folgenden der Frage nachgehen, inwieweit entsprechende Prozesse auch für das Beispiel Obdachlosigkeit nachweisbar sind. Um die Bedeutung der bisher vorliegenden und weiter unten dargestellten Untersuchungen beurteilen zu können, müssen wir uns zunächst jedoch mit einer grundsätzlichen Fragestellung befassen. Die Sozialwissenschaften haben dieses neue Paradigma der Analyse abweichenden Verhaltens im wesentlichen an Problemen der kriminalsoziologischen Forschung entwickelt. Das Paradigma ergab sich einerseits aus dem Zusammenfließen von Symbolischem Interaktionismus und phänomenologischer Soziologie, anderer-

---

* Anmerkungen s. S. 102

seits aus der sich abzeichnenden Unmöglichkeit, relevante Merkmalsunterschiede zwischen »Abweichlern« und »Konformen« nachzuweisen (vgl. hierzu vor allem *Schur* 1971). Die an der Entwicklung des interaktionistischen Paradigmas beteiligten Sozialwissenschaftler schlossen aus ihren Materialien, daß nicht das Verhalten des »Abweichlers« an sich über seinen sozialen Status entscheidet, sondern die Qualität der gesellschaftlichen Reaktion auf dieses Verhalten; das heißt, daß bei objektiv gleichem Handeln des Akteurs dieses Handeln ignoriert, gebilligt, mißbilligt oder negativ sanktioniert und damit als Abweichung abgestempelt werden kann, je nach der Reaktion des »Publikums«. Obwohl auch in dieser Form nicht unproblematisch [6] und vielfach heftig attackiert [7], hat dieser Ansatz – angewendet auf Kriminalität und psychische Erkrankungen – eine erhebliche Plausibilität, Fruchtbarkeit und partielle empirische Bestätigungen für sich verbuchen können. Auf der anderen Seite aber gibt es Phänomene, die zunächst einer derartigen »Erklärung« weniger zugänglich zu sein scheinen; zu diesen gehört die Obdachlosigkeit.

# 1. Das Problem der Definition von Obdachlosigkeit

Bei der Obdachlosigkeit scheint es sich um einen objektiv definierbaren Zustand zu handeln, über dessen Feststellung keine Zweifel und Diskussionen möglich sind und dessen Rechtsfolgen zweifelsfrei entschieden werden können. Die geltende Rechtsprechung bestimmt als Obdachlosigkeit den Zustand, »daß jemand – ohne ein Dach über dem Kopf zu haben – Tag und Nacht auf der Straße zubringen müßte« (OVG Münster; vgl. *Adams* 1965, S. 190), und wertet einen solchen Zustand als Störung der öffentlichen Ordnung, die von der Polizei wieder hergestellt werden kann und muß. Die Polizei hat entsprechende Maßnahmen zu treffen, um »ein vorübergehendes, notdürftiges Obdach zu schaffen« (BGH), das jedoch keineswegs den allgemein geltenden Standards entsprechen muß, denn unter »einem ›notdürftigen‹ Obdach‹ wird bereits ›das Allereinfachste verstanden, was zum Schutze gegen Wind und Wetter unentbehrlich ist‹« (OVG Münster), ja dieses »Obdach« muß nicht einmal groß genug sein, um den aus einer Normalwohnung Ausgewiesenen die Mitnahme ihres gesamten Mobiliars zu ermöglichen (vgl. *Adams* 1965, S. 190).
Die geltende Rechtsprechung ist sich jedoch nicht darüber einig, wie weit die Unterschreitung von allgemein gültigen Standards gehen kann, ohne daß das angebotene »notdürftige Obdach« praktisch einer

»Obdachlosigkeit« gleichkommt. Die Prämisse der Rechtsprechung, daß die Unterkunft mehr als »das zum Leben Unerläßliche«, aber weniger als eine Wohnung sein soll [8], läßt für die richterliche Entscheidung letztlich einen sehr subjektiv ausfüllbaren Spielraum. Wir müssen aus diesen Beobachtungen schließen, daß Obdachlosigkeit rechtlich relativ unklar bestimmt und damit – ganz abgesehen davon, daß Gesetzestexte etc. letztlich auch Ergebnisse von Definitionsprozessen, allerdings höchst formalisierter Art sind – Anknüpfungspunkte und Spielräume für gesellschaftliche Definitionsprozesse läßt, die aus den bis dahin unbekannten und unklar definierten Lebensbedingungen der »Obdachlosen« erst die »Obdachlosigkeit« als Status konstruieren. Damit soll nicht geleugnet werden, daß die »Obdachlosen« ganz bestimmten objektiven Bedingungen der Unterprivilegierung ausgesetzt sind, die auch unabhängig von der Definition »obdachlos« existieren. Aber erst durch die erfolgreiche Anwendung der Definition »obdachlos« werden die »Obdachlosen« zum Gegenstand besonderer polizei- und ordnungsrechtlicher Maßnahmen, und auf diese Weise nimmt ihr gesellschaftliches Sein eine noch schlechtere Qualität an (vgl. u. a. *Schwarz/Weidner* 1970).

Nun könnte man dem entgegenhalten, daß das entscheidende Kriterium für die Stichhaltigkeit des Definitionsansatzes darin besteht, ob für die Entstehung der Obdachlosigkeit objektive, an der Persönlichkeit des Obdachlosen und seinem Verhalten festmachbare Merkmale oder in Interaktionen ausgehandelte Etikettierungen verantwortlich zu machen sind. Eine solche Argumentation wäre jedoch verfehlt, da sie einige wichtige Punkte übersieht. Von den Vertretern des Definitionsansatzes, bzw. von einem Teil der Vertreter dieses Ansatzes, wird nicht bestritten, daß die ausgehandelten Definitionen an »objektiven« Merkmalen anknüpfen können, daß objektive Bedingungen, unter denen die Interaktionen stattfinden (z. B. Machtunterschiede), auf den Definitionsprozeß Einfluß nehmen etc. [9]. Auf der anderen Seite betonen sie, daß vermeintlich objektive Tatbestände durchaus verschleierte, um nicht zu sagen verdinglichte Resultate von Definitionen sein können, die in Interaktionen zustandegekommen sind. Der Umstand, daß die offizielle Statistik vermeintlich eindeutige objektive Kategorien für die Analyse der Obdachlosigkeit zur Hand hat, scheint zunächst gegen die »Relativität« des Definitionsansatzes zu sprechen. Analysiert man nun offizielle Statistiken über die »Gründe« für Obdachlosigkeit, so ergibt sich zunächst z. B. das folgende Bild (Statistische Berichte des Landesamtes für Datenverarbeitung und Statistik NRW 1974, S. 18).

*Obdachlose Personen nach dem Grund* [10] *der Obdachlosigkeit in NRW 1974*

| Grund der Obdachlosigkeit | Obdachlose Personen am 30. 6. 1974 absolut | % |
|---|---|---|
| A. Aufgrund gerichtlicher Maßnahmen | | |
| 1. Wegen dringenden Eigenbedarfs | 6 866 | 6,7 |
| 2. Wegen Zahlungsverzuges und mietwidrigen Verhaltens | 23 531 | 23,0 |
| 3. Nach fristloser Kündigung des Vermieters infolge Zahlungsverzuges oder grobmietwidrigen Verhaltens | 25 190 | 24,6 |
| 4. Nach Ablauf eines auf bestimmte Zeit geschlossenen Mietverhältnisses oder nach Kündigung unter Berufung auf den Ablauf der Kündigungsfrist nach § 565 BGB, und zwar Personen: | | |
| a) die aufgrund ihres Verhaltens keinem Vermieter mehr zugemutet werden können | 9 210 | 9,0 |
| b) die wegen unverschuldeter unüberwindlicher Notlage nicht in Normalwohnungen untergebracht werden können | 2 678 | 2,6 |
| c) die für die Unterbringung in Normalwohnungen geeignet sind, sofern solche für sie zur Verfügung stehen | 13 560 | 13,3 |
| B. Aufgrund behördlicher Maßnahmen | 7 319 | 7,2 |
| C. Aufgrund sonstiger Umstände | 13 852 | 13,6 |
| Insgesamt | 102 206 | 100,0 |

Betrachtet man die Kategorien im einzelnen, so könnte man vermuten, daß der scheinbar objektive Tatbestand »wegen dringenden Eigenbedarfs« nicht selten den Umstand verschleiert, daß der Vermieter aufgrund der bisherigen Interaktionen mit dem Mieter daran intersssiert ist, den Mieter loszuwerden. »Dringender Eigenbedarf« dürfte schwer exakt und objektiv feststellbar sein. Ebenso verhält es sich mit den Kategorien »mietwidriges Verhalten«, »grobmietwidriges Verhalten«, »Personen, die aufgrund ihres Verhaltens keinem Vermieter mehr zugemutet werden können« etc. Solche Kategorien können als Interpretationen angesehen werden, bei denen

a) die Interagierenden ungleiche Chancen zur Durchsetzung ihrer Definition haben und in denen
b) die professionellen Interpreten bzw. Definierer (Juristen) aufgrund
   der bestehenden gesellschaftlichen Bedingungen (Rechtssystem,
   Rechtsprechungssystem und Rekrutierung des Rechtsstabes) mit
   größerer Wahrscheinlichkeit die Definition des ökonomisch Mächti-
   geren, d. h. des Vermieters, teilen als die des weniger mächtigen
   Mieters.

## 2. »Obdachlosigkeit« und Stigmatheorie

Für die wiederholt angeführten negativen Definitionsprozesse hat sich
im Anschluß an die erste theoretische Arbeit zu diesem Fragenkreis,
*Goffmans* »Stigma« (1967), der Begriff der Stigmatisierung durchgesetzt [11]. Obwohl das Konzept sich einer zunehmenden Popularität
erfreut, fehlt eine systematische Stigma-Forschung; ja selbst die Beziehungen zur älteren Einstellungs- und Vorurteilsforschung bleiben
relativ unbeachtet. Stigmatisierung bezeichnet den Prozeß, durch den
einer Person bzw. einem Aggregat von Personen – wie z. B. Obdachlosen – ein »Stigma« verliehen wird. Seine besondere Prägung erhält
der Begriff der »Stigmatisierung« durch seine Integration in die interaktionistische Theorie des Identitätsaufbaues; diese geht von der Annahme aus, daß die Wahrnehmung eines anderen bzw. der erste
Anblick desselben den Beobachtenden befähigt, die Eigenschaften des
Wahrgenommenen, seine »soziale Identität«, zu antizipieren. Die sich
einstellenden Antizipationen gerinnen im Bewußtsein des Wahrneh-
menden zu normativen Erwartungen bzw. Anforderungen. Aus diesen
Anforderungen ergibt sich eine vermeintliche, in Wirklichkeit dem
anderen jedoch nur zugeschriebene, also »virtuelle« soziale Identität,
die von der kategorialen Zugehörigkeit und den tatsächlichen Attributen des Individuums, also seiner »aktualen sozialen Identität«, abweichen kann (*Goffman* 1967, S. 10).
Für den Verlauf solcher Prozesse sozialer Wahrnehmung ist mit der
Möglichkeit zu rechnen, daß an einer Person Eigenschaften wahrgenommen werden, die sie von anderen Personen ihrer Kategorie in entscheidender Weise unterscheiden. Sind diese als Zeichen interpretierten
Merkmale sozial negativ bewertete Eigenschaften, so konstituieren sie
ein Stigma. Das Stigma steht also für eine Eigenschaft, die zutiefst
diskreditierend ist (*Goffman* 1967, S. 11).
Unter den Personen, denen ein Stigma anhaftet bzw. angeheftet wer-

den könnte, lassen sich die Diskreditierten und die Diskreditierbaren unterscheiden, d. h. jene, die annehmen, daß ihr Stigma bekannt und offenbar ist, und jene, die meinen, daß ihr Stigma noch nicht bekannt und nicht wahrnehmbar ist (*Goffman* 1967, S. 12). Dabei lassen sich drei Klassen von Stigmata unterscheiden, nämlich

1. physische Deformationen,
2. individuelle Charakterfehler und
3. phylogenetische Stigmata, wie Rasse etc.

Versuchen wir, unser konkretes Untersuchungsobjekt, die Obdachlosen, in diese Systematik einzubeziehen, so handelt es sich bei den Stigmata von Obdachlosen um solche der zweiten Klasse. Das heißt, daß aus den konkreten Lebensbedingungen – Wohnen in einer Obdachlosen-Siedlung – auf vermeintliche individuelle Charakterfehler (z. B. Willensschwäche, Unehrenhaftigkeit, Kriminalität etc.) geschlossen wird. Dem Obdachlosen selbst stehen die Stigmata nicht auf der Stirn, sondern diese müssen erst durch in Interaktionen erfahrenes Wissen ermittelt werden. Während Insassen von totalen Institutionen keine oder nur wenig Chancen haben, der Stigmatisierung zu entgehen, da sie ihre Lebensbedingungen nicht kontrollieren können, sind Obdachlose als Individuen nur dann der Stigmatisierung ausgesetzt, wenn sie als solche erkennbar sind, also immer dann, wenn sie sich in ihren Unterkünften aufhalten bzw. ihre Anschrift – in der Regel stadtbekannte Quartiere – bekannt wird (am Arbeitsplatz, in der Schule etc.). Andererseits muß bedacht werden, daß es auch eine ganz abstrakte »Stigmatisierung« gibt, die sich im Stereotyp des Obdachlosen niederschlägt und dem der Obdachlose in seiner Umwelt begegnet, ohne daß sie ihn selbst als Obdachlosen identifiziert hat. Diese abstrakte Stigmatisierung fließt in Interaktionen mit Obdachlosen ein, und der »Obdachlose« fürchtet sie, selbst wenn er nicht mehr obdachlos ist.

## 3. Die Stigmatisierung der Bevölkerung über Obdachlose

Bisher haben wir sehr allgemein den Begriff Stigmatheorie verwendet, ohne präzise zu klären, um wessen Stigmatheorie es sich handelt. Dabei müssen wir auf jeden Fall zwischen der Bevölkerung insgesamt und denjenigen unterscheiden, die sich professionell mit Problemen wie Obdachlosigkeit beschäftigen, denn beide Gruppen müßten sehr unterschiedliches Vorwissen und sehr unterschiedliches Alltagswissen in bezug auf Obdachlose aufweisen.

## 3.1. Obdachlosigkeit und Armut

Da das gesellschaftliche Wissen der Gesamtbevölkerung über spezifische soziale Probleme relativ undifferenziert sein dürfte, könnte man erwarten, daß sie aufgrund der Tatsache, daß Obdachlose arm sind, das Etikett »Armut« auch auf Obdachlose anwendet. Daten aus anderen westlichen Gesellschaften sprechen zudem dafür, daß die Bevölkerung nicht zwischen verschiedenen Armutsgruppen unterscheidet, weil »ein gewisses Element von Unehrenhaftigkeit auch jenen Armen anhaftet, von denen man meint, daß sie Hilfe verdienen und moralisch nicht zu verurteilen sind ...« (*Matza* 1971, S. 606). Diese mangelnde Differenzierung hat ihre Ursache außer in dem insgesamt undifferenzierten gesellschaftlichen Wissen sowohl in der Praxis der Sozialarbeit (vgl. dazu *Piven* und *Cloward* 1971) als auch in theoretischen sozialwissenschaftlichen Beiträgen [12]. Die Beobachtung *Matzas*, daß mit dem Etikett »Armut«, je nachdem, welcher konkrete Adressat damit angesprochen ist, sehr unterschiedliche Grade der »Unehrenhaftigkeit« bezeichnet werden (*Matza* 1971, S. 605-624), läßt es geraten scheinen, eine Analyse der Vorstellungen der Bevölkerung in bezug auf Obdachlose zu versuchen. Eine solche detaillierte Analyse hat zur Voraussetzung, daß das Verhältnis des Stigmakonzepts zu anderen Konzepten, wie z. B. »Sozialstereotyp«, »Vorurteil« und »Einstellung«, geklärt ist (vgl. dazu *Lautmann/Schönhals-Abrahamson/Schönhals* 1972). Davon kann bisher jedoch keine Rede sein, obwohl die Berührungspunkte unmittelbar auf der Hand liegen. Stereotypbildung z. B. wird als »schematischer, durch Generalisation partieller Erfahrung, direkte und indirekte Übernahme von Gruppenkategorien bzw. Akkulturationsprozessen charakterisierbarer nicht objektiver Kognitionsprozeß« umschrieben (vgl. *Bergler/Six* 1972, S. 1371; *Albrecht* 1974 (b). Die mangelnde Auseinandersetzung mit zentralen Konzepten der Sozialpsychologie mag erklären, weshalb Präzision und Systematik der Stigmaforschung noch zu wünschen übrig lassen und Angaben zur Gegenstandsbezogenheit, Prägnanz, Verbreitungsgrad, Abstraktionsniveau, Komplexität, Stabilität, Gruppenspezifität und Art der »Urteilsverschränkung« von analysierten Stigmata fehlen [13].

## 3.2. Methodologische Probleme des Stigmakonzepts

Ein weiterer wunder Punkt der Stigmatheorie ist, daß – ähnlich wie bei Einstellungen – die Relation zwischen kognitiven, affektiven und evaluativen Dimensionen eines Stigmas ungeklärt bleiben. Die Psychologie hat dagegen in einer großen Zahl von Studien das Verhältnis von Einstellungen und Verhalten untersucht und gefunden, daß: »Die bisher vorliegenden empirischen Daten dürften ... zu dem Resultat gelangen, daß die Verhaltensrelevanz eines Einstellungs-Systems nur dann mit einem wünschenswerten Grad von Sicherheit diagnostiziert werden kann, wenn die Gesamtheit möglicher Einstellungsrelationen zu einem Einstellungsgegenstand in einem bestimmten situationalen und sozialen Kontext als die ›reale Dimensionalität‹, methodisch Berücksichtigung findet« (*Bergler/Six* 1972, S. 1403). Nimmt man die Grundannahme des Symbolischen Interaktionismus ernst, daß Situationsdefinitionen letztlich jeweils durch die Interaktionspartner neu ausgehandelt werden, so erscheint die im obigen Zitat anklingende methodologische Hoffnung als zu optimistisch [14]. Die vorliegenden empirischen Stigmauntersuchungen sind aus diesem Grunde letztlich auch relativ irrelevant, weil sie sich nur auf Einstellungsdaten beschränken, die in Abwesenheit des Einstellungsobjektes selbst erhoben wurden, so daß die Erhebungssituation mit der alltäglichen Situation wenig oder nichts gemein hat. In solcher Situation erhobene Einstellungen stigmatisierenden Inhaltes müssen nicht in einer realen Stigmatisierung resultieren, wenn die Einstellungsobjekte in der alltäglichen Situation auf Grund von Machtdifferenzen eine Strategie der Stigmaabwehr praktizieren können bzw. die potentiellen Stigmatisierer auf Grund anderer Situationsdefinitionen andere Komponenten ihres Einstellungssystems aktualisieren, die in der Erhebungssituation weniger zur Geltung kamen etc. Umgekehrt dürfte eine in der Erhebung geäußerte Einstellung nicht-stigmatisierender Art den Befragten dann, wenn er unter dem Druck der alltäglichen Routine andere Situationsdefinitionen in der Interaktion mit den Einstellungsobjekten entwickelt, nicht daran hindern, in eine massive Stigmatisierungspraxis zu verfallen.

Trotz dieser Vorbehalte gegen eine undifferenzierte Erhebung, Analyse und Interpretation von Stigmatisierung belegenden Einstellungsdaten, wollen wir im folgenden einige derartige Studien zum Problem Obdachlosigkeit sichten.

### 3.3. Das Stigma der Obdachlosen in der Kölner Bevölkerung

Wenden wir uns zunächst der Wahrnehmung und Bewertung von Obdachlosen durch die Bevölkerung zu. *Höhmann* (1972) hat eine Analyse der Bezeichnungen, die von der »Normalbevölkerung« auf

Obdachlose angewendet werden, durchgeführt und kommt dabei zu folgenden Ergebnissen:

*Bezeichnungen, die den Bewohnern der städtischen Unterkünfte zugeschrieben werden (Höhmann 1972, S. 52; Tabelle 37 leicht verändert)*[*]

| Bezeichnung | Häufigkeit | | |
|---|---|---|---|
| Obdachlose | 14 | (4,9) | |
| Arme Leute | 16 | (5,6) | |
| Kinderreiche | 10 | (3,5) | |
| Arbeiter | 12 | (4,2) | 27,4 |
| Leute, denen es schlecht geht | 13 | (4,6) | |
| Andere neutrale Nennungen | 13 | (4,6) | |
| Asoziale | 153 | (53,8) | |
| Mau-Mau | 9 | (3,2) | |
| Kriminelle | 7 | (2,5) | |
| Haltlose, Labile | 7 | (2,5) | |
| Arbeitsscheue | 6 | (2,1) | 72,5 |
| Andere abwertende und diskriminierende Aussagen (der letzte Dreck, lichtscheue Rabauken, das Letzte vom Letzten) | 24 | (8,4) | |
| (N =) | 284 | | |

Die Bilanz dieser Daten ist sehr eindeutig, denn fast Dreiviertel aller Bezeichnungen für die Bewohner von städtischen Unterkünften (also für Obdachlose) sind diskreditierend, sprechen den Bewohnern in scharfer Form moralische und soziale Qualitäten ab. Berücksichtigt man ferner, daß die Bezeichnungen »arm«, »kinderreich« etc. für viele ebenfalls einen tadelnden Beigeschmack haben, so kommt man auf fast Vierfünftel der Bevölkerung des Stadtviertels, die stigmatisierende Formulierungen für Obdachlose wählen.

Die weiteren Daten von *Höhmann* deuten an, daß sich eine Bewertung der Obdachlosen nicht auf das Kriterium »Bewohner städtischer Unterkünfte« beschränkt, sondern in einen allgemeineren Zusammenhang gestellt wird. Obdachlose gelten einerseits als eine besondere Minderheit, für deren Bewertung entscheidend ist, wie Minderheiten überhaupt bewertet werden, und zum anderen variiert die Beurteilung

---

[*] Erfaßt sind hier nur die Bezeichnungen, die von Bewohnern des Kölner Ortsteils Poll gewählt wurden, in dem zwei Unterkünfte liegen, und der sich durch diese besonders belastet fühlt.

mit dem Satz von Annahmen und Assoziationen, die mit Obdachlosigkeit verbunden werden, über die die Frage nach dem Ausmaß, in dem bestimmte Bezeichnungen Obdachlose charakterisieren, bereits erste Hinweise geben konnte.

Im folgenden gehen wir den Zusammenhängen weiter nach und analysieren die Beziehungen zwischen der von der Bevölkerung geäußerten Ablehnung von Minderheiten und der Art der »Reaktionen« der Bevölkerung gegenüber Obdachlosen. Unter diesen »Reaktionen« fassen wir die sogenannte »soziale Distanz« (gemessen als die Enge der sozialen Beziehungen, die der Befragte mit einem typischen Mitglied der betreffenden Problemgruppe – hier Obdachlose – einzugehen bereit wäre), die Bereitschaft zur Integration von Obdachlosen in die »normale« Gesellschaft und die Akzeptierung von harten Maßnahmen gegen Obdachlose (z. B. Kriminalisierung, »Arbeitshauseinweisung« etc.) [15]. Dazu ergeben *Höhmanns* Daten das folgende Bild (1972, S. 71 f.) [16]:

*Ablehnung von Minderheiten und Art der Einstellung gegenüber Obdachlosen (in %/o – Tabelle 48; leicht verändert)*

| Soziale Distanz zu Obdachlosen | Stärke der Ablehnung von Minderheiten | | | |
|---|---|---|---|---|
| | 1 (gering) | 2 | 3 | 4 (stark) |
| gering | 56,2 | 42,6 | 40,9 | 47,9 |
| mittel | 34,8 | 44,3 | 42,7 | 26,0 |
| stark | 9,0 | 13,1 | 16,4 | 26,0 |
| | 100,0 | 100,0 | 100,0 | 99,9 |
| N = | 89 | 61 | 171 | 73 |

$$\chi^2 = 15,4 \quad > 12,59 \text{ (signifikant)}$$
$$\gamma = 0,14$$

| Bereitschaft zur Integration von Obdachlosen | Stärke der Ablehnung von Minderheiten | | | |
|---|---|---|---|---|
| | 1 (gering) | 2 | 3 | 4 (stark) |
| hoch | 49,4 | 47,5 | 39,8 | 39,7 |
| mittel | 41,6 | 29,5 | 31,6 | 24,7 |
| gering | 9,0 | 23,0 | 28,7 | 35,6 |
| | 100,0 | 100,0 | 100,1 | 100,0 |
| N = | 89 | 61 | 171 | 73 |

$$\chi^2 = 19,2 \quad > 16,8 \text{ (signifikant)}$$
$$\gamma = 0,19$$

| Akzeptierung von harten Maßnahmen gegenüber Obdachlosen | Stärke der Ablehnung von Minderheiten | | | |
|---|---|---|---|---|
| | 1 (gering) | 2 | 3 | 4 (stark) |
| sehr gering | 40,4 | 23,0 | 15,2 | 11,0 |
| gering | 28,1 | 34,4 | 22,2 | 31,5 |
| stark | 20,2 | 24,6 | 24,0 | 13,7 |
| sehr stark | 11,2 | 18,0 | 38,6 | 43,8 |
| | 99,9 | 100,0 | 100,0 | 100,0 |
| N = | 89 | 61 | 171 | 73 |

$$\chi^2 = 50,3 \quad > 27,88 \text{ (signifikant)}$$
$$\gamma = 0,34$$

Der erste Teil dieser Tabelle macht deutlich, daß die »soziale Distanz« mit der Stärke der Ablehnung von Minderheiten signifikant zunimmt. So steigt z. B. der Prozentsatz von Personen mit starker sozialer Distanz gegenüber Obdachlosen von 9 % bei den Personen, die Minderheiten in geringem Maße ablehnen, bis zu 26 % bei denjenigen, die Minderheiten stark ablehnen.

Der zweite Teil der Tabelle zeigt, daß die »Bereitschaft zur Integration von Obdachlosen« mit der Stärke der Ablehnung von Minderheiten signifikant abnimmt: von den Personen, die Minderheiten nur gering ablehnen, weisen nur 9 % eine geringe Bereitschaft zur Integration von Obdachlosen auf, während es bei denjenigen, die Minderheiten stark ablehnend gegenüberstehen, immerhin fast 36 % sind.

Der dritte Teil der Tabelle zeigt einen ähnlich deutlichen Zusammenhang zwischen der »Akzeptierung von harten Maßnahmen« gegenüber Obdachlosen und der Stärke der Ablehnung von Minderheiten. Während solche Personen, die nur eine schwache Ablehnung von Minderheiten äußern, zu 11 % in hohem Maße harte Maßnahmen gegen Obdachlose akzeptieren, tun dies Personen mit starker Ablehnung von Minderheiten zu fast 44 %.

Aus den Tabellen ergibt sich, daß mit zunehmender Ablehnung von Minderheiten die soziale Distanz gegenüber Obdachlosen ansteigt, die Bereitschaft zur Integration von Obdachlosen stark zunimmt. Dieses Bild wird durch andere Ergebnisse der *Höhmann'schen* Untersuchung ergänzt (1972, S. 74):

*Der Zusammenhang zwischen Bewertung von Obdachlosen und anderen Minderheitengruppen*

| Gruppen | $\chi^2$-Wert | Signifikanz | Korrelation |
| --- | --- | --- | --- |
| Kriminelle | 31,8 | 18,46 (0,001) | 0,46 |
| Geisteskranke | 40,0 | 18,46 (0,001) | 0,29 |
| Landstreicher | 10,2 | 9,49 (0,05) | 0,15 |
| Kommunisten | 3,5 | 9,49 | 0,15 |
| Gastarbeiter | 5,9 | 9,49 | 0,09 |
| Prostituierte | 3,2 | 9,49 | 0,09 |
| Gammler | 3,4 | 9,49 | 0,08 |
| religiöse Sekten | 8,8 | 9,49 | 0,04 |
| Bettler | 13,4 | 9,49 (0,05) | 0,02 |

## 3.4. Individualisierung sozialer Probleme

Von entscheidender Bedeutung für die Situation der Stigmatisierten ist die Tatsache, daß der Makel, der durch das Stigma indiziert werden soll, als individueller Mangel und nicht als Ausdruck ganz bestimmter gesellschaftlicher Konstellationen angesehen wird.

Die Individualisierung von sozialen Problemen – speziell von Armut – ist in kapitalistischen Gesellschaften ein weitverbreitetes Phänomen. Die hierzu vorliegenden Studien beziehen sich zwar alle unspezifisch auf Armut und nicht auf »Obdachlosigkeit«, doch darf unterstellt werden, daß Obdachlosigkeit eine konkrete Erscheinungsform von Armut darstellt. So wies z. B. *Goodwin* (1972a) nach, daß Mittelschichtangehörige, die in Vororten wohnen, scharfe Trennungslinien zwischen sich selbst und den Wohlfahrtsempfängern aus der Unterschicht ziehen, speziell in bezug auf die sich selbst bzw. den anderen unterstellte Arbeitsorientierung. Tatsächlich sind gewisse Unterscheidungen angebracht, aber andere als man vermuten würde: Die Armen haben weniger Vertrauen in sich selbst und akzeptieren eher Wohlfahrtshilfe als die Mittelschichten. Aber die Mittelschichten bestreiten völlig zu unrecht, daß die Arbeitsethik bei den Armen ebenfalls hoch ist; sie, die Mittelschichten, verstehen nicht, daß gerade diese hohe Arbeitsmoral zu einer verstärkten Unsicherheit der Armen (Arbeitsmotivation, aber keine Arbeit) führt, und sie setzen zu unrecht Wohlfahrtsgelder mit Einkommen aus quasi illegalen Quellen gleich. Diese falschen Wahrnehmungen ermutigen die politischen Eliten aus den Mittelschichten, eine »Wohlfahrtsreform« zu unterstützen, die eine starke Bindung von Hilfeleistungen an die Arbeitswilligkeit fordert und deshalb eine Unterhaltsleistungsgrenze unterhalb der Armutsgrenze empfiehlt [17].

## 4. Die Stigmatheorie der »professionellen Hilfsberufe«

Für die Durchschlagskraft der von der Bevölkerung gehaltenen Stigmata auf die Stigmatisierten ist besonders wichtig, ob die »professionellen Helfer«, d. h. die Vertreter der Instanzen sozialer Kontrolle, praktische Theorien entwickelt haben, die auch an diese von der Bevölkerung gehaltenen Stigmata anknüpfen [18].

### 4.1. Gesellschaftliche Bedingungen der Stigmakonzeption

Durch die Professionalisierung der Sozialarbeit hat sich die Wahrscheinlichkeit, daß Differenzierungen zwischen den Stigmakonzeptionen der Bevölkerung und denen der Sozialarbeiter auftreten, erhöht. Die Experten der Sozialarbeit wähnen sich aufgrund ihrer Ausbildung im Besitz von spezifischen Kenntnissen und Theorien über das zu lösende Problem und die Persönlichkeiten der Stigmatisierten. Die »Klienten« wiederum verinnerlichen möglicherweise diese Theorien über ihre Identität, da die dauerhafte Interaktion zwischen den »Experten« und den »Klienten« nicht ohne Folgen für die Interaktionspartner bleiben kann. Folgen wir den Überlegungen von *Scott* (1971), dann lassen sich folgende Perspektiven voneinander trennen:

*Erstens* sind die Stigmakonzeptionen der Experten ganz allgemein vom sozio-kulturellen Kontext, in dem sie stehen, abhängig, aber auch von ganz spezifischen sozialen Bedingungen, unter denen die Experten arbeiten müssen. Die Expertenkonzeptionen reflektieren die kulturellen Werte, Einstellungen und Meinungen der Gesellschaft, zum einen, weil die Experten selbst in dieser Gesellschaft sozialisiert wurden, zum anderen, weil die »Laien« in der Regel die Kontrolle über die Ressourcen, die von den Experten benötigt werden, ausüben und nur solche Handlungsprogramme dulden, die mit ihren »Laientheorien« übereinstimmen.

*Zweitens* ergibt sich aus der Entwicklung der Professionen eine gewisse Eigengesetzlichkeit, die Einfluß auf ihre Stigmakonzeptionen gewinnt. Die Experten müssen gegen andere Expertengruppen rivalisierende Erklärungs- und Handlungsansätze durchsetzen. Innerhalb der Professionen ergeben sich Unterschiede im Grad der Professionalisierung, die sich wiederum unterschiedlich auf die Innovationsbereitschaft, d. h. auf die Veränderung der Stigmakonzeptionen, auswirken.

*Drittens* ist für die Stigmakonzeption der Experten von großer Bedeutung, daß die Experten in bürokratischen Organisationen tätig sind, in denen a) die Handlungsprogramme routinisiert sein müssen und routiniert gehandhabt werden, und b) Effizienz- und Formalisierungsstreben Innovationen hemmen. Beide Strukturbedingungen bewirken eine unerwünschte Starrheit in den Stigmakonzeptionen.

*Viertens* ist festzuhalten, daß die Tätigkeit und die Stigmakonzeption der Experten nicht ohne die Berücksichtigung des sozialen Status der Klienten verstanden werden können. Da die Klienten die Dienste der Experten nicht kaufen können, der Status der Stigmatisierten niedrig, wenn nicht gar verachtet ist, ergibt sich, daß die Experten zwar die Interessen der Gesellschaft, kaum jedoch die der Stigmatisierten berücksichtigen müssen.

Sehr wenig ist bisher über den Prozeß der Stigmakonstruktion selbst bekannt. Klar dürfte lediglich sein, daß nur wenige Stigmadeutungen von den Experten explizit und bewußt formuliert werden. Stigmakonzeptionen der Experten werden häufig durch die Erfordernisse der Alltagspraxis überholt. Erst während gelegentlicher Reflexionsphasen kommen die Experten dazu, ihre Konzeption quasi aus der Rückschau zu formulieren. Da in der Regel mehrere »Instanzen sozialer Kontrolle« mit einem Klienten zu tun haben – ohne daß diese Instanzen eine gemeinsame Strategie verfolgen – geschieht manches von dem, was in den Interaktionen der Experten verschiedener nach- und nebengeordneter Instanzen mit den Klienten abläuft, scheinbar »einfach so«. Dabei können jedoch recht zufällige Trends mit der Zeit kumulativ werden und Ergebnisse zeitigen, die von keinem Vertreter der Instanzen sozialer Kontrolle so beabsichtigt wurden. Der Experte kann also – weil er die Handlungen der anderen Experten nicht kennt – nicht alle Implikationen seiner Handlungsstrategie im voraus absehen oder verstehen, wie Probleme, Bedürfnisse und Interessen der Klienten durch jede weitere seiner Entscheidungen betroffen werden. »Expertendeutungen sind nicht für die Zukunft konzipiert und gehorchen nicht den normalen Regeln der Logik...« (*Scott* 1970, S. 287). Die fatalen Konsequenzen dieser strukturellen Bedingungen des Expertenhandelns werden sich weiter unten im einzelnen zeigen.

## 4.2. Die Stigmakonzeption der Experten zur Obdachlosigkeit

Daß die Stigmatisierung der Obdachlosen nach wie vor durch Verordnungen, Sozialhilfepraktiken etc. intensiv betrieben wird, läßt sich leicht durch politisch einflußreiche Beiträge von Vertretern der Sozialbürokratie belegen. Noch 1965 unterschied *Brisch* zwischen »förderungswürdigen«, »sozial-labilen« und »asozialen« Obdachlosen, für die unterschiedliche Behandlungsprogramme zu entwickeln seien.

Zu den *förderungswürdigen* Obdachlosen werden diejenigen gezählt, die »unverschuldet in die Betreuung der Obdachlosenhilfe geraten« und deren Übernahme in Einrichtungen der Obdachlosenhilfe im Räumungsfalle möglichst durch Vermittlung geeigneter Normalwohnungen vermieden werden sollte (*Brisch* 1965, S. 47).

Unter *sozial-labilen* Obdachlosen sind Personen zu verstehen, »die nach ihrer sozialen Struktur im Regelfall nur vorübergehend in der Betreuung der Obdachlosenhilfe stehen..., die im übrigen aber der sozialen Hebung fähig und würdig sind und die zur Vermeidung des Abgleitens in die Gruppe der Asozialen öffentlicher Hilfe bedürfen. Nach einer gewissen Bewährungszeit können sie im Regelfall auch privaten Vermietern als Mieter zugemutet werden, jedenfalls aber gemeinnützigen oder gemeindeeigenen Wohnungsbauträgern« (*Brisch* 1965, S. 47).

Leider versäumt *Brisch,* Kriterien anzugeben, die es erlauben »sozial-labile« Personen als solche zu erkennen, ja, was überhaupt sozial-labil bedeuten soll. Unklar bleibt, wie Personen eine soziale Struktur haben können, vor allem aber, mit welchem Recht sich »Experten« bzw. professionelle Sozialarbeiter anmaßen, über die »Würdigkeit« und menschliche Qualifikation ihrer Klienten für Hilfeleistungen zu befinden. Ferner wird übersehen, daß es in der Obdachlosenarbeit u. a. auch um Rechtsansprüche des Klienten geht. Lapidar heißt es zu den »asozialen Obdachlosen«: »Unter ihnen sind diejenigen Personen zu verstehen, die sich in die bürgerliche Gesellschaft nicht einordnen wollen oder nicht einzuordnen vermögen, und deren soziale Hebung nicht oder nur unter hohen personellen und materiellen Aufwendungen möglich ist« (*Brisch* 1965, S. 47). Allerdings verweist der Autor an der gleichen Stelle auch auf Überlegungen, den Terminus »asozial« aufzugeben, da er durch die Geschichte und den alltagssprachlichen Gebrauch zu sehr vorbelastet sei.

Die Rücksichtnahme auf die Interessen der Normalbevölkerung – also auf die über den Einsatz der Ressourcen wachenden Laien – und die Zurückstellung der Interessen der Klienten hinter die aller anderen Beteiligten, obwohl es um eine »Hilfe« für die Klienten geht, spiegelt sich fast zynisch im folgenden Zitat aus dem politisch sehr einflußreichen Beitrag desselben Autors: »Die Obdachlosenunterkünfte sollen solide gebaut, aber aufs Einfachste ausgestattet sein. Es darf nie der Eindruck erweckt werden, Obdachlosenunterbringung sei mit wohnungsmäßiger Versorung zu verwechseln. Jede Großzügigkeit in der Ausstattung stärkt das Beharrungsvermögen der Obdachlosen in den Unterkünften. Eine aufwendige Ausgestaltung wird auch durch die

Not und das Elend derjenigen Bürger verboten, die sozial intakt und noch in menschenunwürdigen Behausungen zu wohnen gezwungen sind. Der Bau von einfachen Obdachlosenunterkünften ist aber auch erforderlich, um ein ständiges Druckmittel gegen nicht Eingliederungswillige, insbesondere gegen böswillige Nichtzahler in den höherstufigen Einrichtungen zu haben« (*Brisch* 1965, S. 49). Diese Textstelle zeigt, daß Sozialarbeit hier mit »Hilfe« nur sehr unzureichend, um nicht zu sagen falsch umschrieben ist, denn klarer kann man Repression und Disziplinierung als Ziele der eigenen beruflichen Tätigkeit wohl kaum formulieren. Dabei wird den »Hilfe-Experten« eine relativ hohe Definitionsmacht eingeräumt, ohne daß ihnen objektiv nachprüfbare Kriterien für die Feststellung des Grades der stigmatisierenden Bedingungen an die Hand gegeben würden: »Von besonderer Bedeutung ist auch, daß den Fürsorgerinnen ein weitgehendes Mitspracherecht bei der Frage zugesprochen wird, wann eine obdachlose Familie als wohnungsmäßig förderungswürdig angesehen werden kann. Sie gewinnt umso mehr Einfluß auf die Obdachlosen, je mehr sie durch praktische Erfolge nachweisen kann, daß die Familien, die sich eingegliedert haben, kurzfristig mit Normalwohnraum versorgt wurden« (*Brisch* 1965, S. 50). Tatsächlich sprechen die meisten Daten dafür, daß von Sozialarbeitern nur wenige Kriterien konsistent für die Beurteilung der Obdachlosen herangezogen werden. Bei der Auswertung von Aktenmaterial, das von der »Sozialbürokratie« über die einzelnen Obdachlosenfamilien gesammelt wurde, fällt auf, wie weit der Bereich der Aussagen über die Obdachlosen ist (*Höhmann* 1972, S. 181):

*Anteil der Obdachlosen (N = 86), über die zu den folgenden Bereichen Informationen vorliegen (in %)*

| Bereich | Intensität der Information |
|---|---|
| Gebühren | 71,9 |
| persönliche Beurteilungen | 67,4 |
| sonstige Beurteilungen | 62,8 |
| Haushalt | 59,1 |
| Beruf | 54,7 |
| Familienverhältnisse (allgemein) | 50,0 |
| Kindererziehung | 46,5 |
| Eignung für eine Wohnung | 43,0 |
| Beurteilung der Kinder | 41,7 |
| Beziehungen zwischen den Ehepartnern | 41,7 |
| Haushaltsführung | 40,7 |
| Wohnverhältnisse | 40,7 |

Aus diesen Zahlen lassen sich erste Vermutungen zu den Kriterien der Beurteilung von Obdachlosen ableiten. Die Beurteilung der Obdachlosen knüpft mehr an individuell interpretierbaren Aussagen über die Obdachlosen an als an strukturellen Ursachen für die Obdachlosigkeit. Solche Bewertungen erscheinen geeignet, Obdachlose individuell zu kontrollieren, nicht jedoch die Basis für Resozialisierungskonzepte abzugeben. Die von *Höhmann* analysierten Beurteilungen von Obdachlosen durch Sozialarbeiter lassen einen Zusammenhang mit der Praxis erkennen, Obdachlose »auf Bewährung« bis zur erfolgten »Resozialisierung« in Unterkünften zu belassen, ohne Kriterien dafür anzugeben, wann der Zeitpunkt der Resozialisierung erreicht wird. Auf diese Weise läßt sich Behördenwillkür gegenüber Obdachlosen als sozialarbeiterische Konzeption ausgeben (vgl. *Höhmann* 1972, S. 182 und 189).

Die bisher vorgelegten Daten sind insofern für die Stigmatheorie unzulänglich, als sie sich auf Situationen beziehen, die nicht im laufenden Kontakt zwischen Normalen und Stigmatisierten auftreten, während nach *Goffman* (1967, S. 22) für die Stigmatisierung besonders die »gemischten Kontakte« in gegenseitiger, unmittelbarer physischer Gegenwart wichtig sein dürften. Das stigmatisierte Individuum – vor allem das sichtbar stigmatisierte – wird besondere Gründe für das Gefühl haben, daß gemischte soziale Situationen auf angstvolle, ungezügelte Interaktionen zutreiben werden, aber man muß auch vermuten, daß ebenso die Normalen diese Situation als prekär empfinden werden (*Goffman* 1967, S. 28). Übertragen wir diese Überlegungen auf das Verhältnis von Obdachlosen zu »Normalen« und »Sozialarbeitern«, so dürfte sich daraus ableiten lassen, daß für Stigmatisierte und »Normale« aus der Interaktion selbst Angst resultieren wird, Angst, die der Interaktion eine Dynamik verleiht, die zu einer weiteren Problematisierung der Beziehungen führen kann. Da die stigmatisierten Personen häufiger mit derartigen Situationen konfrontiert werden als die »Normalen« (ausgenommen Sozialarbeiter etc.), ist anzunehmen, daß sie die Erfahreneren in der Handhabung entsprechender Situationen sind. Die professionellen »Hilfsexperten« entwickeln jedoch eine routinisierte Handlungsstrategie, durch die sie ihren Machtvorsprung zum Interaktionsvorteil ausnutzen können. Die allgemeine Erfahrung dürfte gezeigt haben, daß in der Tat diese Routinisierungsprozesse für sozialarbeiterisches Handeln die Regel, die Stigmatisierten mithin die Unterlegenen sind.

## 5. Wahrnehmung der Stigmatisierung durch Obdachlose

Nun stellt sich natürlich die Frage, ob die Obdachlosen die an sie herangetragenen Stigmata übernehmen, daß heißt ihr Selbstbild entsprechend einrichten. Um diese Frage zu klären, wollen wir wissen, ob mit zunehmender Dauer der Obdachlosigkeit, also mit zunehmender Länge des Ausgeliefertseins an die Stigmatisierungsprozesse, die Häufigkeit der Wahrnehmung negativer Reaktionen der Umwelt bei den Obdachlosen zunimmt.

Möglicherweise im Sinne einer zunehmenden Wehrlosigkeit gegenüber Stigmatisierungsprozessen ist das Ergebnis von *Höhmann* (1972, S. 143) zu interpretieren, daß der Anteil derjenigen Obdachlosen, die von unangenehmen Erfahrungen mit sozialen Institutionen berichten, mit zunehmender Obdachlosigkeit wächst (die Datenbasis ist allerdings klein, da hier nur Befragte aus einer Siedlung vorliegen):

*Unangenehme Erfahrungen und Dauer der Obdachlosigkeit (in %)*

| unangenehme Erfahrungen | Zeitpunkt der Einweisung | | | |
|---|---|---|---|---|
| | vor 1955 | vor 1960 | vor 1965 | 1965 u. später |
| ja | 55,6 | 41,5 | 37,5 | 37,5 |
| nein | 44,4 | 58,5 | 62,5 | 62,5 |
| | 100,0 | 100,0 | 100,0 | 100,0 |
| N = | 18 | 24 | 8 | 8 |

Man könnte dieses Ergebnis allerdings auch so interpretieren, daß jene Personen, die Ärger mit Kontrollinstanzen haben, besonders stark sozial abweichen, so daß sie die Rückkehr in die Welt der »Normalbevölkerung« weniger häufig schaffen und damit in den Institutionen bleiben; mit anderen Worten: dieses Ergebnis ließe sich auch durch Selektion erklären. Daß ein Zusammenhang mit Stigmatisierungsprozessen wahrscheinlich ist, ergibt sich daraus, daß auch die Wahrnehmung von ablehnenden Reaktionen durch die umgebenden Gruppen mit zunehmender Einweisungsdauer ebenfalls deutlich zunimmt (*Höhmann* 1972, S. 144).

Eine eindeutige Interpretation dieser Ergebnisse fällt jedoch recht schwer, da aus Daten von *Albrecht* (1976) hervorgeht, daß sich die Diskriminierungserlebnisse bei Obdachlosen innerhalb von mehr als 9 Jahren Obdachlosigkeit nicht sehr wesentlich (ca. um 10 %) verstärkt haben, wie die Daten einer Wiederholungsstudie aus den Jahren 1959 und 1968 ergeben. Auf der anderen Seite ist zu beachten, daß jene Personen, die 1959 obdachlos, aber 1968 nicht mehr obdachlos waren, etwas häufiger über Minderwertigkeitsgefühle wegen ihrer Obdachlosigkeit berichten als 1959. Vielleicht liegt dies u. a. daran, daß sich Obdachlose tendentiell diese Minderwertigkeitsgefühle zunächst nicht eingestehen wollen (vgl. die hohen Anteile »keine Antwort« 1959) und erst bei wiederholter Thematisierung des Problems exakt antworten, bzw. nachdem die für sie besonders bedrohliche Situation vorüber ist.

Analysiert man die von den Befragten berichteten Gründe für die Minderwertigkeitsgefühle infolge von Obdachlosigkeit, so fällt vor allem auf, daß die ehemaligen Obdachlosen häufiger auf »Komplexe« verweisen, ohne die sie diskriminierenden Instanzen anzugeben, während die Obdachlosen stärker hervorheben, daß sie diskriminiert/stigmatisiert werden. Nicht ganz uninteressant ist ferner, daß ehemalige Obdachlose nun, da sie nicht mehr obdachlos sind, die Willkür der Behörden deutlich häufiger erwähnten, als die Obdachlosen und sie selbst es früher getan haben. Haben sie jetzt vielleicht weniger Angst vor dieser Willkür?

*»Ab und zu begegnet man schon mal Leuten, die sich irgendwie als fünftes Rad am Wagen vorkommen, keine normale Wohnung zu haben. Was würden Sie sagen?«: (Albrecht 1976)*

| | 1959 | | | | 1968 | | | |
|---|---|---|---|---|---|---|---|---|
| | Obdachlose | | Nicht-mehr-Obdachlose | | Obdachlose | | Nicht-mehr-Obdachlose | |
| | abs. | % | abs. | % | abs. | % | abs. | % |
| Das ist nur dumme Einbildung | 35 | 37,6 | 33 | 36,7 | 37 | 39,8 | 40 | 44,4 |
| Da ist schon was dran an dieser Meinung | 40 | 40,3 | 40 | 44,4 | 49 | 52,7 | 45 | 50,0 |
| Keine Antwort und verweigert | 18 | 19,4 | 17 | 18,9 | 5 | 7,5 | 7 | 5,6 |
| | 93 | 100,0 | 90 | 100,0 | 93 | 100,0 | 90 | 100,0 |

*»Weshalb glauben Sie, daß an dieser Einstellung etwas dran ist?«*
*(Albrecht 1976)*

|  | 1959 | | 1968 | |
|---|---|---|---|---|
|  | Obdachlose %| Nicht-mehr-Obdachlose %| Obdachlose %| Nicht-mehr-Obdachlose %|
| In diesen Obdach-losenhäusern bekommt man mit der Zeit Komplexe | 22,5 | 40,0 | 28,6 | 35,6 |
| Die Leute behandeln einen so von oben herab, wenn sie erfahren, daß man dort wohnt | 37,5 | 30,0 | 36,7 | 26,7 |
| Wir werden hier doch nicht mehr als voll gerechnet | 12,5 | 5,0 | 4,1 | 2,2 |
| Jedermann betrachtet uns als lästiges Volk, das man schnell wieder abschiebt | 10,0 | 5,0 | 14,3 | 2,2 |
| Man kann niemanden einladen | 5,0 | 7,5 | 12,2 | 11,1 |
| Man ist so auf die Gnade oder Ungnade der Behörden angewiesen | 2,5 | 5,0 | 2,0 | 11,1 |
| Total | 100,0 (N = 40) | 100,0 (N = 40) | 100,0 (N = 49) | 100,0 (N = 45) |

Zweifellos stehen für Obdachlose ganz konkrete physische Lebensbedingungen im Vordergrund ihrer Sorgen und sind für die Ausbildung
ihrer Identität und die Sicht ihrer Situation entscheidend. Dies wird
auch belegt durch die Daten der Untersuchung von *Abels/Keller* (1974,
S. 101), die zur Frage »Wenn Sie so an Ihre Lage hier und vor allem
auch an Ihre Kinder denken, was bedrückt Sie da am meisten?« fol-
gendes Ergebnis erzielten:

*Subjektives Empfinden über die Belastung durch die objektive Situation*

| | Nennungen | |
|---|---|---|
| Belastungen | N | % |
| Raumnot | 82 | 38 |
| Siedlungsmilieu (Umgang für Kinder) | 37 | 17 |
| Diskriminierung durch Außenstehende | 25 | 12 |
| Fehlende Spiel- und Entfaltungsmöglichkeiten für die Kinder | 17 | 8 |
| Schwierigkeiten bzw. Unmöglichkeiten, die Siedlung zu verlassen | 14 | 7 |
| Fehlende sanitäre Anlagen, mangelnde Hygiene | 12 | 6 |
| Andere | 14 | 7 |
| Nichts | 9 | 4 |
| k. A. | 3 | 1 |
| | 213 | 100 |

Die Diskriminierung rangiert mit 12 Prozent der Nennungen erst an dritter Stelle und erreicht weniger als ein Drittel der Nennungen des am stärksten als Belastung genannten Faktors Raumnot. Auf der anderen Seite sehen obdachlose Mütter sehr genau, welche Faktoren für die weitere Entwicklung ihrer Kinder von schwerwiegender Bedeutung werden können und nennen in 47 % aller Fälle als Ursachen für Schulschwierigkeiten ihrer Kinder Diskriminierungserlebnisse ihrer Kinder (*Abels/Keller* 1974, S. 127). Diese Diskriminierungserlebnisse beziehen sich auf eine breite Skala von Situationen. So erzielte *Jubel* (1970) auf die an die Bewohner dreier Kölner Obdachlosenunterkünfte gerichtete Frage nach Benachteiligungen ihrer Kinder in der Schule das Ergebnis, daß 39 % der Befragten Benachteiligungen ihrer Kinder in der Schule durch den Lehrer, 35 % durch Schulkameraden, 42 % durch andere Kinder und 38 % durch Eltern anderer Kinder für ihre Kinder annahmen (*Jubel* 1970, S. 48). Von politischer Brisanz ist nun die Tatsache, daß weder die mit der Zeit offensichtlich immer negativer werdenden Erfahrungen mit den sie kontrollierenden Instanzen noch die Tatsache der immer häufiger erlebten negativen Reaktionen durch die soziale Umwelt zu einem Erkennen der gesellschaftlichen Hintergründe des Problems durch die Obdachlosen selbst führen, ja, man darf eher das Gegenteil behaupten: »Während die Obdachlosen, die erst kurze Zeit in städtischen Unterkünften leben, nur in geringem Maße individuelle Gründe für das Entstehen der Obdachlosigkeit angeben, steigt dieser Anteil mit zunehmender Einweisungsdauer deutlich an« (*Höhmann* 1972, S. 144–145). Dieses Ergebnis legt die Inter-

pretation nahe, daß sich die Obdachlosen selbst an den ihnen angetragenen Stigmata orientieren und sich der in der Gesellschaft dominanten und auch bei Sozialarbeitern weitverbreiteten Tendenz zur Individualisierung der Ursachen sozialer Probleme anschließen.
Die Individualisierung des Problems durch die Obdachlosen selbst
kann – entsprechend der Theorie des Definitionsansatzes – nicht
folgenlos für Selbstbild und Identität der Obdachlosen bleiben, sondern führt zu einer Ablehnung der Obdachlosen durch Obdachlose
(*Höhmann* 1972, S. 145).

*Individualisierung und Ablehnung der Obdachlosen (in %)*

| Ablehnung von Obdachlosen | Individualisierung sozialer Probleme | | |
| | gering | mittel | stark |
| --- | --- | --- | --- |
| gering | 64,9 | 36,4 | 40,5 |
| stark | 35,1 | 63,6 | 59,5 |
| | 100,0 | 100,0 | 100,0 |
| N = | 37 | 33 | 37 |

Allerdings ist bei der Interpretation der Ablehnung der eigenen
Gruppe durch die Obdachlosen eine gewisse Vorsicht geboten, wie
uns folgende Beobachtung *Goffmans* lehrt: »Der springende Punkt
ist, daß unter bestimmten Umständen die soziale Identität derer, mit
denen ein Individuum zusammen ist, als eine Informationsquelle über
seine eigene soziale Identität benutzt werden kann, wobei die Annahme
gemacht wird, daß es ist, was die anderen (hier: die anderen Obdachlosen, G. A.) sind.« (*Goffman* 1967, S. 63). Dieser Umstand macht es
verständlich, daß Obdachlose ein starkes Bedürfnis haben, sich von
Obdachlosen selbst zu distanzieren, jedenfalls in der Interaktion mit
Nicht-Obdachlosen. Offen ist dabei in gewissem Maße, ob diese Di-
stanzierung von der Eigengruppe der Außendarstellung dienen soll
oder die tatsächlichen Einstellungen widerspiegelt, wie man aufgrund
mancher Forschungsergebnisse annehmen könnte (vgl. z. B. *Albrecht*
1973a, S. 273–274). Tatsächlich wird für kapitalistische Gesellschaften
– über andere Gesellschaften liegen zu diesem Punkt keine Ergebnisse
vor – berichtet, daß die »Sozialhilfeempfänger« selbst sich durch eine
individualistische Ideologie auszeichnen. Sie sehen – wie die große
Mehrheit der Bevölkerung – ihre objektiven Lebensbedingungen meist
als Ergebnis eigener spezifischer Fehler (*Kerbo, Silberstein* und *Snizek*
1974) [19].

## 6. Der Ertrag der wissenschaftlichen Stigmatheorie zur Erklärung der Situation von Obdachlosen

Ein gewichtiger Einwand, der neben vielen anderen in den letzten Jahren gegen den Definitionsansatz, als dessen Spielart man die Stigmatheorie ansehen kann, vorgebracht wurde, ist der, daß dieser Ansatz – ganz im Gegensatz zu den entscheidenden Postulaten des Symbolischen Interaktionismus, auf den er sich zu gründen vorgibt – den Stigmatisierten nahezu ausschließlich als passiv, als wehrlos, kurz als hilfloses Opfer der Stigmatisierer konzipiert, das nichts in die Interaktionssituation einzubringen hat, um Einfluß auf den Ertrag dieser Interaktion zu nehmen [20]. Aus dieser »Entartung« des Definitionsansatzes könnte ein gewisser Fatalismus, der in politische Resignation umschlagen kann, resultieren. Die gesellschaftliche Realität ist jedoch vielgestaltiger: Es gibt zahlreiche Beispiele dafür, daß Obdachlose – also potentiell Stigmatisierte – bewußt das Stigma akzeptieren, nicht jedoch, um damit Schuldgefühle auszuleben, sondern um Solidarisierung und Widerstand zu organisieren (vgl. *Aich/Bujard* 1972). Die Orientierung am »erlittenen Stigma«, die Aufklärung der Stigmatisierten über Prozesse und Funktionen der Stigmatisierung durch die Stigmatisierten selbst, das sind Anknüpfungspunkte für eine aggressive Strategie der Obdachlosen, die eine gewisse Perspektive für eine Randgruppenarbeit aufscheinen lassen, selbst wenn die bisherigen Versuche letztlich mehr oder weniger gescheitert sind [21]. Eine anschauliche und theoretisch gehaltvolle Dokumentation über die Schwierigkeiten, mit denen eine solche aggressive Strategie zu kämpfen hat, selbst wenn sie zunächst auf die Ebene der sprachlichen Interaktion von Sozialarbeitern und Obdachlosen beschränkt ist, stellt die Studie von *Riemann* (1974) dar, die die soziale Kontrolle der Sozialarbeiter über ihre Klienten durch eine Sprachanalyse überaus deutlich zu zeigen vermochte.

Vielleicht haben die Soziologen eine gewisse Mit-Schuld an der Stagnation der Randgruppenbewegung, weil sie eine Stigmatheorie konzipiert haben, die genau die Frage ausläßt, wie Stigmatisierte vom bloßen Stigmamanagement zur Befreiung aus den stigmatisierenden Bedingungen fortschreiten können?

# Anmerkungen

1 Die hier vorgelegten empirischen Materialien stammen weitgehend aus der vorzüglichen Untersuchung von *Höhmann* 1972, die vor allem Einstellungsdaten erhoben hat. Man kann jedoch nur bedingt von Einstellungen auf Stigmata schließen, und schon gar nicht auf Stigmatisierungsprozesse. Vergleiche hierzu auch den Beitrag von *Abele/Nowack* in diesem Sammelband, Teil 1.

2 Vgl. u. a. *Blume* 1960; *Adams* 1971; *Haag* 1971; *Iben* 1971; *Hess/Mechler* 1973, *Hess* 1973; *Albrecht* 1973 (a und b).

3 Vgl. dazu *Blume* 1960; *Haag* 1971; *Hess/Mechler* 1973; *Christiansen* 1973; *Zöllner* 1973; *Roth* 1974; *Albrecht* 1973 (a und b).

4 Vgl. dazu *Sack* 1968, 1969, 1972; *Becker* 1963; *Schur* 1974; *Lemert* 1951, 1967; *Albrecht* 1973 (c); *Keckeisen* 1974.

5 Vgl. *Schur* 1974; *Becker* 1963; etwas abweichend dazu jedoch *Lemert* 1967; siehe auch *Albrecht* 1973 (c), S. 781 f.

6 Kritisch ist z. B. die mangelnde Differenzierung zwischen hinreichenden und notwendigen Bedingungen für abweichende Definitionsprozesse, wie sie von *Mankoff* (1971) nachgewiesen wurde.

7 Vgl. zu dieser Kritik *Albrecht* (1973 c); *Keckeisen* 1974.

8 Vgl. zu den rechtlichen Problemen der Obdachlosigkeit *Adams* 1968, spez. S. 205–207; *Adams* 1968a.

9 Vgl. *Sack* 1972 sowie viele Nachweise bei *Albrecht*, Der Ertrag des Definitionsansatzes in der empirischen Forschung; unveröffentl. Manuskript, Bielefeld 1974.

10 Hierbei ist zu beachten, daß das, was hier als »Gründe« bezeichnet wird, Ergebnisse von rechtlich rekonstruierten bzw. besser konstruierten Tatbeständen sind, die zu den objektiven »Ursachen« in einer noch zu klärenden Beziehung stehen. Eine »Widerspiegelung« der objektiven Ursachen in der offiziellen rechtlichen Definition ist nicht unmöglich, aber auch nicht wahrscheinlich.

11 *Goffman* 1967; hier muß jedoch darauf hingewiesen werden, daß der Begriff Stigma unabhängig von *Goffman* auch von *J. u. E. Cumming* entwickelt worden ist. Sie führen dazu aus: »The word ›stigma‹ is often used to describe the way in which society stamps those who have been mentally ill. Its liberal meaning is ›a stain on one's good name‹, or a ›loss of reputation‹! Originally, the word refered to a mark placed on a slave or a prisoner as a sign of his status. Whether it is a visible mark or visible stain, stigma aquires its meaning through the emotion it generates within the person bearing it and the feeling and behaviour towards him of those affirming it. These two aspects of stigma are indivisible since they can each act as a cause or effect of the other . . . Either way, stigma, like other social definitions, is generated and reinforced in interaction« (1965 bzw. 1972, S. 449–450). Wichtige Notiz, S. 449: »As this research report was completed before the appearance of Erving Goffman's *Stigma*, no attempt will be made to relate the two different, but probably not incompatible, approaches to the problem«.

12 *Matza* 1971, S. 606, führt als Beleg u. a. *Miller* (1958) an. Für weitere Argumente zu diesem Punkt s. auch *Albrecht* 1969. Im übrigen müssen sich gerade engagierte Gesellschaftskritiker den Vorwurf gefallen lassen,

durch eine lange Tradition offensiver und stigmatisierender Termini für die in Rede stehende Bevölkerung die massive Unterdrückung dieses Teiles der Armen eher verschlimmert zu haben. So ist z. B. der Begriff des Lumpenproletariats (vgl. dazu *Marx* 1965, S. 673), trotz seiner weiten Verbreitung im marxistischen Sprachschatz nie ausreichend geklärt und entfaltet, von sehr problematischem Wert. Nach *Bucharin* (1925, S. 284 bis 290) steht das Lumpenproletariat außerhalb der gesellschaftlichen Arbeit und ist davon ausgeschlossen, eine revolutionäre Klasse zu sein, und zwar vor allem durch den Umstand, daß es keine produktive Arbeit leistet. Für Marxisten galt diese Schicht als fundamental reaktionär, als auch in revolutionären Situationen apathisch, als Handlanger der Bourgeoisie. *Bucharin* glaubte, im Lumpenproletariat Ruhelosigkeit, Disziplinlosigkeit, Haß gegen das Alte, aber gleichzeitig auch die Unfähigkeit, irgend etwas Neues zu schaffen, individualistische, deklassierte »Persönlichkeiten«, deren Handlungen lediglich auf albernen Launen basieren, finden zu können (1925, S. 290). Das Lumpenproletariat unterscheidet sich demnach in seiner ökonomischen Funktion vom Proletariat. Es besteht nicht aus der Industriearbeiterschaft, sondern aus einer heterogenen Masse von Gelegenheitsarbeitern, Landarbeitern, Handwerkern, Händlern und kleinen Dieben. Sie arbeiten in traditionellen und niedergehenden Berufen. Das Lumpenproletariat umfaßt Deklassierte aus allen Schichten. Durch diesen Hintergrund ist das Lumpenproletariat nur schwer zum politischen und ökonomischen Protest zu organisieren (vgl. *Matza* 1971, S. 628; *Albrecht* 1969). Wir sehen also, daß die Sozialwissenschaftler – auch solche mit gesellschaftskritischer Perspektive – durch ihre Theorien zweifellos eher zu einer Stützung von Stigmatisierungen durch die Gesellschaft beigetragen haben, statt sie abzubauen.

13 Vgl. dazu *Bergler* und *Six* 1972, S. 1394. Dieser Einwand gilt u. a. auch gegen die Art, wie wir hier die Daten *Höhmanns* (1972) verwenden, und auch gegen die Arbeit von *Lautmann* u. a. 1972.

14 Vgl. *Benninghaus* 1973; ferner: *La Piere* 1934; *Deutscher* 1969 und 1973.

15 Hier ist zu beachten, daß »Reaktionen« hier nicht *tatsächliches* Verhalten meinen, sondern verbal geäußerte Reaktionen auf *denkbare* soziale Situationen, soziale Objekte und soziale Handlungen.

16 Die Überschriften der Tabellen wurden leicht verändert.

17 Verwiesen sei auf umfangreiche empirische Studien von *L. Goodwin* (1972b), *J. Handler* (1972) und *S. Levitan* (1972), in denen nachgewiesen wird, daß die Stereotype der Bevölkerung über die Armen eklatant der Realität widersprechen und letztlich in ein einheitliches System der Ideologie des gesellschaftlichen status quo eingepaßt sind, dessen Funktion die Stabilisierung des status quo ist und dessen Realisierungsmittel die »Beschimpfung des Opfers« ist. Keiner hat dies so deutlich und gründlich nachgewiesen wie *W. Ryan* in seiner wichtigen Arbeit »Blaming the Victim« (1971).

18 Der ganze folgende Abschnitt orientiert sich weitgehendst an der zentralen Arbeit von *Scott* 1970.

19 Bisher zu wenig beachtet ist sicher auch die Tatsache, daß sich die hohe Verbreitung von Krankheiten bei Obdachlosen z. T. als Reaktionsbildung auf das sich selbst zugeschriebene Versagen – bedingt durch die individualistische Ideologie – erklären läßt (*Cole/Lejeune* 1972). Bei dieser Be-

trachtung darf man natürlich nicht übersehen, daß die z. T. katastrophalen äußeren Bedingungen die entscheidenden Ursachen für die häufige Erkrankung von Obdachlosen darstellen.

20 Vgl. dazu die Zusammenstellung und Diskussion der Argumente bei *Albrecht* 1974 (b).

21 M. E. ist das Scheitern dieser Bewegungen z. T. darin begründet, daß dabei sehr oft (nichtobdachlose) Intellektuelle als ideologische »Berater« die Obdachlosen – in völliger Fehleinschätzung des »revolutionären Potentials« – in gesellschaftstheoretische Positionen gedrängt haben, die die Möglichkeit der Fraktionierung der Obdachlosen durch die kommunale Verwaltung und Sozialarbeit erhöht haben, ohne zu dauerhafter Besserung der Situation der Obdachlosen zu führen.

# Literatur

*Abels, H./Keller, B.*, Obdachlose. Zur gesellschaftlichen Definition und Lage einer sozialen Randgruppe, Opladen 1974.

*Adams, U.*, Der Anspruch auf menschenwürdige Unterkunft. Ein Beitrag zu Rechtsfragen der Obdachlosenunterbringung, in: Nachrichtendienst des Deutschen Vereins für Öffentliche und Private Fürsorge, 1965 (a), S. 190–193.

*Adams, U.*, Eingliederungshilfe für Obdachlose. Ein Beitrag zum Problem der Sanierung von Obdachlosenunterkünften und Slums, in: Nachrichtendienst des Deutschen Vereins für Öffentliche und Private Fürsorge, 1965 (b), S. 398–403.

*Adams, U.*, Obdachlosenhilfe, in: Soziale Arbeit, 1968, S. 205–222.

*Adams, U.*, Nachhut der Gesellschaft, Freiburg 1971 (zuerst als Manuskript Römlinghoven 1966).

*Aich, P./Bujard, O.*, Soziale Arbeit, Beispiel Obdachlose. Eine kritische Analyse, Köln 1972.

*Albrecht, G.*, Die »Subkultur der Armut« und die Entwicklungsproblematik, in: *König, R.*, unter Mitarbeit von *Albrecht, G./Freund, W. S./Fröhlich, D.*, Hrsg., Aspekte der Entwicklungssoziologie, in: Kölner Zeitschrift für Soziologie und Sozialpsychologie, Sonderheft 13, Köln–Opladen 1969, S. 430–471.

*Albrecht, G.*, Soziologie der Obdachlosigkeit: Konsequenzen für die Praxis der Sozialarbeit, in: Neue Praxis, 1973 (a), S. 267–288.

*Albrecht, G.*, Obdachlose in Köln, Bericht über eine Längsschnittstudie, in: Arbeitskreis Junger Kriminologen, Hrsg., Randgruppenarbeit, Analysen und Projekte aus der Arbeit mit Obdachlosen, München 1973 (b), S. 29–58.

*Albrecht, G.*, Die »Erklärung« von Devianz durch die »Theorie« des

Symbolischen Interaktionismus – Neue Perspektiven und alte Fehler, in: *Albrecht, G./Daheim, H.-J./Sack, F.*, Hrsg., Soziologie ... Festschrift für René König, Opladen 1973 (c), S. 775–803.

*Albrecht, G.*, Stigmatisierung, in: *Kaiser, G./Sack, F./Schellhoss, H.*, Hrsg., Kleines Kriminologisches Wörterbuch, Freiburg 1974 (a), S. 318–322.

*Albrecht, G.*, Stigmatisierung und Obdachlosigkeit, unveröffentl. Manuskript, Bielefeld 1974 (b).

*Albrecht, G.*, Strukturen und Prozesse der Obdachlosigkeit, in Vorbereitung (erscheint 1976).

*Becker, H. S.*, Außenseiter. Zur Soziologie abweichenden Verhaltens, Frankfurt 1973; zuerst London 1963.

*Benninghaus, H.*, Soziale Einstellungen und soziales Verhalten. Zur Kritik des Attitüdenkonzeptes, in: Soziologie ... Festschrift für René König, hrsg. von *Albrecht, G./Daheim, H.-J./Sack, F.*, Opladen 1973, S. 671–707.

*Bergler, R./Six, B.*, Stereotype und Vorurteile, in: *C. F. Grauman* unter Mitwirkung von *Kruse, L./Kroner, B.*, Hrsg., Handbuch der Psychologie, Sozialpsychologie, 2. Halbband, Göttingen 1972, S. 1371–1432.

*Blume, O.*, Die Obdachlosen von Köln, Göttingen 1960.

*Brisch, U.*, Das Obdachlosenproblem, in: Nachrichtendienst des Deutschen Vereins für Öffentliche und Private Fürsorge, 1965, S. 47–50.

*Bucharin, N.*, Historical Materialism, New York 1925.

*Christiansen, U.*, Obdachlos weil arm. Gesellschaftliche Reaktionen auf die Armut, Gießen 1973.

*Cole, St./Lejeune, R.*, Illness and the Legitimation of Failure, in: American Sociological Review, 1972, S. 347–356.

*Cumming, J./Cumming, E.*, On the Stigma of Mental Illness; hier zitiert nach Wiederabdruck in: *Palmer, St./Linsky, A. S.*, Hrsg., Rebellion und Retreat, Columbus, Ohio, 1972, S. 449–461.

*Deutscher, I.*, Looking Backward: Case Studies on the Progress of Methodology in Sociological Research, in: American Sociologist, 1969, S. 35–41.

*Deutscher, I.*, What We say/What We Do, Glenview 1973.

*Goffman, E.*, Stigma. Über Techniken der Bewältigung beschädigter Identität, Frankfurt 1967; zuerst Englewood Cliffs, N. J., 1963.

*Goffman, E.*, Asylums: Essays on the Social Situation of Mental Patients and Other Inmates, Garden City, N. Y., 1961; deutsch Frankfurt 1973.

*Goodwin, L.*, How Suburban Families View the Work Orientations of the Welfare Poor: Problems in Social Stratification and Social Policy, in: Social Problems, 1972 (a), S. 337–348.

*Goodwin, L.*, Do the Poor Want to Work? A Social-Psychological Study of Work Orientations, Washington, D.C., 1972 (b).

*Haag, F.*, Wohnungslose Familien in Notunterkünften. Soziales Bezugsfeld und Verhaltensstrategien, München 1971.

*Handler, J. F.*, Reforming the Poor. Welfare Policy, Federalism, and Morality, New York–London 1972.

*Hess, H.*, Zur Soziologie der Obdachlosen: Elemente strukturellen Zwanges in der Reproduktion von Armut, in: *Hollstein, W./Meinhold, M.*, Hrsg., Sozialarbeit unter kapitalistischen Produktionsbedingungen, Frankfurt 1973, S. 153–166.

*Hess, H./Mechler, A.*, Ghetto ohne Mauern. Ein Bericht aus der Unterschicht, Frankfurt 1973.

*Höhmann, P.*, Zur Integration marginaler Gruppen. Eine Studie zum Vorfeld abweichenden Verhaltens, Bd. 1, Forschungsbericht, Manuskript, Regensburg 1973.

*Iben, G.*, Randgruppen der Gesellschaft. Untersuchungen über Sozialstatus und Erziehungsverhalten obdachloser Familien, München 1971.

*Jubel, B.*, Bildungschancen und Bildungswirklichkeit in sozialen Brennpunkten. Eine Untersuchung über die schulische Situation der Kinder aus Obdachlosensiedlungen in Köln-Höhenhaus, Hausarbeit an der Höheren Fachschule für Sozialarbeit, Köln 1970.

*Keckeisen, W.*, Die gesellschaftliche Definition abweichenden Verhaltens. Perspektiven und Grenzen des labeling approach, München 1974.

*Kerbo, H. R./Silberstein, F. B./Snizek, W. E.*, *Welfare* Recipients and System Blaming for Poverty, Paper Read at the Annual Meeting of the American Sociological Association, Montreal, August 1974.

*LaPiere, R. T.*, Attitudes versus Actions, in: Social Forces, 1934, S. 230–237.

*Lautmann, R./Schönhals-Abrahamson, M./Schönhals, M., Zur St*ruktur von Stigmata. Das Bild der Blinden und der Unehelichen, in: Kölner Zeitschrift für Soziologie und Sozialpsychologie, 1972, S. 83–100.

*Lemert, E. M.*, Social Pathology, New York 1951.

*Lemert, E. M.*, Human Deviance, Social Problems, and Social Control, Englewood Cliffs, N. J., 1967.

*Levitan, S. A./Rein, M./Marwick, D.*, Work and Welfare Go Together, Baltimore und London 1972.

*Mankoff, M.*, Societal Reaction and Career Deviance: A Critical Analysis, in: The Sociological Quarterly, 1971, S. 204–218.

*Marx, K.,* Das Kapital, Bd. 1, in: MEW, Bd. 23, Berlin 1965.

*Matza, D.,* Poverty and Disrepute, in: *Merton, R. K./Nisbet, R.,* Hrsg., Contemporary Social Problems, 3. Aufl., New York–Chicago–San Francisco–Atlanta 1971, S. 601–656.

*Miller, W. B.,* Lower-Class Culture as a Generating Milieu of Gang Delinquency, in: Journal of Social Issues, 1958, S. 5–19.

*Piven, F. F./Cloward, R. A.,* Regulating the Poor. The Functions of Public Welfare, New York 1971.

*Riemann, G.,* Soziale Kontrolle durch Sozialarbeit im Verlauf sprachlicher Interaktionen zwischen Sozialarbeitern und obdachlosen Klienten, Referat Bielefeld 1974.

*Roth, J.,* Armut in der Bundesrepublik. Über psychische und materielle Verelendung, Frankfurt 1974.

*Ryan, W.,* Blaming the Victim, New York 1971.

*Sack, F.,* Neue Perspektiven in der Kriminologie, in: *Sack, F./König, R.,* Hrsg., Kriminalsoziologie, Frankfurt/M., 1968, S. 431–475.

*Sack, F.,* Probleme der Kriminalsoziologie, in: *König, R.,* Hrsg., Handbuch der empirischen Sozialforschung, Bd. 2, Stuttgart 1969, S. 961–1049.

*Sack, F.,* Definition von Kriminalität als politisches Handeln: der labeling approach, in: Kriminologisches Journal, 1972, S. 3–31.

*Schervish, P. G.,* The Labeling Perspective: Its Bias and Potential in the Study of Political Deviance, in: American Sociologist, Bd. 1973, S. 47–57.

*Schur, E. M.,* Abweichendes Verhalten und Soziale Kontrolle, Frankfurt 1974; zuerst als: Labeling Deviant Behavior, Its Sociological Implications, New York–Evanston 1971.

*Schwarz, D./Weidner, A.,* Die soziale Situation Obdachloser, in: Kritische Justiz, Heft 4, 1970, S. 406–414.

*Scott, R. A.,* The Construction of Conceptions of Stigma by Professional Experts, in: *Douglas, D.,* Hrsg., Deviance and Respectability. The Social Construction of Moral Meanings, New York–London 1970, S. 255–290.

Statistische Berichte des Landesamtes für Datenverarbeitung und Statistik Nordrhein-Westfalen, F II/s–g/74.

*Sykes, G. M./Matza, D.,* Techniken der Neutralisierung: Eine Theorie der Delinquenz, in: *Sack, F./König, R.,* Hrsg., Kriminalsoziologie, Frankfurt 1968, S. 360–371.

*Zöllner,* Obdachlos durch Wohnungsnot, Reinbek 1973.

Hans-Joachim Pohl

# Stigmatisierung älterer Arbeitnehmer im Industriebetrieb

Mit Prozessen, an deren Anfang soziale Definitionen stehen, befassen sich die Sozialwissenschaften – vorwiegend in den Bereichen der Kriminal- und der Medizinsoziologie – erst seit relativ kurzer Zeit. Durch derartige Definitionen werden den Trägern bestimmter Merkmale – etwa Geisteskranken, Körperbehinderten, Sonderschülern, Ausländern – zusätzlich sozial diskreditierende Eigenschaften zugeschrieben, die eine Stigmatisierung dieser gesellschaftlichen Gruppen bedeuten und gesellschaftliche Ausgliederungsprozesse zur Folge haben. Es handelt sich also nicht um individuelle Eigenschaften bei den Angehörigen der betroffenen Gruppen, sondern vielmehr darum, daß vorhandene Merkmale in bestimmter Weise bewertet werden.

In der vorliegenden Arbeit wird der Versuch unternommen, den Erklärungswert dieses Forschungsansatzes auch für die Berufschancen von Arbeitnehmern unterschiedlichen Alters in Industriebetrieben nachzuweisen. Es wird davon ausgegangen, daß die Berufsausgliederung älterer Arbeitnehmer, die in den Arbeitslosenstatistiken deutlich sichtbar ist [1]*, auf einem gesellschaftlichen Prozeß beruht, der durch soziale Definitionen in Gang gesetzt wird. In diesem Zusammenhang stellt die berufliche Leistungsfähigkeit ein zentrales Element dar, da Arbeitnehmer nur dann ihre Berufsposition und ihr Berufsprestige erhalten können und außerdem bei der gegenwärtigen Bedeutung des Berufs in unserer Gesellschaft nur dann als vollwertige Mitglieder dieser Gesellschaft anerkannt werden, wenn ihnen die volle Leistungsfähigkeit zuerkannt wird. Ihre Aberkennung wird demnach eine Berufsausgliederung und auch eine Abwertung in außerberuflichen Beziehungen zur Folge haben.

In den folgenden Ausführungen wird zu Beginn das aus einer Vielzahl von Einzelmerkmalen bestehende Bild [2], das Personalleiter und andere Führungskräfte eines Industriebetriebes von alternden Arbeitnehmern haben, gekennzeichnet und auf diskreditierende Merkmale untersucht. Die anschließenden Ausführungen behandeln das aus der Zuschreibung von Merkmalen resultierende Verhalten gegenüber den Betroffenen bzw. den Einfluß der Merkmalszuschreibungen auf per-

* Anmerkungen s. S. 121

sonelle Entscheidungen der Unternehmens- und Personalleitungen. Im darauf folgenden Abschnitt werden wir uns speziell mit dem Merkmal der beruflichen Leistungsfähigkeit als dem zentralen Element der beruflichen Statuszuweisung und dessen Zusammenhang mit dem Lebensalter befassen. Zuletzt werden die Möglichkeiten des Eindringens von Leistungssubstituten, wie sie nicht real vorhandene, sondern lediglich zugeschriebene Merkmale darstellen, in die betriebliche Leistungsbewertung behandelt.

## 1. Stereotype Vorstellungen über ältere Arbeitnehmer

Das Lebensalter stellt im Bewußtsein der Bevölkerung nicht nur eine Sozialkategorie dar. Jugend und Alter sind vielmehr mit einer Vielzahl von Vorstellungen verknüpft, die detaillierte Stereotype ergeben. Wenn das Altersstereotyp unter dem Aspekt der beruflichen Tätigkeit betrachtet wird, geraten spezielle Merkmale in den Blick. Das höhere kalendarische Alter wird dabei in bestimmter Weise negativ definiert. Den Angehörigen dieser Sozialkategorie werden u. a. die Eigenschaften abnehmende berufliche Leistungsfähigkeit sowie abnehmende Umstellungs- und Anpassungsfähigkeit zugeschrieben.

Aus neueren empirischen Untersuchungen lassen sich auch verschiedene Hinweise auf das Altersbild [3] der betrieblichen Entscheidungsträger, das in die Definition der Berufsrolle der älteren Arbeitnehmer eingeht, entnehmen. So kommt eine Untersuchung der WEMA (1970, S. 28 ff.), bei der Firmeninhaber und Personalleiter nach ihren Vorstellungen über die Angehörigen der einzelnen Altersgruppen befragt werden, zu folgendem Ergebnis:

– Die Bewältigung von Anpassungsproblemen sowie Fragen der beruflichen Weiterbildung und Umschulung, die im Zuge der technischen und organisatorischen Veränderungen immer häufiger einer Lösung bedürfen, werden älteren Arbeitskräften am wenigsten und jüngeren am ehesten zugetraut.
– Auch die Merkmale physische und psychische Leistungsfähigkeit, Selbstvertrauen, Dynamik und Initiative werden den jüngeren, nicht jedoch den älteren Arbeitskräften zugeschrieben.
– Häufiger bei älteren als bei jüngeren Arbeitskräften werden dafür die Merkmale Zuverlässigkeit und Pünktlichkeit, Verantwortungsbewußtsein sowie die Fähigkeit, für den Betriebsfrieden zu sorgen, erwartet.

– Auch die negativen Merkmale Anfälligkeit für Krankheiten, Unsicherheit und die Merkmale Angst vor beruflichem Abstieg und Angst vor Entlassung werden häufiger bei älteren als bei jüngeren Arbeitskräften unterstellt.

Ein Vergleich der Merkmale, wie sie bei jüngeren und bei älteren Arbeitskräften erwartet werden, läßt die positivere Tönung des Bildes der Jüngeren hinsichtlich der beruflichen Leistungsfähigkeit im weiteren Sinne und damit ihre berufliche Höhereinschätzung sichtbar werden.

Allerdings bestehen unterschiedliche Vorstellungen darüber, wer in seiner beruflichen Tätigkeit als älterer Arbeitnehmer anzusehen ist. Ein erstes Kriterium dafür bildet das kalendarische Alter. 67 % der in einer empirischen Untersuchung (WEMA 1970, S. 18) befragten Arbeitgeber bezeichneten als untere Grenze für die Zugehörigkeit zur Gruppe der älteren Arbeitnehmer ein Alter zwischen 50 und 60 Jahren, 13 % machten Altersangaben unter 50 Jahren und 17 % zählten nur Personen über 60 Jahren zu dieser Gruppe. In einer anderen Untersuchung (DGFP 1971, S. 12 ff.) wurde am häufigsten ein Alter von 55 Jahren als Beginn der Zugehörigkeit zur Gruppe der älteren Arbeitnehmer genannt. In einer dritten Untersuchung (INSTRE 1974, S. 54) bewegten sich die Altersangaben zwischen 40 und 63 Jahren. Diese Ergebnisse verdeutlichen gleichzeitig die Unzulänglichkeit des kalendarischen Alters als alleiniges Kriterium für die Zuordnung von Arbeitnehmern zum Typus der älteren Arbeitnehmer. Als weitere Kriterien werden deshalb in der betrieblichen Praxis Art und Umfang der Arbeitsplatzanforderungen verwendet. Starke Belastungen physischer oder psychischer Natur haben an verschiedenen Arbeitsplätzen zur Entstehung eines funktionsabhängigen Altersbildes geführt. Allerdings ermöglichen die Ergebnisse der vorliegenden empirischen Untersuchungen keine differenzierten Aussagen, da Altershöchstgrenzen, bezogen auf die Arbeitsanforderungen, nur für wenige Berufe genannt werden. Generell läßt sich aber sagen, daß Arbeitnehmer in Berufen mit relativ hohen physischen oder psychischen Anforderungen oder in Berufen, deren Anforderungen einem raschen Wandel unterliegen, früher zum Typus des älteren Arbeitnehmers gezählt werden als die Angehörigen anderer Berufe. Dieser Zuordnung können die Arbeitnehmer jedoch entgehen, wenn sie selbst die Entscheidungs- und Definitionsmacht darüber haben, wer zum Typus des älteren Arbeitnehmers zu zählen ist, oder wenn die Erfüllung der Anforderungen ihrer Arbeitsrolle von anderen Positionen aus kaum zu überblicken ist. Diese Bedingungen sind dann gegeben, wenn Arbeitnehmer

a) relativ große Anweisungs- oder Entscheidungsbefugnisse haben,
b) sie vornehmlich die Arbeitsleistungen anderer bewerten, während ihre eigenen Leistungen nur von relativ wenigen bewertet werden und sie
c) einen relativ großen Handlungsspielraum besitzen, der gleichzeitig die Möglichkeit beinhaltet, Aufgaben zu delegieren.

Die aufgezählten Merkmale kennzeichnen am ehesten die Rollen der Angehörigen qualifizierterer Berufsgruppen [4], weshalb auch davon ausgegangen werden kann, daß die Angehörigen dieser Berufsgruppen, die häufig gleichzeitig den oberen sozialen Schichten angehören, die besseren Aussichten haben, einer Zuordnung zum Typus des älteren Arbeitnehmers zu entgehen.


## 2. Der Einfluß des Altersstereotyps bei personellen Entscheidungen

Relativ wenig empirisches Material liegt darüber vor, inwieweit stereotype Vorstellungen über den Typus des älteren Arbeitnehmers – zu denen die Merkmale Zuverlässigkeit, Erfahrung, Betriebstreue und Gewissenhaftigkeit ebenso gehören wie Unsicherheit, verlangsamte Reaktionsfähigkeit, geringe physische und psychische Leistungsfähigkeit, geringe Lern- und Umstellungsfähigkeit – in konkrete personelle Entscheidungen in Industriebetrieben einfließen bzw. das Verhalten der betrieblichen Führungskräfte beeinflussen. Dennoch lassen sich in verschiedenen Untersuchungen Beispiele dafür aufzeigen, daß das höhere Lebensalter und die damit verbundenen Merkmalszuschreibungen zu innerbetrieblichen Selektionsprozessen bis hin zur beruflichen Ausgliederung (Entlassung) führen.

– *Beispiel I:* In einem Betrieb wurde eine alte Anlage stillgelegt und eine neue, weitgehend automatisierte Anlage mit geringerem Arbeitskräftebedarf in Betrieb genommen. Von der Unternehmensleitung wurde eine »Personalsteuerungsstelle« eingesetzt, die die personellen Erfordernisse der neuen Anlage mit dem vorhandenen Arbeitskräftepotential verglich. Generell wurden Arbeitskräfte über 45 Jahre von der alten Anlage nicht übernommen, da die Angehörigen der »Personalsteuerungsstelle« zu der Ansicht gekommen waren, daß diese Arbeitskräfte nicht mehr in der Lage seien, sich auf die neuen Tätigkeiten umzustellen. Ihnen wurden zwar ebenfalls andere Arbeitsplätze gegeben, die aber »leichter« und von untergeordneter Bedeutung waren. Der bisherige Lohn ausschließlich verschiedener Zuschläge und Zulagen wurde für 90 bzw. 180 Stunden weitergezahlt. Danach wurde die der geringerwertigen Abeit entsprechende Entlohnung gezahlt (RKW 1969, S. 61 ff. und Betriebsvereinbarung von 1967).

– *Beispiel II:* In untersuchten Walzwerken entstanden bei Inbetriebnahme neuer Anlagen Probleme für ältere Arbeitnehmer, indem sie zwar überwiegend auf die neuen Anlagen übernommen wurden, dabei aber einen beruflichen Abstieg in Kauf nehmen mußten. Ältere Meister, vorwiegeend die zu Meistern aufgestiegenen ehemaligen Walzer, wurden teilweise vorzeitig pensioniert, da ihre Umstellungsfähigkeit als zu gering erachtet wurde (EGKS 1966, S. 57 und 76).

– *Beispiel III:* In mehreren untersuchten Betrieben befürworteten die jeweiligen Vorgesetzten nicht die Teilnahme älterer Mitarbeiter an Schulungskursen, da deren Lernfähigkeit als zu gering eingeschätzt wurde. Diese Entscheidung gewinnt noch dadurch an Gewicht, daß bildungswillige Betriebsangehörige sich in einigen Betrieben nicht selbst für einen betrieblichen Lehrgang anmelden können, sondern von ihren Vorgesetzten vorgeschlagen werden müssen. Personen mit abgeschlossener Lehre haben nach Angaben der befragten Personal- und Schulungsleiter gegenüber un- und angelernten Kräften die besseren Chancen, einen Schulungskurs erfolgreich zu absolvieren und auch zur Teilnahme vorgeschlagen zu werden (RKW 1969, S. 60).

– *Beispiel IV:* In einem Betrieb wurden verschiedene Arbeitsplätze zwecks Betriebsverkleinerung aufgelöst. Die auf diesen Plätzen arbeitenden, durchweg jüngeren Arbeitskräfte wurden nicht entlassen. Dagegen wurden Arbeitskräfte (59 Jahre und älter), die nach einjähriger Arbeitslosigkeit die Möglichkeit haben, in den Ruhestand zu treten, im Rahmen eines Sozialplanes entlassen, wodurch gleichzeitig eine Senkung des Durchschnittsalters der Belegschaft erreicht wurde. Auf den dadurch freiwerdenden Arbeitsplätzen wurden die jüngeren Belegschaftsmitglieder eingearbeitet. Der Betrieb nahm hierbei bewußt eine vorübergehende Einschränkung der Produktivität in Kauf, da nach Auskunft der Personalleitung die älteren Arbeitskräfte ihre Arbeitsplätze voll ausfüllten. Die Vorteile dieser Regelung wurden in einer langfristig höheren Arbeitsleistung der jüngeren Arbeitskräfte und in einer Verringerung des Krankheitsrisikos gesehen (Forschungsinstitut für Sozialpolitik 1969, S. 225).

Die Aufzählung derartiger Beispiele ließe sich mit Sicherheit beliebig fortsetzen, wenn man die vorliegenden betrieblichen Dokumente (Betriebsvereinbarungen, Sozialpläne, Firmenberichte usw.) auswerten und/oder die zuständigen Führungskräfte der Betriebe daraufhin befragen würde. Bereits aus den bisher angeführten Beispielen wird jedoch deutlich, daß erstens der Status als älterer Arbeitnehmer in der Weise durchgesetzt wird, daß Arbeitnehmer von den betrieblichen Führungskräften als ältere gekennzeichnet werden. Diese Kennzeichnung erfolgt dadurch, daß bei personellen Entscheidungen die Typisierung als älterer Arbeitnehmer als Auswahlkriterium herangezogen wird und zur Bezeichnung geringer Umstellungs-, Lern- und Leistungsfähigkeit sowie eines schlechten Gesundheitszustandes dient.

Diese Typisierung würde dann noch lückenloser und rigider, wenn Maßnahmen wie finanzielle Zuschüsse bzw. Steuererleichterungen als Belohnung für die Beschäftigung älterer Arbeitskräfte und die immer wieder diskutierte Pflicht zur Beschäftigung dieses Personenkreises realisiert würden, da dies für die Betriebsleitungen Anlässe sind, den Kreis der älteren Arbeitnehmer möglichst weit zu fassen. Zweitens wird aus den Beispielen ersichtlich, daß Arbeitnehmer unter Hinweis auf ihre Zugehörigkeit zum Typ des älteren Arbeitnehmers durch entsprechende Maßnahmen in ihrer Teilhabe an betrieblichen Vorgängen und Veränderungen eingeschränkt werden. Auf der Basis des vorliegenden Materials läßt sich festhalten, daß eine Stigmatisierung als älterer Arbeitnehmer bei personellen Veränderungen in Industriebetrieben in der Zuweisung »leichterer« Arbeitsplätze, die häufig mit Einkommenseinbußen verbunden sind, durch das Fernhalten von Bildungsmaßnahmen oder in der vorübergehenden und/oder dauernden beruflichen Ausgliederung (Entlassung) mit der Möglichkeit eines vorzeitigen Rentenbezuges ihren Niederschlag findet. Unmittelbar daraus ergeben sich ökonomische Probleme, da alle diese Vorgänge sofort oder längerfristig gesehen zu Einkommenseinbußen führen. Die besonders von der Stigmatisierung betroffenen Angehörigen weniger qualifizierter Berufe spüren die finanziellen Folgen um so deutlicher, als ihre ökonomische Lage ohnehin schon problematisch ist.

Eine Sonderstellung nehmen Stigmatisierungsvorgänge bei der Wiedereingliederung von älteren Arbeitslosen ein, da hier der Negativstatus als älterer Arbeitnehmer noch durch die negativ bewertete Arbeitslosigkeit verstärkt wird. In der BRD haben ältere Arbeitslose seit etwa 20 Jahren mehr oder weniger große Schwierigkeiten, einen Arbeitsplatz zu finden. Waren hiervon in den 50er Jahren verstärkt die älteren Angestellten betroffen (*Arnold/Berger* 1955, S. 10), so glich sich dieser Nachteil in den 60er Jahren in etwa aus und betrifft heute ältere Arbeiter stärker als ältere Angestellte (ANBA 19/4, S. 114). Bei der Mehrzahl der Unternehmer und Personalleiter besteht im Falle eines Personalbedarfs eine offensichtliche Abneigung, ältere Arbeitslose einzustellen. Dies geht auch aus den verschiedentlich analysierten Stellenanzeigen hervor, die häufig Altershöchstgrenzen für die Einstellung nennen. *Sobel* und *Wilcock* (o. J., S. 30) kamen aufgrund ihrer Untersuchungen zu dem Ergebnis, daß in den meisten Industrieländern die Obergrenzen zwischen 40 und 45 Jahren liegen.

Als wesentlichstes Hemmnis, das einer Vermittlung älterer Arbeitsloser entgegensteht, erweisen sich nach den Angaben der von *Hof-*

*bauer/Bintig/Dadzio* (1968, S. 375) befragten Vermittler die gesundheitlichen Einschränkungen, wie sie bei älteren Arbeitslosen tatsächlich vorliegen, oder wie sie von den Personalleitungen lediglich vermutet werden. Daß dieses vornehmlich bei älteren Arbeitern genannte Vermittlungshemmnis allerdings häufig nur das Kriterium »Lebensalter« verdeckt, wird beim Vergleich mit älteren Angestellten, bei denen der Gesundheitszustand innerhalb gewisser Grenzen nur eine sekundäre Rolle spielt, deutlich. Auch diese Arbeitnehmergruppen erhalten nur schwer neue berufliche Stellungen, jedoch wird bei ihnen als Vermittlungshemmnis statt des Merkmals »gesundheitliche Einschränkung« direkt das Lebensalter genannt. Schon früher ermittelte *Meis* (1953, S. 24), daß das Vermittlungshemmnis »Krankheit« keineswegs mit eingeschränkter Arbeitsfähigkeit oder gar Arbeitsunfähigkeit gleichzusetzen sei. Dieses Hemmnis werde von den Personalabteilungen selbst dann genannt, wenn zwar frühere Arbeitsverhältnisse aus Krankheitsgründen gelöst wurden, gegenwärtig aber keine gesundheitliche Einschränkung bestehe.

Als weiteres Vermittlungshemmnis ist eine geringe berufliche Qualifikation wirksam. *Sobel* und *Wilcock* (o. J., S. 30) berichteten, daß für Facharbeiter in Stellenanzeigen kaum, dagegen für wenig qualifizierte Arbeitskräfte sehr häufig und außerdem sehr niedrige Altershöchstgrenzen vorgegeben werden. Die Untersuchungen des SAB-Institut (1971, S. 103) und des Forschungsinstituts für Sozialpolitik (1969, S. 221 f.) kamen sogar zu dem Ergebnis, daß ältere Arbeitskräfte mit nur geringen beruflichen Qualifikationen nahezu überhaupt nicht gesucht oder eingestellt werden. Arbeitsplätze mit hohen körperlichen Anforderungen werden ihnen gar nicht erst zugemutet, und Arbeitsplätze mit körperlich leichteren Anforderungen wie Pförtner etc., für die ohnehin die Nachfrage durch betriebsinterne Bewerber größer ist als das Angebot, werden innerbetrieblich besetzt.

Zusätzliche Vermittlungshemmnisse entstehen schließlich durch das Senioritätsprinzip. In Betrieben, in denen dieses Prinzip Geltung besitzt, haben ältere Belegschaftsmitglieder einen relativ guten Schutz vor innerbetrieblicher Abwertung und auch vor beruflicher Ausgliederung. Ein relativ hohes Durchschnittsalter ist die Folge. Da dieser Tatbestand aufgrund des beschriebenen Stigmas üblicherweise von den Personalleitungen als Nachteil gewertet wird, versuchen diese gerade bei Neueinstellungen, die Altersstruktur der Belegschaft zu jüngeren Jahrgängen hin zu verschieben. Nachteilig für ältere Arbeitslose wirkt sich auch aus, daß neueingestellte Arbeitnehmer überwiegend nur Anfangsstellungen mit entsprechend schlechter Bezahlung erhalten, was gerade für Ältere – sofern sie überhaupt eingestellt werden – Einkommenseinbußen und beruflichen Abstieg zur Folge hat. Das Senioritätsprinzip, das einerseits positive Auswirkungen auf die Beschäftigungssituation älterer Betriebsangehöriger hat, verschlechtert damit andererseits zusätzlich die Vermittlungsmöglichkeiten der älteren Arbeitslosen.

Die angeführten Vermittlungshemmnisse verdeutlichen, daß unter mehreren Bewerbern derjenige Arbeitnehmer die besten Aussichten auf einen Arbeitsplatz hat, der den geringsten Negativstatus aufweist. Ein Arbeitsloser wird gegenüber einem Arbeitnehmer in ungekündigter Stellung im Nachteil sein, wofür schon als Indiz gelten kann, daß in Stellungsgesuchen relativ häufig das Merkmal »in ungekündigter Stellung« neben den vorhandenen Kenntnissen und Fähigkeiten als Vorzug angeführt wird. Befindet sich der Arbeitslose darüber hinaus noch in einem höheren Lebensalter, so wird dies seine Wettbewerbsstellung hinsichtlich des Arbeitsplatzes weiter verschlechtern. Vereinigt er zusätzlich noch die Merkmale »geringe schulische und berufliche Bildung« auf sich, gilt er in den meisten Fällen als unvermittelbar [5]. Dies läßt auch den Schluß zu, daß Stigmatisierte aus unteren sozialen Schichten von der Gesellschaft stärker abgelehnt werden, Stigmata also schichtspezifisch wirken (*Lautmann/Schönhals-Abrahamsohn/Schönhals* 1972, S. 97).

In einzelnen Untersuchungen werden freilich auch Arbeitsbereiche angesprochen, in denen aus Altersgründen stigmatisierte Arbeitnehmer relativ gute Vermittlungs- und Beschäftigungsaussichten haben.

– *Beispiel I:* In einem Industriebetrieb werden für verschiedene Facharbeiterpositionen Arbeitskräfte bis zum Alter von 60 Jahren gesucht. Es handelt sich dabei um Stellungen in der Lagerverwaltung und ähnliche Tätigkeiten. In diesen Produktionsbereichen ist nach Auskunft der befragten Personalleiter kaum Akkordarbeit, die Ältere möglicherweise nicht mehr verrichten wollen oder können, möglich, und deshalb liege der durchschnittliche Verdienst auch relativ niedrig (Forschungsinstitut für Sozialpolitik 1969, S. 222).

– *Beispiel II:* In einem Betrieb sind Arbeitsplätze mit nur geringen bzw. ohne Aufstiegsmöglichkeiten zu besetzen. Für diese Tätigkeiten (z. B. Sachbearbeiterpositionen für kaufmännische Angestellte) werden jüngere Arbeitskräfte weniger gern eingestellt, da die Erfahrung gemacht wurde, daß diese nach 2 oder 3 Jahren zu anderen Arbeitsplätzen mit besseren Aufstiegsmöglichkeiten abwandern. Gesucht werden deshalb Angestellte im Alter zwischen 50 und 55 Jahren, die noch 10 bis 15 Jahre die betreffenden Positionen ausfüllen können (Forschungsinstitut für Sozialpolitik 1969, S. 222).

– *Beispiel III:* Vor allem Kleinbetriebe haben einen ungedeckten Bedarf an qualifizierten Arbeitskräften und sind folglich auch eher als Großbetriebe bereit, ältere oder behinderte Arbeitskräfte einzustellen. Nicht die bessere Einschätzung der Fähigkeiten Älterer, sondern der größere Mangel an Fachkräften gegenüber den attraktiveren Großbetrieben vebessert damit die Beschäftigungsaussichten älterer Arbeitsloser (SAB-Institut 1971, S. 121 f.).

Diese Beispiele lassen erwarten, daß für ältere Arbeitnehmer nur dann günstigere Vermittlungsaussichten bestehen, wenn sie eine Tätigkeit an weniger attraktiven Arbeitsplätzen (geringer Verdienst, geringe Aufstiegsmöglichkeiten) oder in weniger attraktiven Betrieben (Kleinbetrieben) in Kauf nehmen oder während einer konjunkturell oder auch partiell angespannten Arbeitsmarktlage anstreben. Die günstigeren Beschäftigungsaussichten resultieren dann allerdings nicht aus einer positiveren Bewertung der älteren Arbeitskräfte, sondern aus einer generellen, einer regionalen oder auf Einzelsituationen beschränkten Mangelsituation am Arbeitsmarkt.

## 3. Lebensalter und Leistungsfähigkeit

Da also Arbeitnehmer aufgrund ihres Lebensalters und der damit verbundenen Zuschreibung geringerer beruflicher Leistungsfähigkeit stigmatisiert werden, gewinnt die Frage an Bedeutung, ob die zugeschriebenen Merkmale bei alternden Arbeitnehmern tatsächlich vorhanden sind, bzw. ob zunehmendes Lebensalter für abnehmende Leistungsfähigkeit ursächlich ist. Lange Zeit war das sog. Defizit-Modell der Leistungsfähigkeit herrschende Meinung. Dieses besagt, daß die geistigen und körperlichen Fähigkeiten eines Menschen mit zunehmendem Lebensalter einen Höhepunkt erreichen und danach einer kontinuierlichen Abnahme unterliegen. Aus einer größeren Zahl neuerer Forschungsergebnisse ist jedoch erkennbar, daß das kalendarische Alter hinsichtlich der im Beruf erforderlichen physischen und psychischen Fähigkeiten nur eine untergeordnete Einflußgröße darstellt. Die Abnahme dieser Fähigkeiten wird vielmehr durch eine Vielzahl von Faktoren ausgelöst, die Angehörige bestimmter Altersgruppen, Teilgruppen der Bevölkerung oder auch nur einzelne Individuen betreffen [6]. So sind ältere Menschen mit gutem Gesundheitszustand leistungsfähiger als ältere Menschen mit schlechtem Gesundheitszustand. Eine gute Schulbildung, eine qualifizierte berufliche Tätigkeit und berufliche Stellung, berufliches Training, geringe Arbeitsbelastungen und ein hohes Begabungsniveau sind empirisch geprüfte Faktoren mit positiver Wirkung auf die Fähigkeiten älterer Menschen. Auch die jeweilige ökonomische Situation sowie Umgebungsfaktoren konnten als Einflüsse nachgewiesen werden, wobei vergangene und gegenwärtige Ansprüche und Verhaltenserwartungen zusammenwirken. Als ebenfalls wirksame Einflußgrößen sind die für eine bestimmte Leistung verfügbare Zeit und schließlich auch die Motivstruktur anzusehen. Damit kann als erwiesen gelten, daß die dem Typus »älterer Arbeitnehmer« zugeschriebene abnehmende Leistungsfähigkeit einmal häufig auf andere Faktoren als zunehmendes Lebensalter zurückgeführt werden kann, und zum anderen beim Fehlen dieser Einflüsse die volle Leistungsfähigkeit vorhanden sein kann. Diese Untersuchungsergebnisse führen zu der Forderung, die häufig angenommene Eindimensionalität der Beziehung von Lebensalter und Leistungsfähigkeit durch ein mehrdimensionales Bezugssystem abzulösen, das allerdings von erheblich größerer Komplexität sein würde.

Es darf jedoch nicht übersehen werden, daß aus zugeschriebenen Eigenschaften durchaus tatsächliche werden können. Dies ist z. B. dann der Fall, wenn die Vorstellungen über den Verfall von Fähigkeiten mit in die Verhaltenserwartungen gegenüber älteren Arbeitnehmern eingehen und diese daher nur noch begrenzten Leistungszumutungen ausgesetzt sind, wenn sie beispielsweise nicht mehr zur Teilnahme an Fortbildungskursen aufgefordert, an neuen Maschinen eingearbeitet oder mit neuen Arbeitstechniken vertraut gemacht werden, wenn also »lernen« und »einarbeiten« ausschließlich den Jüngeren vorbehalten bleiben. Die Folge wird – ganz im Sinne einer »self-fulfilling-prophecy« – sein, daß geringere Leistungszumutungen tatsächlich geringere Leistungsfähigkeit hervorrufen. Auf diese Weise bestätigen sich negative Zuschreibungen gleichsam von selbst.

## 4. Leistungssubstitute und betriebliche Statuszuweisung

Bisher ist die Frage unerörtert geblieben, wie die mit dem Merkmal »Lebensalter« verbundene Zuschreibung geringerer Leistungsfähigkeit Eingang in die betriebliche Leistungsbewertung finden kann – und zwar trotz der Tatsache, daß eine Abnahme beruflicher Leistungsfähigkeit wesentlich von anderen Faktoren als dem Lebensalter bestimmt wird. Die Klärung dieser Frage ist vor allem deshalb von Bedeutung, weil nach dem in den Industriegesellschaften propagierten Leistungsprinzip beruflicher Status durch Leistung zu erwerben ist und eine an diesem Prinzip orientierte Zuweisung von Berufspositionen die genaue Erfassung der tatsächlichen Leistungsfähigkeit voraussetzt.

Schon relativ früh erörterte *Dahrendorf* den Beziehungszusammenhang zwischen Leistung und Status und erkannte, daß durch die technologische Entwicklung an vielen Arbeitsplätzen Anforderungen entstanden sind, die nicht durch technische Leistungsmaßstäbe erfaßbar sind: »Wenn wir uns die Prinzipien moderner Arbeitsplatzbewertung ansehen und diese als Index der herrschenden Auffassung industrieller Fertigkeiten verstehen, so finden wir hier fast durchweg neben funktionalen Qualifikationsanforderungen wie Fachkenntnissen und Geschicklichkeit auch gewissermaßen meta-technische oder extra-funktionale ... Fertigkeiten wie Verantwortung für Betriebsmittel und Erzeugnisse oder für Sicherheit anderer« (1956, S. 552). Diese Zweiteilung der Qualifikationsanforderungen verwendete auch *Weinstock* (1963, S. 145), der zwischen zentralen und peripheren Rollenelementen differenzierte. Am ausführlichsten beschäftigte sich *Offe* mit der Bedeutung der peripheren oder extra-funktionalen Elemente der Arbeitsrolle. Er unterscheidet zwei Klassen von Regeln, aus denen sich die Arbeitsrolle zusammensetzt (1970, S. 29) [7]:
– Technische Umgangs- oder Verfahrensregeln und
– normative Orientierungen (regulative Normen und extra-funktionale Orientierungen).
Diese Elemente der Arbeitsrolle können – so *Offe* – auf einem Kontinuum dargestellt werden, an dessen einem Pol die funktionalen und an dessen anderem Pol die funktional irrelevanten Regeln angesiedelt sind. Die zunehmende Bedeutung der normativen Orientierungen für die Leistungsbeurteilung ergibt sich zum einen dadurch, daß in den heutigen Industriebetrieben eine Entwicklungstendenz zu einer diskontinuierlichen Qualifikationsstruktur besteht (die Regeln der Arbeitsrolle eines Arbeitnehmers gehen nur noch zum Teil in die seines Vorgesetzten ein), und damit die vertikale Demonstrationschance individuellen Arbeitsvermögens (Sichtbarmachung beruflicher Leistungsfähigkeit gegenüber den Vorgesetzten) eingeschränkt ist. Zum anderen verringert sich ständig der initiative Einfluß auf das Arbeitsergebnis (Möglichkeit, das Arbeitstempo, die Beschaffenheit des Produktes, die Ausstoßmenge usw. selbst zu bestimmen) zugunsten eines lediglich präventiven Einflusses (Möglichkeit, innerhalb eines bestimmten institutionellen Rahmens Unterlassungen und Fehler zu begehen, die die Erfüllung von Arbeitsaufgaben verhindern oder verhindern könnten), wobei die Möglichkeit individueller Zurechenbarkeit von Arbeitsleistungen abnimmt. Die individuelle Zurechenbarkeit und die vertikale Demonstrationschance sind aber Voraussetzungen für leistungsentsprechende Statuszuweisung. Sind diese Voraussetzungen

nicht erfüllt, entsteht ein »Legitimitätsvakuum«, in das Leistungssubstitute eindringen. Zu diesen – vom Kern der Arbeitsleistung oft weit entfernten – Substituten zählen neben organisationsextern erworbenen Leistungssymbolen und Herkunftskriterien auch alle in der Gesellschaft existierenden zugeschriebenen Merkmale einzelner Gruppen, durch die sich »die ehemals vielleicht rationale Legitimation von Status durch Leistung... in eine autoritäre Diskriminierung oder Privilegierung kultureller Gruppen« verwandelt (*Offe* 1970, S. 33).

Diese Mängel des Leistungsprinzips haben für ältere Arbeitnehmer zur Folge, daß es ihnen nicht möglich ist, vorhandene Leistungsfähigkeit nachzuweisen, um so der Zuschreibung, weniger leistungsfähig zu sein, entgegenzuwirken. Sie sind damit faktisch in doppelter Weise benachteiligt. Einmal werden ihnen negativ bewertete Merkmale einfach zugeschrieben und zum anderen wird es ihnen weitgehend unmöglich gemacht, den Beweis für die Fehlerhaftigkeit der Zuschreibung anzutreten. Es ist deshalb in diesem Zusammenhang der Aussage *Dreitzels* (1974, S. 42) zuzustimmen, daß das Leistungsprinzip heute weniger der Freisetzung individueller Lebenschancen dient, als vielmehr eine »subtil verschleiernde Legitimation des Fortbestands gesellschaftlicher Ungleichheit« darstellt.

Nahezu alle neueren empirischen Forschungsarbeiten über ältere Arbeitnehmer sind durch eine weitreichende Theorielosigkeit gekennzeichnet. Dies ist einer der Gründe dafür, daß trotz intensivster Forschung in diesem Bereich noch vielfältige, bisher ungelöste Probleme bestehen. Die vorhandenen Ansätze der Stigma-Forschung können möglicherweise das fehlende theoretische Fundament bilden. Die vorangegangenen Ausführungen ließen deutlich werden, daß Arbeitnehmer im höheren Lebensalter, die vornehmlich den unteren sozialen Schichten angehören, einer Stigmatisierung als ältere Arbeitnehmer unterliegen. Diesen Arbeitnehmern werden eine Vielzahl sozial diskreditierender Eigenschaften zugeschrieben, die berufliche Abwertungs- und Ausgliederungsprozesse zur Folge haben. Sowohl die Prozesse der Zuschreibung als auch die Konsequenzen für die stigmatisierten Arbeitskräfte bedürfen noch eingehender empirischer und theoretischer Untersuchungen.

# Anmerkungen

1 Die z. T. erfolgreichen Versuche der letzten Jahre, durch Gesetze und Gesetzesänderungen (flexible Altersgrenze, Erleichterung des Bezugs eines vorgezogenen Altersruhegeldes) die Zahl der älteren Arbeitslosen zu verringern, führen nicht zu einer Beendigung der beruflichen Ausgliederung alternder Menschen, sondern nur zu einer verringerten Sichtbarkeit dieses Phänomens in der Arbeitslosenstatistik.

2 Eine soziale Rolle – definiert als Handlungserwartung gegenüber einem Positionsinhaber – beinhaltet auch ein Bild über ihn. Dieses setzt sich aus einer Vielzahl von Merkmalen zusammen, die die soziale Identität bilden. In dieser Identität äußert sich der Vorgang der Stigmatisierung (*Goffman* 1967, S. 10). Das auf dem Hintergrund einer vom Rollenträger vorgenommenen individuellen Rolleninterpretation und seines subjektiven Empfindens der eigenen Situation (Ich-Identität) stattfindende tatsächliche Rollenhandeln kann in diesem begrenzten Rahmen nicht abgehandelt werden. Vgl. hierzu *Pohl* (1973, S. 179–254).

3 In einer empirischen Studie konnte *Schneider* (1970, S. 16 und 59) den Nachweis führen, daß die Definition verschiedener Rollen (u. a. der Berufsrolle) mit dem Lebensalter des jeweiligen Positionsinhabers variiert. Alle am Lebensalter verankerten stereotypen Vorstellungen gehen mit in die Rollendefinition ein.

4 Als »qualifizierte Berufe« werden hier diejenigen bezeichnet, für die in der Regel eine relativ lange Schul- und/oder Berufsausbildung die Zugangsvoraussetzung darstellt.

5 Es ist anzunehmen, daß ausländische und weibliche Arbeitskräfte den gleichen Diskriminierungen unterworfen sind. Entsprechend lassen sich auch die Aussagen des Leiters des Arbeitsamtes Bielefeld in einem Vortrag am 2. 5. 1974 interpretieren, wonach gegenwärtig keine Arbeitslosigkeit der Facharbeiter, sondern eine Arbeitslosigkeit der Hilfsarbeiter, der Frauen und der Ausländer bestehe.

6 An dieser Stelle kann beispielsweise auf die Arbeiten von *Lehr* (1972) sowie *Thomae/Lehr* (1973) verwiesen werden, die die zahlreichen Untersuchungen zum Thema »Einflußfaktoren auf die berufliche Leistungsfähigkeit im höheren Lebensalter« zusammenfassend dargestellt haben.

7 *Offe* unterscheidet die folgenden Regeln:
   1. technische Umgangs- oder Verfahrensregeln: an einem Arbeitsplatz erforderliche physische Leistungsfähigkeit sowie das aus Erfahrung und Übung gewonnene Leistungskönnen und -wissen;
   2. normative Orientierungen: sämtliche Normen, Werte, Interessen und Motive, die im institutionellen Rahmen der Arbeitsprozesse einzuhalten sind; hierzu gehören:
      a) regulative Normen, wie Normen der Vorsicht, der Sparsamkeit usw., die das Funktionieren des Kooperationsgefüges fördern, ohne auf bestimmte Funktionen am Arbeitsplatz beschränkt zu sein; und
      b) extra-funktionale Orientierungen, die zwar keinen funktionalen Beitrag zum Arbeitsvollzug leisten, aber nichtsdestoweniger vorausgesetzt und erwartet werden. Sie dienen vor allem der Stützung

der organisatorischen Autoritätsstruktur (etwa im Sinne von Loyalität mit den Ansichten und Interessen vorgesetzter Personen und Unterordnung unter das herrschende Interesse der Organisation).

## Literatur

*ANBA* (Amtliche Nachrichten der Bundesanstalt für Arbeit), Die Arbeitslosen Ende September 1973 nach ausgewählten persönlichen Merkmalen, 1974, S. 111–116.

*Arnold, W./Bergler, R.*, Psychologische Gründe der Arbeitslosigkeit älterer Angestellter, Lüneburg 1955.

*Dahrendorf, R.*, Industrielle Fertigkeiten und soziale Schichtung, in: Kölner Zeitschrift für Soziologie und Sozialpsychologie, 1956, S. 540–568.

*DGFP* (Deutsche Gesellschaft für Personalführung), Methoden der Anpassung der Arbeitsanforderungen an ältere Arbeitnehmer, unveröffentlichter Forschungsbericht, Düsseldorf 1971.

*Dreitzel, H. P.*, Soziologische Reflexionen über das Elend des Leistungsprinzips, in: Sinn und Unsinn des Leistungsprinzips – Ein Symposion, München 1974, S. 31–53.

*EGKS* (Europäische Gemeinschaft für Kohle und Stahl), Die Auswirkungen des technischen Fortschritts auf die Struktur und Ausbildung des Personals in den Walzwerken, München 1966.

*Forschungsinstitut für Sozialpolitik der Universität zu Köln*, Wiedereingliederung älterer Arbeitsloser in die Wirtschaft Nordrhein-Westfalens, unveröffentlichter Forschungsbericht, Düsseldorf 1969.

*Goffman, E.*, Stigma. Über Techniken der Bewältigung beschädigter Identität, Frankfurt 1967.

*Hofbauer, H./Bintig, U./Dadzio, W.*, Materialien zur Arbeitslosigkeit älterer Arbeitnehmer in der Bundesrepublik Deutschland, in: Mitteilungen des Instituts für Arbeitsmarkt- und Berufsforschung, 1968, S. 357–386.

*INSTRE* (Institut für Stadt- und Regionalentwicklung), Der Ältere in der industriellen Arbeitswelt, Forschungsbericht, Düsseldorf 1974.

*Lautmann, R./Schönhals-Abrahamsohn, M./Schönhals, M.*, Zur Struktur von Stigmata, in: Kölner Zeitschrift für Soziologie und Sozialpsychologie, 1972, S. 83–100.

*Lehr, U.*, Psychologie des Alterns, Heidelberg 1972.

*Meis, W.*, Hamburgs Beschäftigungslage und der ältere Angestellte, Hamburg 1953.

*Offe, C.*, Leistungsprinzip und industrielle Arbeit, Frankfurt 1970.

*Pohl, H. J.,* Ältere Arbeitnehmer – Ursachen und Folgen beruflicher Abwertung, Diss., Bielefeld 1973.

*RKW* (Rationalisierungskuratorium der Deutschen Wirtschaft), Qualifizierung älterer Arbeitnehmer, unveröffentlichter Forschungsbericht, Köln 1969.

*SAB*-Institut für sozioökonomische Strukturforschung, Teilzeitbeschäftigung bei männlichen Arbeitskräften, unveröffentlichter Forschungsbericht, Köln 1971.

*Schneider, H. D.,* Soziale Rollen im Erwachsenenalter, Frankfurt 1970.

*Sobel, J./Wilcock, R. C.,* Methoden der Vermittlung und Arbeitsberatung älterer Arbeitnehmer, OECD-Bericht, o.O.u.J.

*Thomae, H./Lehr, U.,* Berufliche Leistungsfähigkeit im mittleren und höheren Erwachsenenalter, Göttingen 1973.

*Weinstock, A.,* Role Elements – A Link between Acculturation and Occupational Status, in: British Journal of Sociology, 1963, S. 144 bis 149.

*WEMA*-Institut für empirische Sozialforschung, Einstellungen und Verhalten der Arbeitgeber gegenüber älteren Arbeitnehmern, unveröffentlichter Forschungsbericht, Köln 1970.

Walter Thimm

# Lernbehinderung als Stigma

Neben gelegentlichen Hinweisen auf die Relevanz des Stigmabegriffes für die Behindertenpädagogik (*Preuß-Lausitz* 1971; *Bittner* 1973; *Thimm* 1972/1973) und einem etwas ausführlicheren Ansatz bei *Probst* (1973) hat die Pädagogik der Behinderten in der Bundesrepublik den *Goffman'schen* Ansatz (Stigma und Identität) und darüber hinaus den »labeling approach« bisher nicht aufgegriffen. In der umfänglichsten deutschen Monografie zur Behindertenpädagogik (*Bleidick* 1972) fehlt der Name *Goffman* überhaupt.

Im folgenden soll das Stigmakonzept auf die größte Gruppe der etwa 300 000 behinderten Kinder und Jugendlichen in Sonderschulen, die sogenannten Lernbehinderten, angewandt werden.

Die nachfolgende Darstellung wird sich im wesentlichen auf die Definitionsproblematik konzentrieren und zu zeigen versuchen, daß »Lernbehinderung« einen speziellen Fall von Pathologisierung bzw. »medicalization of deviance« (*Sack* 1969, S. 988) darstellt, wobei durch die psychologische »Individualisierung des Täters« (*Sack*, 987) mitbeteiligte gesellschaftliche Bedingungen der Produktion des abweichenden Merkmals (hier: Lernbehinderung) verdeckt werden. Soweit es möglich ist, werden einige Aussagen zu den Folgen der Stigmatisierung für die Betroffenen gemacht. Offen bleiben müssen vorläufig noch Fragen nach der gesellschaftlichen Funktion des Stigmas »Lernbehinderung« und damit eng zusammenhängend nach den Ursachen für eine derartige Stigmatisierung einer Schülergruppe.

Nach einem kurzen Überblick (1.) über die Problematik der offiziellen Definition von Lernbehinderung werden (2.) die wichtigsten Stufen des Stigmatisierungsprozesses dargelegt; abschließend wird (3.) ein theoretischer Bezugsrahmen für Untersuchungen über Identitätskonflikte bei Lernbehinderten kurz vorgestellt.

# 1. Die offizielle Definition von »Lernbehinderung«

In der Bundesrepublik besuchen rund 250 000 Schüler die Sonderschule für Lernbehinderte (im folgenden Sonderschule), das sind über 3 % der schulpflichtigen Kinder im Alter von 6–15 Jahren. Seit 1961 wurde (zunächst in Hessen) in der amtlichen Sprache die Bezeichnung »Hilfsschüler« durch »Lernbehinderte« ersetzt. In der Fachliteratur finden sich aber weiterhin nebeneinander die Begriffe »Hilfsschüler«, »Lernbehinderte«, »Intelligenzgeminderte«, »Schwachbegabte« und seit etwa 1970 (*Begemann*) »soziokulturell Benachteiligte« und signalisieren, daß hier grundsätzliche Schwierigkeiten der Klassifikation einer Minus-Variante von »Schüler« vorliegen, der Klassifikation einer Abweichung von schulischen Standards, die sich weder in einem eindeutigen, einheitlichen Merkmal angeben noch monokausal auf einen Verursachungsfaktor zurückführen läßt. Die heutige »Schule für Lernbehinderte (stellt) sowohl im Hinblick auf die Verursachung der Lernbehinderung als auch bezogen auf das Lern- und Leistungsverhalten der Schüler keine einheitliche Gruppe (dar)« (*Kanter* 1973, S. 280). Schüler einer Lernbehindertenschule zu sein, ist ein institutionell zugewiesener Status: »Die Schule für Lernbehinderte nimmt Kinder und Jugendliche auf, die wegen ihrer Lern- und Leistungsbehinderungen in Grund- und Hauptschule nicht hinreichend gefördert werden können« (Empfehlung 1972, S. 31). in der Regel fungiert in der Praxis ein eingetretener zweijähriger Leistungsrückstand (eine Zurückstellung plus einmal Sitzenbleiben bzw. zweimal Sitzenbleiben in der Grundschule) oder die »gesicherte« Prognose eines solchen Rückstandes als Einweisungskriterium in die Sonderschule. Der Tatbestand »zweijähriger Rückstand« (Grundschulversagen bzw. voraussichtliches Versagen) wird mit einem Intelligenztest überprüft und somit – im Falle eines unterdurchschnittlichen Intelligenzquotienten – als »Intelligenzschwäche« diagnostiziert. In vielen Fällen ist aber das Schulversagen nicht in einen unterdurchschnittlichen Intelligenzquotienten zu überführen. Die Angaben über den Anteil der Schüler mit einem durchschnittlichen bis überdurchschnittlichen Intelligenzquotienten in der Sonderschule schwanken zwischen 10 % (*Ferdinand/Uhr* 1973) und rund 30 % (*Klein* 1973). Bei diesen in die Sonderschule überwiesenen Schülern kann die Einweisungsentscheidung also nicht mit dem »wissenschaftlichen« Kriterium »niedriges Intelligenzniveau« abgedeckt werden.

Angesichts dieses Tatbestandes stellt *Probst* (1973) zurecht die Frage nach anderen, ökonomischeren, mindestens ebenso zuverlässigen Entscheidungskriterien für die Überweisung in die Sonderschule. Sie liegen in der Tat vor:

1. Das Urteil der Grundschule über die Sonderschulbedürftigkeit garantiert zu 90 % eine tatsächliche Überweisung.

2. Eine Auswahl der künftigen Sonderschüler anhand von Zeugnisnoten (*Funke* 1972) durch Festsetzung einer Steuergröße (Schulleistungsminimum oder Quote der jährlich zu überweisenden Schüler; *Probst* 1973, S. 133) garantiert ebenso zuverlässige Entscheidungen wie die derzeit geübte Praxis.

3. Schließlich ließe sich angesichts des in der Lernbehindertenpädagogik zur Kenntnis genommenen Tatbestandes, daß sich die Population der Lernbehinderten zu 80–90 % aus den unteren Sozialschichten rekrutiert (zusammenfassend *Begemann* 1970; *Klein* 1973), ein soziokultureller Index als Prognoseinstrument konstruieren. *Probst* findet bei einem empirischen Vergleich von je 30 altersgleichen Haupt- und Sonderschülern eine Reihe von Indikatoren, die signifikante Korrelationen mit der Schulzugehörigkeit aufweisein (z. B. Zahl der Kinderzimmer pro Kind; Ferienverhalten der Familie; Ausbildungsniveau der Eltern) (*Probst* 1973, S. 136 ff.).

Hinzu kommt, daß die Chance, offiziell als »Lernbehinderter« eingestuft und somit in die Sonderschule überwiesen zu werden, sehr von regional unterschiedlichen schulorganisatorischen Bedingungen abhängt. Der Anteil der Sonderschüler schwankt in den einzelnen Bundesländern erheblich. Er liegt in Rheinland-Pfalz und Bayern mit 1,75 bzw. 1,90 % aller Schüler der Klassen 1–9 am niedrigsten, schnellt in Schleswig-Holstein und Berlin auf 4,1 bzw. 4,94 % hoch (*Kniel/Topsch* 1973, S. 244). Daß diese Daten nicht vordergründig schulpolitisch als unterschiedliches Engagement beim Ausbau des Sonderschulwesens gewertet werden dürfen, sondern daß dahinter Unterschiede in den Leistungsanforderungen stehen, zeigt der ebenfalls von *Kniel/Topsch* mitgeteilte Befund, daß in den Bundesländern mit hoher Abgangsquote aus der Sonderschule gleichzeitig eine hohe Quote von Hauptschulabgängern ohne Abschlußzeugnis zu verzeichnen ist (und umgekehrt) (S. 245). Eine hohe Abschulquote in der Grundschule zieht offensichtlich eine Erhöhung der Leistungsanforderungen an die verbliebenen Hauptschüler nach sich, die weitere Schulversager (Hauptschüler ohne Abschlußzeugnis) produziert. Ebenso große Schwankungen, die an blanke Willkür zu grenzen scheinen, weisen Zurückstellungen und Sitzenbleiberquoten (die ja offizielle Etikettierung von Leistungsversagen und damit Stufen der Stigmatisierung zum »Lernbehinderten« markieren) von Schule zu Schule, von Stadt zu Stadt usw.

auf. *Muth* berichtet aus Nordrhein-Westfalen von regionalen Schwankungen bei den Zurückstellungen von o bis 25 %, bei den Sitzenbleiberquoten von einer Streubreite von unter 1 % bis zu 16,6 % der Grundschüler im Schuljahr 1971/72. In Bonn befinden sich 11 % der schulpflichtigen Kinder in der Sonderschule, in Kiel lag die Überweisungsquote zur Sonderschule in 6 Grundschulen (von 34) bei über 20 %, der Bundesdurchschnitt liegt bei 3,1 % (*Muth* 1973, S. 232). Lassen sich Unterschiede zwischen einzelnen Grundschulen möglicherweise aus ihren verschiedenen Einzugsgebieten erklären (zum ökologischen Aspekt vgl. Abschnitt 2.), so dürfte allerdings der Ansatz »unterschiedliche Begabung der Schüler« zur Erklärung der unterschiedlich hohen Sonderschüler-Quoten in einzelnen Städten oder gar Bundesländern verfehlt sein.

## 2. Stufen des Stigmatisierungsprozesses

Die Definition der »Lernbehinderten« unter Berufung auf Ergebnisse von Intelligenztests als wissenschaftliches Entscheidungsinstrument verschleiert mit dem Rückzug auf ein dem Individuum zugeschriebenes Merkmal (Intelligenzminderung, Begabungsschwäche) die außerhalb des Individuums vorfindbaren Faktoren, die zur Überweisung in die Sonderschule führen.

Die institutionelle Zuweisung des Zwangsstatus »Sonderschüler« ist eine Stufe eines vor, neben und nach der zeitlich-räumlichen Zugehörigkeit zur Sonderschule ablaufenden Stigmatisierungsprozesses. Der markanteste Punkt in diesem Prozeß ist die Überführung in die Sonderschule, die »Lernbehinderte« überhaupt erst »offiziell« sichtbar werden läßt. Das Individuum ist in zweifacher »unerwünschter Weise anders, als wir es antizipiert haben« (*Goffman* 1967, S. 13):

1. Es ist stigmatisiert hinsichtlich der im Schulsystem verankerten Erwartungsnormen, die als »hinreichende Intelligenz« am Individuum dingfest gemacht, rationalisiert und scheinbar wertneutral (wissenschaftlich) überprüft werden und damit hinter diesen Normen stehende gesellschaftliche Plazierungsmechanismen verdecken.

2. Die Zuweisung des Status »Sonderschüler« wirkt sich über das soziale System Schule hinausgehend stigmatisierend aus. Das Individuum erhält ein Merkmal, das sich in vielen Situationen als höchst unerwünscht erweist (z. B. bei der Lehrstellensuche).

Nach bisher vorliegenden Untersuchungen treffen folgende stigmatisierenden sozialen Merkmale überzufällig häufig auf Sonderschüler zu: Sie stammen aus Arbeiterfamilien (Ungelernte, Angelernte) mit überdurchschnittlich hoher Kinderzahl. Die Familien wohnen beengt, häufig in »anrüchigen« Wohngebieten (»da wohnt ›man‹ nicht!«) oder gar in sogenannten Asozialen-Vierteln. Die Herkunftsfamilien sind häufiger als bei anderen Schülern zerrüttet und/oder unvollständig. Bis zum Schuleintritt haben diese Kinder in der Regel keinen Kindergarten besucht. Sie stellen das Hauptkontingent der Schulunreifen, werden für ein Jahr vom Besuch der Grundschule zurückgestellt und bleiben in den ersten Volksschuljahren sitzen (Überweisung in die Sonderschule). Nach der Schulentlassung münden diese Schüler schließlich zum überwiegenden Teil in niedrige Berufspositionen. Für den weiteren Lebensweg sind wir auf Vermutungen angewiesen, Untersuchungen hierzu laufen erst an [1]*.

Diese Sequenz soziokultureller Benachteiligung ist in einigen ihrer Schritte empirisch belegt.

## 2.1. Zur sozialen Herkunft von Sonderschülern

Zur sozialen Herkunft der Sonderschüler läßt sich aus den von *Klein* und Mitarbeitern erhobenen Daten folgende Übersicht erstellen:

*Tabelle 1:* Schichtzugehörigkeit von Sonderschülern im Vergleich zu Hauptschülern (Angaben in %)

| Schicht a) | Sonderschüler | Hauptschüler | BRD |
|---|---|---|---|
| Untere Unterschicht | 43,2 | 24,0 | 15,0 |
| Obere Unterschicht | 24,0 | 31,0 | 30,0 |
| Untere Mittelschicht | 8,1 | 24,6 | 38,0 |

a) Die Daten von *Klein* wurden auf die Kategorien von *Kleining* und *Moore* bezogen, um einen Vergleich mit der Schichtverteilung der Gesamtbevölkerung (BRD) herstellen zu können. Nicht alle Daten konnten eingeordnet werden (*Klein* 1973; N = 3136 Sonderschüler; 2772 Hauptschüler im südwestdeutschen Raum).

Vorliegende Untersuchungen zur sozialen Herkunft von Lernbehinderten unterscheiden sich leider hinsichtlich der verwendeten Schichtungskriterien. So verwendet *Klein* neben den Berufsangaben des Vaters als Parallelkategorien: »Rentner« (Sonderschüler/Hauptschüler: 2,8/ 1,5 %) und »Unvollständige Familien, Heim- und Pflegekinder« (Sonderschüler/Hauptschüler: 18,3/9,9 %), die in den unteren Schichten

* Anmerkungen s. S. 141

überrepräsentiert sein dürften, und somit die Quote der Sonderschüler aus unteren Schichten erhöhen würden.

Die Familien der Sonderschüler weisen eine signifikante höhere Kinderzahl auf und wohnen zudem beengter als die Hauptschüler.

*Tabelle 2:* Größe der Familien von Sonderschülern und Hauptschülern[a] (Angaben in %)

| | Kinder pro Familie | | | | | |
| | 1 | 2 | 3 | 4 | 5 u. mehr | N |
|---|---|---|---|---|---|---|
| Sonderschüler | 9,2 | 14,2 | 19,4 | 17,8 | 39,0 | 2 486 |
| Hauptschüler | 13,2 | 31,9 | 24,9 | 15,9 | 14,1 | 1 768 |

a) Errechnet nach *Klein* 1973, S. 11.

Auch die Familien der Hauptschüler weichen von der Verteilung der Familiengrößen in der BRD noch erheblich ab. Während in der Bundesrepublik nur etwa 20 % der Familien mit Kindern eine Kinderzahl von 4 und mehr aufweisen, haben 30 % der Hauptschüler-Familien 4 und mehr Kinder. Die Sonderschüler stammen zu rund 58 % aus solchen Familien.

Ebenfalls recht gut belegt ist der ökologische Aspekt (schlechte Wohnverhältnisse der Lernbehinderten-Familien) (*Iben* 1970; *Hess/Mechler* 1973; *Klein* 1973). Aus sogenannten Obdachlosensiedlungen besuchen bis zu 60 % der Kinder die Sonderschule.

Die Beziehungen zwischen Lernbehinderung und sozialer Deprivationslage des Elternhauses gestatten nun keineswegs eine lineare, monokausale Interpretation. Es wären hier im einzelnen die zwischen den sozialen Merkmalen und dem Versagen angesichts schulischer Normen vermittelnden Faktoren unter sozialisationstheoretischem Aspekt zu diskutieren. Das kann hier nicht geschehen. Es muß auch offen bleiben, ob die sozialen Herkunftsmerkmale des überwiegenden Teils der Lernbehinderten eine eindeutige Identifizierung als einheitliche Subkultur (so bei *Begemann* 1970) oder als Arbeiterklasse (so bei *Graf* 1973) gestatten [2].

Für den uns hier interessierenden Aspekt der Lernbehinderung als Stigma bleibt festzuhalten: Lernbehinderte weisen auf Grund ihrer Herkunft soziale Merkmale auf (einzelne der oben genannten, in unterschiedlichen Kombinationen, nicht notwendig alle), die in der sozialen Wahrnehmung der anderen als Indikatoren für »schlechtes Milieu« fungieren.

## 2.2. Das Bild vom »Lernbehinderten«

*H. v. Bracken* und *Kaufmann* haben das Bild des Lernbehinderten (»Hilfsschülers«) in verschiedenen Bevölkerungsgruppen untersucht. In der Sicht von Volksschülern sind Hilfsschüler »frech, faul, streitsüchtig«, Gymnasiasten dagegen »fleißig, klug, sauber« (*v. Bracken* 1967, S. 717 ff.). *Kaufmann* faßt das Bild der von ihr befragten Schüler (N = 1 290, davon 370 Gymnasiasten) im Alter von 10–15 Jahren, das diese vom Hilfsschüler haben, folgendermaßen zusammen: »Hilfsschülern ist die Zukunft beschnitten ... Sie sind anders, doof, dumm, geistesschwach ... verwahrlost ... verdorben, böse, asozial ... Sie werden von ›anderen‹ ausgelacht, ausgestoßen ... verspottet ... Die meisten Leute meiden sie und reden drüber« (*Kaufmann* 1970, S. 567). Die »thematische Linie, welche den Hilfsschüler als dumm, unbegabt und sozial unangepaßt hinstellt« (S. 569) wird in den Aussagen von 6000 befragten angehenden Lehrern (PH-Studenten) und einer etwa ebenso großen Gruppe Erwachsener (mit einem breiten Spektrum der Berufsgruppenzugehörigkeit) fortgesetzt. Der »Trend« der Aussagen »mündet ins Faktum des ›Nicht-(mehr)-Dazugehörens‹«. (S. 573). *Brusten/Hurrelman* (1973, S. 64 ff.) bestätigen in ihren Untersuchungen, daß das Zurechnen von Schülern zu unteren sozialen Schichten auch gleichzeitig eine Typisierung in Richtung auf leistungsschwach, unbeliebt und verhaltensabweichend nachsichzieht.

So unterliegen Kinder, die mit bestimmten sozialen Herkunftsmerkmalen belastet sind (vor allem: kinderreiche Arbeiterfamilie, schlechtes Wohnviertel), einem Typisierungsprozeß, der ihnen a priori negativ zu sanktionierende Eigenschaften zuordnet. »Wir konstruieren eine Stigmatheorie, eine Ideologie, die ihre Inferiorität erklären und die Gefährdung durch den Stigmatisierten nachweisen soll ..., durch die wir ihre Lebenschancen wirksam reduzieren« (*Goffman* 1967, S. 14 f.).

Eine solche Stigmatisierung liegt auch den Entscheidungen bei der Überweisung zur Sonderschule zugrunde, insofern sich diese Entscheidungen, wie eingangs kurz aufgezeigt, auf einen statischen Begabungsbegriff beziehen und »Intelligenzminderung« als ein dem Individuum wesensmäßig anhaftendes, unveränderliches Merkmal zum Definitions- und Ausgliederungskriterium erhoben wird. Im Bereich der Schule wird von diesen Kindern ein von schulischen Leistungsnormen abweichendes Verhalten erwartet, beobachtet, registriert und durch Lehrer und Schüler zur Grundlage der Kommunikations- und Interaktionsstrategien erhoben.

Die erste offizielle Stigmatisierung im Hinblick auf den Leistungsstatus liegt bei rund 50 % der späteren Sonderschüler schon zum Zeitpunkt ihrer Einschulung in die Grundschule vor: Sie haben die Schulreifeuntersuchung nicht bestanden, wurden für ein Jahr zurückgestellt und vom Besuch der Grundschule ausgeschlossen (*Stranz* 1966; *Klein* 1973). Bei den Schulpflichtigen des Einschulungsjahrganges 1971/72 in Nordrhein-Westfalen lag diese Quote bei 8,3 % (*Muth* 1973, S. 232).

Daß die Stigmatisierung auch auf andere, nicht leistungsbezogene Verhaltensbereiche übergreift, indem eine »lange Kette von Unvollkommenheiten auf der Basis der ursprünglichen« unterstellt wird (*Goffman*, 1967, S. 14), wurde mit den Untersuchungen zum Bild des Hilfsschülers belegt. »Wer den vordefinierten schulspezifischen Leistungsstandards nicht entspricht . . ., zieht die Erwartung auf sich, auch in nichtleistungsbezogenen und nicht-schulbezogenen Verhaltensbereichen – zumindest potentiell – von den jeweils geltenden oder als gültig betrachteten Normen abzuweichen!« (*Brusten/Hurrelmann*, 1973, S. 157). Ein derart stigmaorientiertes Handeln verstellt den Blick für eine dynamischere Sicht von Begabung, ihre Abhängigkeit von Sozialisationsprozessen und ihren Modifikationsspielraum während der Schulzeit (vgl. *Roth* 1969).

Die Überweisung zur Sonderschule manifestiert das Stigma und gibt ihm einen hohen Grad von Visibilität auch für die außerschulischen Interaktionsbereiche des Lernbehinderten. Erst in jüngster Zeit wird von seiten der Lernbehindertenpädagogik versucht, die professionelle handlungsleitende Stigmatheorie aufzubrechen.

## 2.3. Zur beruflichen Stellung Lernbehinderter

Mit der Zugehörigkeit zur Sonderschule ist der Schüler in einem entscheidenden Punkt seiner sozialen Existenz stigmatisiert: in der ersten, entscheidenden Konfrontation mit dem unsere Gesellschaft auszeichnenden Leistungsprinzip, wie es durch die Institution Schule vermittelt wird, hat er versagt. Damit ist über seinen weiteren gesellschaftlichen Standort weitgehend entschieden. Die Schule als »entscheidende und nahezu einzige Dirigierungsstelle für Rang, Stellung und Lebenschancen des einzelnen in unserer Gesellschaft« (*Schelsky* 1965, S. 18) verortet die ausgesonderten Lernbehinderten schon vorab in den unteren Rangplätzen, die Zugangswege zu Berufen mit höherem ökonomischen und sozialen Status sind verbaut. So empfiehlt die Dokumentation »Berufe für Behinderte« für die Lernbehinderten eine »eignungsmäßige

Berufswahl« in »einem arbeitstechnisch möglichst einfachen, in den Arbeitsanforderungen gleichbleibenden Tätigkeitstypus« (Bundesanstalt 1967, S. 253).

Die zuverlässigsten neueren Angaben über Berufseinmündung und beruflichen Werdegang ehemaliger Sonderschüler legt *Peppler* (1972) mit seinen Untersuchungen in Frankfurt vor. Zum Zeitpunkt der Erhebung (1969) befanden sich insgesamt 25 861 Schüler in den Frankfurter Berufsschulen, davon 869 (rund 3,4 %) Sonderschulabgänger. Die Verteilung dieser Schüler auf die beiden Tätigkeitsniveaus zeigt Tabelle 3.

*Tabelle 3:* Ausbildungs- und Tätigkeitsniveau von Sonderschulabgängern und anderen Schulabgängern in Frankfurter Berufsschulen 1969 (nach *Peppler* 1972, S. 472)

| | Sonderschulabgänger | | | Andere Schulabgänger | | |
|---|---|---|---|---|---|---|
| Tätigkeitsniveau | Ju | Mä | insges. | Ju | Mä | insges. |
| Niveau I Lehrlinge, Anlernlinge, Praktikanten u. ä. | 65,6 | 21,4 | 45,6 | 98,5 | 97,5 | 98,2 |
| Niveau II Ungelernte, Mithelfende Familienangehörige, Arbeitslose | 34,5 | 78,6 | 54,4 | 1,5 | 2,5 | 1,8 |

Ehemalige Sonderschüler stellen über 50 % aller Ungelernten in den Frankfurter Berufsschulen (Jungarbeiterklassen). Inwieweit sich der Rest aus Hauptschulversagern rekrutiert, die nicht in die Sonderschule überführt werden konnten, also aus potentiellen Sonderschülern, bliebe zu untersuchen [3]. Bisher vorliegende Untersuchungen über die erfolgreiche Beendigung eines Ausbildungsverhältnisses (Niveau I) zeigen, daß die Versagerquoten bei den ehemaligen Sonderschülern (Abbruch; Nichtbestehen der Abschlußprüfung, insbesondere im theoretischen Teil) wiederum erheblich über den der Abgänger anderer Schularten liegen. Die Erfolgsquote (Prüfungsabschluß) betrug bei den von *Peppler* untersuchten drei Entlaßjahrgängen einer Frankfurter Sonderschule für Lernbehinderte (N = 182) 50 %, in anderen Untersuchungen liegt sie erheblich darunter. Auch hier dürften, wie bei den Berufseinmündungen, erhebliche regionale Unterschiede zu verzeichnen sein.

Die Chancen eines Sonderschülers, in ein Lehrverhältnis vermittelt zu werden, hängen u. a. sehr von der Wirtschaftsstruktur des Wohnortes sowie vom persönlichen Einsatz des letzten Lehrers ab. Insgesamt gesehen dürften sich die von *Peppler* registrierten relativ hohen Quoten der Einmündung in ein Lehr- bzw. Anlernverhältnis bei zunehmender Lehrstellenverknappung für die Sonderschüler verringern. Große Industriebetriebe mit straff organisierter Lehrlingsausbildung stellen zum überwiegenden Teil keine Sonderschulabgänger ein. Diese münden daher, wenn ihnen überhaupt mit dem Abgangszeugnis der Sonderschule eine Lehrstelle zugänglich ist, in Berufe mit wenig Zukunftschancen ein (handwerklich orientierte Kleinbetriebe), und wandern nach Lehrabschluß als Ungelernte in die Industrie ab, wo sie die untersten Rangplätze einnehmen müssen. So täuschen bloße Angaben zur Berufseinmündung wie bei *Peppler* über die tatsächlich nach einigen Jahren erreichte Berufsposition hinweg, da Lehrabbruch, Prüfungsversagen und Abwanderung aus den überwiegend zukunftslosen handwerklichen Betrieben als zusätzliche Determinanten der beruflichen Plazierung von Sonderschülern hinzukommen. Es deutet alles darauf hin, daß für die meisten der Sonderschüler die Reproduktion der Ausgangslage hinsichtlich des beruflichen Niveaus die zwangsläufige Folge des Prozesses der Stigmatisierung als Lernbehinderter darstellt.

2.4. Die Folgen »institutioneller Identifizierung«

Fassen wir zusammen: Die Stigmatisierung von Lernbehinderten vollzieht sich vor dem Hintergrund vom Leistungsprinzip strukturierter Institutionen (Schule und Beruf), die als Hauptagenten gesellschaftlicher Plazierung fungieren. Der Besitz von minderwertigen marktfähigen Qualifikationen wird zum dominierenden Merkmal für die soziale Standortzuweisung von Lernbehinderten. Lernbehinderte müssen es sich gefallen lassen, daß sie in das Sozial- und Lebenschancen verteilende Sanktionensystem von »Leistung« voll mit einbezogen werden, ein Belohnungs- und Bestrafungssystem, das sich am vollhandlungsfähigen Individuum orientiert, das nicht berücksichtigt, daß die Chancen zur Erlangung von Leistungsfähigkeiten ungleich verteilt sind. Lernbehinderten steht der Zugang zum System der bedürfnisorientierten Sozialleistungen, wie anderen Behinderten, nicht offen. Insofern ist die Bezeichnung Lern-»Behinderte« irreführend. Lernbehinderte zählen in sozialpolitischer Hinsicht nicht zu den Behinderten, denen wegen einer psychisch/physischen Beeinträchtigung umfassende, vom eigenen Leistungsbeitrag unabhängige Eingliederungshilfen gewährt werden, da ihnen eine schicksalhafte, nicht persönlich zu ver-

antwortende Behinderung in der »Teilnahme am Leben der Gemeinschaft, vor allem aber auf einem angemessenen Platz im Arbeitsleben«
(Behinderungsbegriff des Bundessozialhilfegesetzes) zugestanden wird.
Lernbehinderung in diesem Sinne als Behinderung anzuerkennen würde
bedeuten, daß unsere Gesellschaft ihre eigenen Normen, die Lernbehinderung als »die Summe systembedingt verhinderter Lernprozesse
während des Sozialisationsprozesses« (*Reinartz*, in: *Bleidick* 1972,
S. 217) im Verlaufe eines fortschreitenden Stigmatisierungsprozesses
produzieren, selbst in Frage stellt.

*Abbildung 1:* Stufen der Stigmatisierung Lernbehinderter

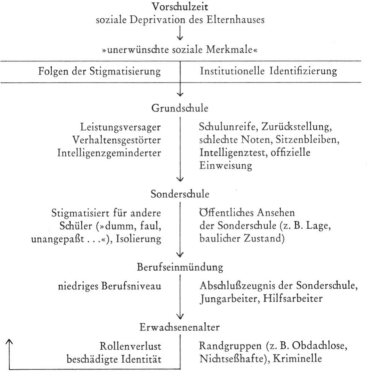

Vorschulzeit
soziale Deprivation des Elternhauses
↓
»unerwünschte soziale Merkmale«

| Folgen der Stigmatisierung | Institutionelle Identifizierung |
|---|---|

↓

Grundschule

| Leistungsversager | Schulunreife, Zurückstellung, |
|---|---|
| Verhaltensgestörter | schlechte Noten, Sitzenbleiben, |
| Intelligenzgeminderter | Intelligenztest, offizielle |
| | Einweisung |

↓

Sonderschule

| Stigmatisiert für andere | Öffentliches Ansehen |
|---|---|
| Schüler (»dumm, faul, | der Sonderschule (z. B. Lage, |
| unangepaßt . . .«), Isolierung | baulicher Zustand) |

↓

Berufseinmündung

| niedriges Berufsniveau | Abschlußzeugnis der Sonderschule, |
|---|---|
| | Jungarbeiter, Hilfsarbeiter |

↓

Erwachsenenalter

| Rollenverlust | Randgruppen (z. B. Obdachlose, |
|---|---|
| beschädigte Identität | Nichtseßhafte), Kriminelle |

Reproduktion der Ausgangslage

Die Zuweisung des Sonderstatus »Lernbehinderter« ist das Ergebnis
einer Reihe klassifikatorischer Akte (institutionelle Identifizierung).
Diese »Klassifikationen sind nicht ›in‹ dem Objekt, ein Objekt wird

unter einer bestimmten Perspektive klassifiziert« (*Strauss* 1968, S. 50).
Dabei zeigt es sich, daß der institutionell zugewiesene Zwangsstatus
»Lernbehinderter« kaum reversibel ist [4] und über die einweisende
Insitution (Grundschule) und die Zugehörigkeit zur Sonderschule hin-
ausgeht. »Die lebenslänglichen Attribute eines bestimmten Individuums
können bewirken, daß es als Typ festgelegt ist«, als »eine stigmatisierte Person, deren Lebenssituation sie in Opposition zu Normalen
plaziert« (*Goffman* 1968, S. 170). Wesentliche Stufen dieses Prozesses,
vor allem bis zur Schulentlassung wurden dokumentiert, andere, wie
z. B. die Auswirkungen des Stigmas im Erwachsenenalter, sind bisher
kaum untersucht. Kleinere Studien belegen, daß der Anteil der ehemaligen Lernbehinderten unter Nichtseßhaften, Obdachlosen und Straftätern relativ hoch ist (*Thimm/Funke* 1975). Für den größeren Teil
ehemaliger Sonderschüler sind undramatischere Formen abweichenden
Verhaltens zu vermuten, die in der Lernbehindertenpädagogik zu der
Annahme einer relativ »geglückten Integration« geführt haben und
darum bisher auch nicht untersucht wurden. Solche Untersuchungen
müßten auf drei Ebenen angesetzt werden [5]:

1. Auswirkungen von »Lernbehinderung« auf den Rollenhaushalt;
2. Beeinflussung der unmittelbaren Interaktionen zwischen Stigmatisierten und Nichtstigmatisierten und
3. Folgen für Prozesse der Identitätsbildung. Hierzu abschließend
   einige Überlegungen.


## 3. Lernbehinderung und Identität

Schon im Untertitel seines Buches »Stigma« deutet *Goffman* (1967)
an, daß im Mittelpunkt seiner Überlegungen das Verhältnis zwischen
Stigma und Identität steht. Nachfolgende Veröffentlichungen, die sich
ausdrücklich auf *Goffman* berufen, haben versucht, sein in »Stigma«
vorgetragenes Identitätskonzept zu klären (*Habermas* 1968, 1974;
*Krappmann* 1969; *Steinert* 1972; *Wellendorf* 1973) und vor allem
einer Operationalisierung näher zu bringen (*Krappmann* 1969). Alle
genannten Veröffentlichungen halten grundsätzlich an der von *Goffman* vorgenommenen Trennung zwischen Ich-Identität, persönlicher
und sozialer Identität fest.
*Ich-Identität* (oder einfach auch Identität) wird als das Ergebnis einer
Balance zwischen sozialer und persönlicher Identität aufgefaßt (*Habermas* 1968, S. 13; *Krappmann* 1969, S. 79; *Wellendorf* 1973,
S. 27 ff.). Die Gewinnung von Ich-Identität, d. h. die Herstellung

eines balancierenden Gleichgewichtes zwischen sozialer und persönlicher Identität, ist eine vom Individuum zu erbringende Leistung, ein »in jeder Situation angesichts neuer Erwartungen und im Hinblick auf die jeweils unterschiedliche Identität von Handlungs- und Gesprächspartnern zu leistender kreativer Akt« (*Krappmann* 1969, S. 11). Der Begriff der *persönlichen Identität* zielt dabei auf die vertikale Dimension, *soziale Identität* auf die horizontale Dimension von Identität: Persönliche Identität ist das Ergebnis einer als »einzigartig« empfundenen Lebensgeschichte, und soziale Identität das Ergebnis von Identifikationen mit Mitgliedern von Bezugsgruppen bzw. Interkationspartnern. Beide stehen in einem eigentümlichen Spannungsverhältnis: persönliche Identität zu haben bedeutet, anders zu sein als alle anderen; soziale Identität zu erreichen bedeutet, zu sein wie alle anderen. Ich-Identität zu besitzen setzt voraus, beide Ebenen – die Ebene der sozialen Identität, sowie die Ebene der persönlichen Identität – in der Teilnahme an Interaktionsprozessen auszubalancieren. Dabei ist es eine strukturelle Voraussetzung für Interaktionsprozesse, daß die Interaktionspartner über folgende Fähigkeiten verfügen. Sie müssen

1. soziale Identität als »Scheinnormalität« sichtbar werden lassen und dürfen nicht vollständig in den Erwartungen der Interaktionspartner aufgehen;
2. persönliche Identität als »einzigartige Kombination von Daten der Lebensgeschichte« (*Goffman* 1967, S. 74) als »scheinbare Einzigartigkeit« darstellen, die dispositionellen Charakter hat und Ansatzpunkte für die Interaktionspartner zur Interaktion bietet (vgl. dazu *Krappmann* 1969, S. 74 ff.).

Auf beiden Ebenen kann es zu Störungen kommen, die Interaktionsprozesse gefährden und im Extremfall zusammenbrechen lassen und somit Ich-Identität als Ergebnis definitorischer und interpretatorischer Akte in Interaktionsprozessen gefährden oder verhindern:

1. Beharrt das Individuum in aktuellen Interaktionsprozessen unnachgiebig auf einer unverwechselbaren *persönlichen Identität,* oder übernimmt es voll die durch Interaktionspartner zugeschriebene Einzigartigkeit, dann wird es aus der Sicht der Interaktionspartner zu jemandem, bei dem zweifelhaft ist, ob er überhaupt Erwartungen erfüllen kann. Unterstellte und/oder dokumentierte totale Andersartigkeit verhindert eine Integration von Teilen der Biografie in Interaktionsprozesse, das Individuum ist für die anderen sozial nicht identifizierbar bzw. präsentiert sich nicht als ein sol-

ches, das aktuellen sozialen Erwartungen entsprechen kann. Es wird in eine Nicht-Rolle gedrängt, und Ich-Identität als die Synthese von persönlicher und sozialer Identität kann sich nicht bilden. Der Extremfall, daß einem Interaktionspartner völlige Andersartigkeit zugeschrieben wird, die nicht mehr als »phantom uniqueness« zur Disposition steht und damit keinerlei Ansatzpunkte für »normale« Erwartungen mit der Chance der Erfüllung bietet, liegt z. B. beim psychisch Behinderten vor: Der psychisch Kranke »wird zum Extrem der Subjektivierung und Privatisierung der Welt, der Ich-Willkür und sozialer Unverfügbarkeit, zur reinen durch soziale Rolle eben nicht vermittelten und daher leeren Ich-Identität. Psychische Krankheit als sozialer Zustand der Nicht-Rolle ist zugleich soziale Nicht-Identität« (*Dörner* 1972, S. 140).

2. Auf der Ebene der *sozialen Identität* ergeben sich Gefährdungen der Ich-Identität daraus, daß die Weigerung, eine eigene, unverwechselbare Biografie zu besitzen, der Verzicht, überhaupt persönliche Identität darzustellen, zu einer völligen Auslieferung des Individuums an die jeweils wechselnden Erwartungen in Interaktionssituationen führt.

*Krappmann* (1969, S. 80) faßt den von uns nur kurz erörterten Sachverhalt folgendermaßen zusammen: »Nicht Identität ... droht dem Individuum von zwei Seiten, nach denen es fallen kann: es kann die Balance verlieren, indem es in den Erwartungen voll aufgeht, also sich nicht mehr von der ihm zugeschriebenen ›social identity‹ abhebt; Nicht-Identität droht auf der anderen Seite, wenn das Individuum diese Erwartungen zurückweist, also voll die angesonnene Einzigartigkeit seiner ›personal identity‹ übernimmt. Wenn das Individuum balancierende Ich-Identität nicht erreicht, so kann das verschiedene Gründe haben: Entweder sie gelingt ihm nicht oder es entflieht ihr.«
Lernbehinderung als Stigma stellt nun wie jedes andere Stigma grundsätzlich eine Gefährdung für die Entwicklung von Ich-Identität dar. Wir haben die Biografie des Lernbehinderten als fortschreitenden Stigmatsierungsprozeß dargestellt. Es ist zu fragen, welche Probleme sich aus der Tatsache, Sonderschüler bzw. ehemaliger Sonderschüler zu sein, für die Teilhabe an jeweils alters- und geschlechtsspezifischen Interaktionen ergeben. Es kann nach bisherigen Einblicken kein Zweifel daran bestehen, daß diese Tatsache von Schülern und erwachsenen Ehemaligen als bedrückend empfunden wird. Hinzu kommt, wie die von uns referierten Untersuchungen zeigen, daß das Stigma »Lernbehinderung« über die offizielle negative Etikettierung als »Schulver-

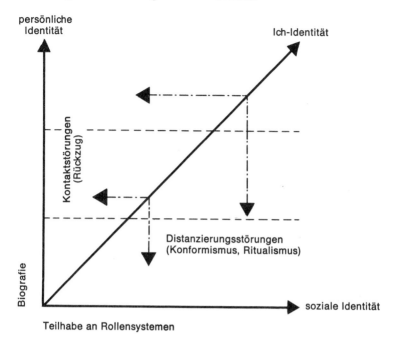

persönliche Identität

Ich-Identität

Kontaktstörungen (Rückzug)

Distanzierungsstörungen (Konformismus, Ritualismus)

Biografie

soziale Identität

Teilhabe an Rollensystemen

sager« und »Intelligenzgeminderter« hinausgehend Andersartigkeit auch in anderen, vor allem sozialen Verhaltensbereichen unterstellt. Das kann nicht ohne Auswirkungen auf die Balance zwischen persönlicher und sozialer Identität bleiben.

Wir haben in Abbildung 2 zwei Haupttypen von Balancestörungen, von beschädigter Ich-Identität, angedeutet:

*Distanzierungsstörungen* in aktuellen Rollen mit der Konsequenz ritualisierter, konformistischer Anpassungsmuster (*Dreitzel* 1968, S. 330 ff.) resultieren aus der Unfähigkeit oder dem Verzicht, für die Interaktion ausreichende Informationen aus der als stigmatisiert empfundenen Biografie, persönliche Identität also, ins Spiel zu bringen. *Wegener* (1963) folgert aus der weitgehenden Unauffälligkeit der ehemaligen Hilfsschüler (die auch in neueren Veröffentlichungen zur Lernbehindertenpädagogik gern als Beleg für den relativ undramatischen Charakter der sozialen Folgen von Lernbehinderung angeführt wird!), daß die Anpassungsprobleme von den meisten erwachsenen »Debilen« im Sinne einer formalen Anpassung an die Gesellschaft gelöst würden. Diese Anpassung als »subalternes, heteronom motiviertes und unselbständiges Mitglied der Gesellschaft« ermögliche zwar eine »eigene und befriedigende Lebensführung« (*Wegener* 1963, S. 176), aber »trotz der meist gelingenden äußeren Anpassung (kann) nicht von einem Personalisationsprozeß im sozialen Verhalten der Geistesschwachen gesprochen werden« (S. 180). Viele Sonderschüler lösen offensichtlich die Unvereinbarkeit ihrer Stigmatisierung als »Lernbehinderte« mit den in außerschulischen und später in Erwachsenen-Rollen angetragenen sozialen Identitäten durch konformistische und ritualistische Anpassungen. Wie stark die Unvereinbarkeit empfunden wird, wird u. a. davon abhängen, welchen Grad der Normierung eine soziale Rolle aufweist. Der aus dem Zwang, das Stigma »Lernbehinderter« zu managen, resultierende Leidensdruck dürfte mit abnehmendem Zwangscharakter von Rollennormen zunehmen, in Rollen also, die einen hohen Anteil an individueller Ausgestaltung, an »Ich-Leistungen« voraussetzen, besonders groß sein (*Dreitzel* 1968, S. 378). Solche Rollen finden sich vor allem im Raum der geselligen Freizeitkontakte. Inwieweit hieraus eine Einschränkung des Rollenhaushaltes durch weitgehende Beschränkung auf streng normierte Rollen folgt, die am ehesten soziale Anerkennung bei überangepaßter, ritualistischer Anpassung an die Normen zu garantieren scheinen, bedürfte dringend der empirischen Nachprüfung. In Rollen, die so streng normiert sind, daß der Spielraum für die Darstellung von persönlicher Identität aufs Äußerste begrenzt ist, dürfte die Gefahr, die Identität als Lernbehinderter aufdecken zu müssen, für die Betroffenen am geringsten erscheinen. Ich-Identität setzt aber ein ausgewogenes Verhältnis von unterschiedlich stark normierten Rollen im Rollenhaushalt des Individuums voraus.

*Kontaktstörungen* (*Dreitzel* 1968, S. 317 ff.) resultieren aus einem Zusammenbruch der Balance zwischen persönlicher und sozialer Identität in Richtung auf die vertikale, die biografische Dimension von Ich-Identität (Abbildung 2). Dieser Störungstyp wird durch die Sonderschule vorgeprägt. Die Sonderschule stellt einen institutionellen Rahmen für das als lernbehindert definierte Kind zur Verfügung. Dieser Rahmen ermöglicht es den Kindern, persönliche Identität zu sichern: die Verhaltenserwartungen der Sonderschule sind mit den in der Biografie verankerten Erwartungs- und Verhaltensstrukturen zu vereinbaren. Aus dem bei vielen Sonderschülern vorhandenen Wissen von der Wirkung des Stigmas »Lernbehinderter« (vgl. *v. Bracken* 1967; *Kaufmann* 1970) bahnt sich schon in der Sonderschule die Akzeptierung der Zuweisung einer Randgruppenexistenz an: der »freiwillige« Rückzug aus solchen Rollenverpflichtungen, welche die persönliche

Identität dauernd zu gefährden drohen. Sonderschule als Schonraum, der persönliche Identität sichern soll, verhindert durch die Isolierung von den »Normalen« die Einübung in solche Rollen, in denen in der Auseinandersetzung der Interaktionspartner mit unterschiedlichen persönlichen Identitäten die Integration der persönlichen und der sozialen Identitäten zur Ich-Identität »ausgehandelt« wird. Es fehlt für den Sonderschüler der Aktionsraum, in den ein Identitätsentwurf als »Lernbehinderter« eingebracht werden und mit angetragenen sozialen Identitäten ausbalanciert werden kann. Bei einer über die Schulzeit hinausreichenden Übernahme des Identitätsmusters »Sonderschüler« signalisiert der Rückzug in das Herkunftsmilieu, in dem das Stigma unwirksam wird (vgl. Abschnitt 2, zusammenfassende Abbildung 1), Störungen und Abbruch des Kontaktes zu anderen Gruppen, partiellen oder totalen Rückzug aus solchen alters- und geschlechtsspezifischen Rollen, die über die Randgruppen hinausweisen (u. a. *Hess/Mechler* 1973).

Sowohl Ritualismus als Folge von Störungen auf der Ebene der sozialen Identität als auch Rückzug als Folge von Störungen auf der Ebene der persönlichen Identität sind, wie z. B. für Blinde gezeigt werden konnte (*Thimm* 1971), mit einschneidenden Einschränkungen des Rollenhaushaltes verbunden. Ich-Identität als Balance zwischen persönlicher und sozialer Identität setzt aber immer erneute Auseinandersetzungen mit Interaktionspartnern in einer Vielzahl unterschiedlichster Kommunikations- und Interaktionssysteme voraus.

Auf der Grundlage der vorstehenden Überlegungen könnten unter stigma- und identitätstheoretischen Gesichtspunkten organisierte Forschungsansätze neue Perspektiven für die Rehabilitation der sogenannten Lernbehinderten eröffnen [6].

## Anmerkungen

1 Die bei *Dürr* (Bonn-Bad Godesberg) angekündigte Untersuchung von *R. Appel* (1974) war bis zum Abschluß des Manuskriptes noch nicht erschienen. – Ergebnisse entsprechender Untersuchungen, die von mir und *E. H. Funke* betreut werden, liegen erst zum Teil vor.
2 Vergleiche dazu ausführlicher *Thimm/Funke* (1975).
3 Auffällige Unterschiede zwischen den Geschlechtern können hier nicht diskutiert werden. Generell läßt sich sagen, daß auch bei Lernbehinderten gesellschaftlich bedingte Geschlechtsrollendifferenzierung eine Rolle spielt: Jungen »versagen« häufiger in der Grundschule; ihre Überweisungsquote zur Sonderschule ist überproportioniert; sie münden eher in Ausbildungsvehältnisse ein als Mädchen. – Auffällig ist, daß in Frankfurt (1969)

97,5 % der weiblichen Hauptschulabsolventen in einem Lehr- bzw. Anlernverhältnis standen, während der Bundesdurchschnitt nur bei etwa 70 %
liegt.
4 Die z. T. bestehende Möglichkeit zur Hauptschulabschlußprüfung sowie
gelegentliche Rücküberweisungen in die Hauptschule stellen bislang Aus-
nahmen in dem Versuch dar, die Irreversibilität aufzubrechen.
5 Vergleiche dazu den einleitenden Beitrag zu diesem Band von *J. Hohmeier*.
6 Dabei erscheint eine weitere Ausdifferenzierung der von uns nur angedeu-
teten Verknüpfung des Identitätskonzeptes mit rollenanalytischen Ansätzen
besonders erfolgversprechend.

## Literatur

*Appel, R.*, Die soziale Entwicklung ehemaliger Sonderschüler, Bonn
Bad Godesberg 1974.
*Begemann, E.*, Die Erziehung der sozio-kulturell benachteiligten Schü-
ler, Hannover 1970.
*Bittner, G.*, »Behinderung« oder »beschädigte Identität«? In: Aktuelle
Beiträge zur Sozialpädagogik und Verhaltensgestörtenpädagogik,
hrg. von *G. Heese* und *A. Reinartz*, Berlin 1973.
*Bleidick, U.*, Pädagogik der Behinderten, Berlin 1972.
*Bracken, H. v.*, Behinderte Kinder in der Sicht ihrer Mitmenschen.
In: Pädagogische Rundschau, 1967, S. 711–723.
*Brusten, M./Hurrelmann, K.*, Abweichendes Verhalten in der Schule.
Eine Untersuchung zu Prozessen der Stigmatisierung, München 1973.
Bundesanstalt für Arbeitsvermittlung und Arbeitslosenversicherung
(jetzt: Bundesanstalt für Arbeit) (Hrsg.), Berufe für behinderte
Jugendliche, Wiesbaden 1967.
*Dörner, K.*, Die Rolle des psychisch Kranken in der Gesellschaft, in:
*W. Thimm* (Hrsg.): Soziologie der Behinderten. Materialien, Neu-
burgweier 1972.
*Dreitzel, H. P.*, Die gesellschaftlichen Leiden und das Leiden an der
Gesellschaft, Stuttgart 1968.
Empfehlung zur Ordnung des Sonderschulwesens. Ständige Konferenz
der Kultusminister der Länder in der Bundesrepublik Deutschland
1972.
*Ferdinand, W./Uhr, R.*, Sind Arbeiterkinder dümmer – oder letztlich
nur »die Dummen?« In: Die Grundschule, 1973, S. 237–239.
*Funke, E. H.*, Grundschulzeugnisse und Sonderschulbedürftigkeit. Ber-
lin 1972.
*Goffman, E.*, Stigma. Über Techniken der Bewältigung beschädigter
Identität, Frankfurt 1967.

*Graf, S.*, Zur politischen und ökonomischen Funktion der Sonderschule für Lernbehinderte, in: Kritik der Sonderpädagogik, Gießen 1973.

*Habermas, J.*, Thesen zur Theorie der Sozialisation. Stichworte und Literatur zur Vorlesung im Sommer-Semester 1968 (Vervielf. Manuskript).

*Habermas, J.*, Können komplexe Gesellschaften eine vernünftige Identität ausbilden? in: *Habermas, J./Henrich, D.*: Zwei Reden. Aus Anlaß des Hegel-Preises, Frankfurt 1974.

*Hess, H./Mechler, A.*, Ghetto ohne Mauern. Ein Bericht aus der Unterschicht, Frankfurt 1973.

*Iben, G.*, Kinder am Rande der Gesellschaft, München 1970.

*Kanter, G. O.*, Sonderpädagogische Maßnahmen für Lernbehinderte in einer prospektiven Bildungsplanung, in: Zeitschrift für Heilpädagogik 1973, S. 273–284.

*Krappmann, L.*, Soziologische Dimensionen der Identität, Stuttgart 1969.

*Kaufmann, I.*, Ergebnisse zum Selbst- und Fremdbild in den Einschätzungen von Lernbehinderten, in: Zeitschrift für Heilpädagogik 1970, S. 563–574.

*Klein, G.*, Die soziale Benachteiligung der Lernbehinderten, in: Aktuelle Probleme der Lernbehindertenpädagogik, hrsg. von *G. Heese* und *A. Reinartz*, Berlin 1973.

*Kleining, G./Moore, H.*, Soziale Selbsteinstufung, in: Kölner Zeitschrift für Soziologie und Sozialpsychologie 1968, S. 502–522.

*Kniel, A./Topsch, W.*, Die Problematik der negativen Auslese, in: Die Grundschule, 1973, S. 243–245.

*Marcuse, H.*, Triebstruktur und Gesellschaft, Frankfurt 1967.

*Muth, J.*, Lernbehinderte Kinder in der Grundschule – Aussonderung oder Integration?, in: Die Grundschule, 1973, S. 231–236.

*Peppler, H.*, Berufseingliederung und Berufsbewährung lernbehinderter Sonderschulabgänger, in: Zeitschrift für Heilpädagogik, 1972, S. 461–482.

*Preuß-Lausitz, U.*, Probleme der Integration von Sonderschülern, in die Gesamtschule, in: Zeitschrift für Heilpädagogik, 1971, S. 183 bis 193.

*Probst, H. H.*, Die scheinbare und die wirkliche Funktion des Intelligenztests im Sonderschulüberweisungsverfahren, in: Kritik der Sonderpädagogik, Gießen 1973.

*Roth, H.* (Hrsg.), Begabung und Lernen. Gutachten und Studien der Bildungskommission des Deutschen Bildungsrates, Band 4, Stuttgart 1969.

*Sack, F.,* Probleme der Kriminalsoziologie, in: *R. König* (Hrsg.): Handbuch der empirischen Sozialforschung, Band 2, Stuttgart 1969.

*Schelsky, H.,* Schule und Erziehung in der industriellen Gesellschaft, Würzburg 1965.

*Steinert, H.,* Die Strategien sozialen Handelns. Zur Soziologie der Persönlichkeit und der Sozialisation, München 1972.

*Stranz, G.,* Untersuchungen zur Schullaufbahn von Hilfsschülern, in: Zeitschrift für Heilpädagogik, 1966, S. 265–277.

*Strauss, A.,* Spiegel und Masken. Die Suche nach Identität, Frankfurt 1968.

*Thimm, W.,* Blinde in der Gesellschaft von heute. Untersuchungen zu einer Soziologie der Blindheit, Berlin 1971.

*Thimm, W.,* Sehschädigungen als Ursache für die divergente Strukturierung sozialer Situationen, in: Soziologie der Behinderten. Materialien, Neuburgweier 1972.

*Thimm, W.,* Zum Begriff der Rehabilitationsbedürftigkeit, in: Sehgeschädigte. Internationales Wissenschaftliches Archiv, 1973.

*Thimm, W./Funke, E. H.,* Soziologie der Lernbehinderung, in: Pädagogik der Lernbehinderten, hrsg. v. *G. O. Kanter* und O. *Speck* (Handbuch der Sonderpädagogik, Band 4), Berlin 1975.

*Wegener, H.,* Der Sozialisationsprozeß der intellektuell Minderbegabten, in: *G. Wurzbacher* (Hrsg.): Der Mensch als soziales und personales Wesen, Stuttgart 1963.

*Wellendorf, F.,* Schulische Sozialisation und Identität, Weinheim/Basel 1973.

ANDREA ABELE, WOLF NOWACK

# Einstellung und Stigmatisierung

*Eine empirische Untersuchung am Beispiel straffällig gewordener Jugendlicher*

Wie werden straffällig gewordene Jugendliche [1]* wahrgenommen, welche Gefühle hegt man ihnen gegenüber, was weiß man über sie, welche Annahmen gibt es über die Ursachen ihres delinquenten Verhaltens, wie würde man selbst auf straffällig gewordene Jugendliche reagieren? Entsprechende Fragen ließen sich beliebig viele stellen, schwieriger ist es schon, hierauf einigermaßen zuverlässige Antworten zu finden. Einen Versuch in diese Richtung unternimmt der vorliegende Beitrag, in dem vor allem Ergebnisse einer Untersuchung zur Einstellung gegenüber straffällig gewordenen Jugendlichen diskutiert werden. Dabei haben wir uns darum bemüht, das das Konzept der ›Einstellung‹ in den theoretischen Rahmen eines interaktionistischen Ansatzes abweichenden Verhaltens [2] einzubeziehen.

Zuerst soll der sozialpsychologische Einstellungsbegriff im hier verwendeten Sinn erläutert werden, anschließend gehen wir auf die Beziehung zwischen Einstellung und Verhalten sowie Einstellung und Stigmatisierung ein; nach der Verknüpfung von Einstellungen und interaktionistischem Ansatz abweichenden Verhaltens wird die oben genannte Untersuchung zur Einstellung gegenüber jugendlichen Straftätern dargestellt.

## 1. Was versteht man unter »Einstellung«?

Der sozialpsychologische Begriff der Einstellung ist immer wieder heftig diskutiert worden (vgl. *Benninghaus* 1973), teilweise wurde sogar seine völlige Aufgabe gefordert. Ohne hier ein Abwägen der Vor- und Nachteile des Einstellungskonzeptes im einzelnen leisten zu können, scheint es uns doch angebracht, den theoretischen Rahmen zu erläutern, innerhalb dessen Einstellungsforschung sinnvoll betrieben werden kann.

* Anmerkungen s. S. 164

Große Einheitlichkeit besteht bei den Einstellungstheoretikern darüber,

a) daß Einstellungen sich jeweils auf ein bestimmtes Objekt beziehen müssen, wobei dieses Objekt konkret (z. B. Einstellung zum Ehepartner) oder abstrakt (z. B. Einstellung zum Umweltschutz) sein kann,

b) daß Einstellungen gelernt sind

c) daß sie relativ überdauernd sind und – operational definiert – gleichbleibende Verhaltensweisen gegenüber dem Einstellungsobjekt hervorbringen.

Die theoretische Festlegung des Begriffs wird dagegen unterschiedlich gehandhabt (vgl. die Diskussion bei *DeFleur/Westie* 1963) [3]. Einstellungen sollen im folgenden als Verhaltensdispositionen [4] aufgefaßt werden, die gleichbleibende und übereinstimmende (konsistente) Verhaltensweisen – z. B. verbale Äußerungen, Wahrnehmungen oder Interpretationen sowie offene Reaktionen – bezüglich des Einstellungsgegenstands bedingen; Einstellungen sind Bewertungen, beruhend auf Erfahrungen, die ein Individuum bisher mit dem infrage stehenden Gegenstand gesammelt hat. Die Erfahrungen können in direktem Kontakt mit dem Einstellungsgegenstand erworben sein, sie können aber auch durch Berichte anderer Personen oder vorherrschende Anschauungen geprägt worden sein. Wir fassen Einstellungen als affektiv-bewertende Äußerungen gegenüber dem Einstellungsgegenstand auf (vgl. *Fishbein* 1967, *Sherif/Sherif* 1969).


## 2. Die Beziehung zwischen Einstellung und Verhalten

Die Diskussion über die häufig behauptete, praktische Irrelevanz von Einstellungen für konkretes Verhalten gegenüber dem Einstellungsgegenstand soll hier anhand dreier Gesichtspunkte aufgegriffen werden [5]:

1. Weder Vertreter noch Kritiker des Einstellungskonzeptes sollten der theoretischen Einseitigkeit verfallen, Verhalten allein durch Einstellungen erklären zu wollen bzw. erklärt zu sehen. Geht man davon aus, daß Einstellungen aus affektiv-bewertenden Erfahrungen mit dem Einstellungsgegenstand gebildet werden, dann kann mit Kenntnis der Einstellung einer Person nur ein begrenzter Erklärungsanspruch bezüglich ihres Verhaltens gegenüber dem Einstellungsgegenstand verbunden werden: Einstellungen sind in Zusammenhang mit anderen Verhaltensdeterminanten wie z. B. situativ wirksamen, motivationalen Variablen zu sehen. Einstellungen

konnten bisher nur einen geringen Teil des Verhaltens gegenüber dem Einstellungsgegenstand erklären (vgl. *Benninghaus* 1973, S. 682).

2. Eine definitorische Klärung des Verhaltensbegriffs ist notwendig: Unseres Erachtens sind darunter nicht nur offene Verhaltensweisen zu verstehen, sondern auch verbale Reaktionen oder emotionale Äußerungen. Es ist anzunehmen, daß die Konsistenz von durch verbale Äußerungen gemessenen Einstellungen und sonstigem verbalem Verhalten gegenüber dem Einstellungsgegenstand größer ist als die Konsistenz mit nichtverbalem Verhalten.

3. Bei der Prüfung, ob Einstellungen für Verhalten Gültigkeit besitzen, bestehen folgende – häufig recht beachtete – Probleme:

   a) Bei verbalen Äußerungen, die zur Einstellungsmessung herangezogen werden, wird Repräsentativität der Aussagen für den entsprechenden Bereich angestrebt. Repräsentativität der zur Überprüfung der Gültigkeit herangezogenen Verhaltensbeobachtungen kann jedoch aufgrund von praktischen Problemen (zu großer Aufwand) selten angenommen werden. Es bestehen theoretische Schwierigkeiten bei der Festlegung der Relevanz einzelner Verhaltensbeobachtungen für die entsprechende Einstellung.

   b) Einstellungen werden meist gegenüber einer Gruppe von Personen gemessen, dagegen häufig am Verhalten gegenüber bestimmten Personen überprüft. Die Übertragbarkeit von Ebenen unterschiedlichen Abstraktionsgrades (Personengruppen versus konkrete Personen) ist zweifelhaft, Unterschiede in der Erhebungssituation (Befragung versus konkretes Handeln) werden nicht berücksichtigt.

   c) Auf einzelne Einstellungsobjekte können sich mehrere Einstellungen beziehen. Man weiß nicht, welches die verhaltensbestimmende Einstellung ist. So können Verhaltensweisen gegenüber jugendlichen Delinquenten sowohl durch die Einstellung zu Jugendlichen allgemein, als auch durch die Einstellung zur Rechtsordnung, zu Gesetzesübertretern etc. bestimmt sein (vgl. auch *Ehrlich* 1969).

Für den vorliegenden Versuch der Einbettung von »Einstellung« in einen interaktionistischen Ansatz abweichenden Verhaltens ist insbesondere verbales Verhalten gegenüber Randgruppen wichtig. Es ist anzunehmen, daß Personen, die sich nicht professionell mit dem jeweiligen Einstellungsobjekt beschäftigen, ihre Einstellung meistens verbal kundtun. Diese Personen haben, bzw. suchen, in der Regel selten die Gelegenheit, auf den Einstellungsgegenstand direkt zu reagieren, wie etwa jugendliche Straftäter zum Essen einzuladen oder ihnen eine Moralpredigt zu halten. Konkrete Möglichkeiten für die verbale Äußerung von Einstellungen gegenüber jugendlichen Delinquenten gibt es dagegen häufig; zu denken ist etwa an Stammtischgespräche, Fernsehdiskussionen und Zeitungsartikel, bei denen Aspekte der Jugendkriminalität behandelt werden. Bewertungen des Einstellungsgegenstandes können in solchen Situationen von einer differenzierten Beurteilung bis zu verbaler Diffamierung und Zurückweisung reichen. Bezüglich Vereinfachung und Einseitigkeit der verbalen Bewertung bilden Stigmatisierungen den Extrempol einer Einstellungsäußerung. Schließlich können negative Einstellungen sowohl für die Einleitung und Entwicklung als auch für die Verstärkung von Stigmatisierungsprozessen bedeutsam werden. Spielt z. B. bei den Gesprächen über jugendliche Straftäter das Thema »Arbeitsinteresse« oder »geregeltes Leben« eine zentrale Rolle, so könnte hieraus die stark vereinfachende und einseitige Feststellung »jugendliche Straftäter wollen nicht arbeiten«, entstehen. Eine solche Feststellung käme einer abstrakten, pauschalen Stigmatisierung gleich.

In der bisherigen Forschung wurden Einstellungen zwar meist über verbale Äußerungen gemessen, man sah jedoch offenes Verhalten, d. h. tatsächliche Reaktionen gegenüber dem Einstellungsgegenstand, dennoch als wichtigeren Indikator für Einstellungen an. Diese Sichtweise unterschätzt unseres Erachtens die Bedeutung von Sprache sowohl für den Erwerb, als auch für die Äußerung von Einstellungen, und sie berücksichtigt nicht, welche Auswirkungen verbal geäußerte Einstellungen auf die generelle Beurteilung des jeweiligen Objektes haben können. Vor dem Hintergrund dieser Überlegungen ist die Erfassung von Einstellungen gegenüber jugendlichen Delinquenten ein Teil der wissenschaftlichen Erforschung abweichenden Verhaltens.


## 3. Einstellungen und der interaktionistische Ansatz abweichenden Verhaltens

Bedeutender Vorteil eines interaktionistischen Ansatzes abweichenden Verhaltens ist es, daß er – im Gegensatz zu ätiologischen Ansätzen [6] – nicht nur diejenigen Variablen in sein Erklärungsschema einbezieht, die an das sich abweichend verhaltende Individuum gebunden sind, sondern insbesondere auch solche, die zum sozialstrukturellen Kontext, in dem Verhalten auftritt, zählen. In der spezifischen Konstellation von individuellen und Kontextvariablen liegt weitgehend begründet, ob ein gegebenes Verhalten als »abweichend« bezeichnet wird oder aber in den als »normal« definierten Bereich fällt. So berichtet *Rosenhan* (1968, S. 253) z. B. über einen Patienten, der Tagebuch schreibt; im Kontext des »psychiatrischen Krankenhauses« wird dies – da selten – mit Mißtrauen zur Kenntnis genommen und als »Patient zeigt Schreibverhalten« bezeichnet. Auch stelle man sich einmal die unterschiedlichen Reaktionen auf eine Schlägerei in einer billigen Vorstadtkneipe und in einem gutbürgerlichen Speiserestaurant vor.

Ein interaktionistischer Ansatz betont den Prozeßcharakter abweichenden Verhaltens. Er verbindet »ätiologische Erklärungsansätze der traditionellen Kriminologie mit den Ergebnissen neuerer Forschungen zur Selektions- und Stigmatisierungswirkung des Handelns definierender und sanktioinerender Instanzen...« (*Hess* 1972, S. 258). Der Prozeß, im Laufe dessen sich abweichendes Verhalten herausbildet, läßt sich hinsichtlich seiner Teile etwa wie folgt darstellen:

Es gibt definierende und sanktionierende Kontrollinstanzen, die sowohl formeller Art (etwa Polizei, Gerichte, psychiatrische Kliniken, Sozialarbeit, Schule) als auch informeller Art (etwa Nachbarschaft, Altersgruppe, Eltern) sein können. Alle mit einem Individuum verkehrenden Personen und Gruppen sind hierzu zu zählen, da sie prinzipiell die Möglichkeit haben, das Verhalten dieses Individuums zu sanktionieren. Unterschiedlich sind Art und Ausmaß von Sanktionen, die von den einzelnen Kontrollinstanzen verhängt werden können. Ob vorhandene Sanktionsmöglichkeiten ausgenützt werden – bzw. aus der Sicht des betroffenen Individuums formuliert: ob es eine Sanktionierung erfährt – hängt von drei analytisch trennbaren Bedingungskomplexen ab

a) dem Verhalten und den Eigenschaften des zu sanktionierenden *Individuums*, zum Beispiel vom Ausmaß seiner »Abweichung«, von seiner äußeren Erscheinung, seiner Schichtzugehörigkeit, seinem Geschlecht, seinem Alter, seinem sozialen Einfluß, seiner Wortgewandtheit;

b) vom Motivations- und Informationsstand der jeweiligen *Kontrollinstanzen*, wie Kenntnis über Normverletzungen, Engagement bei der Durchsetzung von Normen, Kenntnis über das handelnde Individuum, Wahrnehmungs- und Reaktionskapazitäten. In diesen Bedingungskomplex gehören auch die Einstellungen, die zum betreffenden Individuum bzw. zur Gruppe, der das Individuum angehört, sowie zum entsprechenden Verhalten entwickelt wurden;

c) vom *Kontext*, in dem die Handlung ausgeführt wird; hierzu sind zu zählen der Grad der Öffentlichkeit versus Privatheit der Situation, die in der Situation relevanten Werte- und Normengefüge, die gebräuchlichen Interaktions- und Kommunikationsstrukturen, die Verfügbarkeit anderer potentieller, eventuell konkurrierender Sanktionsinstanzen.

Diese Bedingungskomplexe stehen in einer engen interaktiven Beziehung: Sowohl das Verhalten des Individuums als auch das der Kontrollinstanz hängen von den jeweils vorherrschenden Kontextbedingungen ab. Schließlich ist die Kontrollinstanz selbst als ein Teil des Kontextes, in dem das Individuum interagiert, zu verstehen. Diese Trennung dient lediglich der analytischen Klärung: Aus der Menge der Kontextvariablen kann jedoch durchaus eine beliebige ausgewählt und hinsichtlich ihrer Kontrollfunktion untersucht werden. So sind Einstellungen gegenüber jugendlichen Delinquenten zum Beispiel hinsichtlich der folgenden zentralen Fragen zu untersuchen (vgl. *Abele* u. a. 1975):

— Welchen Stellenwert haben Einstellungen von Kontrollinstanzen für eine (potentielle) kriminelle Laufbahn des Betroffenen?
— In welchem konkreten Verhalten schlagen sich die Einstellungen bei der Kontrollinstanz nieder?
— Wie nimmt der Delinquent selbst die Einstellungen anderer Personen ihm gegenüber wahr? Sind sie ihm bekannt? Teilt er sie?
— Welche Personen und Gruppen können durch ihre Einstellungen in besonders effektiver Weise die Selbsteinschätzung von jugendlichen Delinquenten beeinflussen?
— Wie wirken sich die Einstellungen offizieller Sanktionsinstanzen auf die Durchführung neuerer Behandlungsansätze aus?
— Haben Vertreter offizieller Sanktionsinstanzen Einstellungen, die sie von anderen Mitgliedern ihrer Schicht-, Bildungs-, Geschlechts- und Altersgruppe unterscheiden?
— In welcher Weise unterscheiden sich die Einstellungen zu verschiedenen Randgruppen wie Kriminelle, Geisteskranke und Gastarbeiter?
— Wie wirken sich Einstellungen auf Beurteilungen aus? Werden von einzelnen »kriminellen Handlungen« sogleich Rückschlüsse auf die gesamte Persönlichkeit desjenigen gezogen, der das als »kriminell« definierte Verhalten gezeigt hat?
— Führen die Einstellungen der Kontrollinstanzen zur Umgestaltung des Selbstbildes des Straftäters in Richtung einer Anpassung an die von ihm erwarteten Eigenschaften und Verhaltensweisen?

Ein Vorteil des hier skizzierten Untersuchungsrahmens liegt in der Integrierbarkeit von Einzelbefunden in einen allgemeinen Ansatz. Einstellungen sind – nicht isoliert zu betrachtende – Variablen, die die Produktion von »kriminellen Randgruppen« fördern können.

## 4. Eine empirische Untersuchung zur Einstellung gegenüber jugendlichen Straftätern

Zwar wurde bisher festgestellt, daß Einstellungen gegenüber Randgruppen in einem interaktionistischen Ansatz abweichenden Verhaltens sinnvoll untersucht werden können, dies ist aber – soweit uns bekannt – zumindest im Rahmen der Jugenddelinquenz noch nicht geschehen. Selbst deskriptive Untersuchungen sind rar; eine Ausnahme bildet die Arbeit von *Alberts* (1963), der eine positive Beziehung zwischen autoritären Einstellungen und negativen Einstellungen zu straffällig gewordenen Jugendlichen fand. Zusätzlich ergab diese Untersuchung, daß Personen mit negativen Einstellungen stark simplifizierte Erklärungsmodelle für die Ursachen von Jugenddelinquenz hatten und strafende Maßnahmen zur Behandlung von jugendlichen Straftätern für ausreichend hielten.

Unsere eigene Untersuchung, über die hier berichtet werden soll, wurde im März 1973 in einer süddeutschen Stadt durchgeführt. 220 Personen, die in Bezug auf die Kriterien »Geschlecht« und »Stellung im Beruf« eine repräsentative Stichprobe dieser Stadt darstellten, wurden in Einzelinterviews zur Einstellung gegenüber jugendlichen Straftätern befragt.

### 4.1. Zur Messung der untersuchten Einstellungen

Bevor der Fragebogen zur Messung der Einstellung gegenüber jugendlichen Straftätern vorgestellt wird, soll kurz begründet werden, warum gerade dieser Einstellungsgegenstand gewählt wurde:

a) Wir gingen von der Annahme aus, daß insbesondere Stigmatisierungen von Jugendlichen unerwünschte Folgen (z. B. Rückfälligkeit) haben, da deren Selbsteinschätzung noch nicht wie bei Erwachsenen weitgehend festgelegt ist. Negative Einstellungen leisten Stigmatisierungen Vorschub.

b) Das Aufspüren, die Erfassung und Veränderung solcher negativen Einstellungen wurde daher von uns als eine wichtige Aufgabe angesehen.

c) Die Entwicklung eines zuverlässigen und gültigen Instrumentes zur Messung von Einstellungen gegenüber jugendlichen Straftätern kann unserers Erachtens sinnvoll zur Auslese von Personen, die mit jugendlichen Deliquenten zu tun haben, eingesetzt werden [7].

Welche Einstellungen nun als positiv oder negativ anzusehen sind, ist eine Wertentscheidung. Als Indikator für eine positive Einstellung wurden folgende Ansichten gewertet:

a) Verhalten ist weitgehend gelernt und somit von der sozialen Umgebung, in der es auftritt bzw. erworben wurde, abhängig;
b) sogenannte Delinquenzprobleme sind nicht nur Probleme der jeweils betroffenen Jugendlichen;
c) mithin darf die Lösung dieser Probleme nicht ausschließlich am Jugendlichen ansetzen;
d) Behandlungsmethoden, die sich am Erwerb von Verhaltensalternativen orientieren, sind (verhaltenseinschränkenden) Strafen vorzuziehen;
e) Delinquenz kann auch innovative Aspekte beinhalten, z. B. als Ausdruck eines bestimmten subkulturell determinierten Sozialverhaltens, oder als »Alarmsignal« für reformbedürftige Stellen des sozialen Systems.

Auf der Grundlage dieser Wertsetzung wurde ein Einstellungsfragebogen mit den gängigen Techniken der Einstellungsmessung (Expertenrating, Trennschärfenanalyse, Faktorenanalyse) entwickelt [8]. Die einzelnen Aussagen (Items) sind spezifizierten inhaltlichen Dimensionen zuordbar und beziehen sich sowohl auf Ursachenzuschreibung als auch auf mögliche Behandlungsmethoden von Delinquenz. Sie sind als affektiv getönte Aussagen formuliert. Der Fragebogen besteht aus insgesamt 31 Items, die in zwei faktorenreine Untertests organisiert sind. Inhaltlich werden diese beiden Tests mit Autoritarismus/Vergeltung (21 Items) und Unterstützung/Umweltdenken (10 Items) gekennzeichnet.

*Autoritarismus* ist hierbei allgemein der Glaube an das Prinzip der Autorität in sozialen Beziehungen, an Gehorsam und Unterordnung unter eine Person, die Aufgaben stellt und Beurteilungen trifft ohne andere zu Rate zu ziehen. *Vergeltung* wird charakterisiert durch Schuld-Sühne-Vorstellungen, starre Annahmen über Bestrafung von Gesetzesübertretungen, sowie die Vermutung, daß harte Strafen geeignete Mittel zur Behandlung von Gesetzesübertretern seien. Vergeltungsdenken in diesem Sinn wird als Spezifizierung der allgemeinen Autoritarismus-Dimension auf den Bereich Kriminalität angesehen. *Umweltdenken* ist durch Annahmen über multikausale Verursachungsfaktoren von Delinquenz, die nur begrenzt im Individuum zu suchen sind, gekennzeichnet. Bei *Unterstützung* spielen vor allem humanitäre Vorstellungen über die Behandlung von Straftätern eine wichtige Rolle.

*Tabelle 1:* Aussagen zur Messung der Einstellung gegenüber straffällig gewordenen Jugendlichen

| Formulierung der Aussagen (in Klammern: Stellung der Aussage im Fragebogen) | Antwortverteilung (in Prozent*) | | | | | |
|---|---|---|---|---|---|---|
| | stimme sehr zu | stimme zu | stimme etwas zu | lehne etwas ab | lehne ab | lehne sehr ab |
| *(1 a) Aussagen zu Autoritarismus/Vergeltung, Annahmen über Verursachung* | | | | | | |
| Die Jugendlichen haben zuviel Freizeit, deshalb kommen sie auch auf dumme Gedanken (2) | 15 % | 17 % | 26 % | 13 % | 16 % | 13 % |
| Wenn Jugendliche straffällig werden, dann geschieht das oft aus Böswilligkeit (3) | 6 % | 16 % | 27 % | 19 % | 24 % | 8 % |
| Straffällige Jugendliche haben meistens einen schlechten Charakter (7) | 5 % | 8 % | 20 % | 19 % | 32 % | 17 % |
| Kriminelle Jugendliche sind häufig geisteskrank (9) | 2 % | 5 % | 16 % | 16 % | 39 % | 21 % |
| Ob ein Jugendlicher straffällig wird, hängt von seinem Willen ab (12) | 11 % | 28 % | 32 % | 16 % | 8 % | 5 % |
| Straftaten von Jugendlichen beweisen, daß es bei uns zuwenig Ordnung gibt (18) | 17 % | 21 % | 18 % | 10 % | 20 % | 13 % |
| Es gibt geborene Verbrecher (21) | 13 % | 12 % | 16 % | 13 % | 20 % | 26 % |
| Kriminelle Erwachsene sollten keine Kinder bekommen dürfen (22) | 19 % | 19 % | 15 % | 17 % | 22 % | 13 % |
| Wenn die Kinder nicht so nachgiebig erzogen würden, dann gäbe es weniger Jugendkriminalität (28) | 18 % | 29 % | 18 % | 11 % | 20 % | 5 % |
| Die Jugendlichen sollten mehr arbeiten, dann kämen sie auch weniger auf schlechte Gedanken (29) | 18 % | 28 % | 22 % | 11 % | 15 % | 6 % |

* Aufgrund von Rundungseffekten ergänzen sich die einzelnen Prozentzahlen nicht zu 100

*(1 b) Aussagen zu Autoritarismus/Vergeltung, Annahmen zur Behandlung*

| | Antwortverteilung (in Prozent*) | | | | | |
|---|---|---|---|---|---|---|
| | stimme sehr zu | stimme zu | stimme etwas zu | lehne etwas ab | lehne ab | lehne sehr ab |
| Man sollte jugendliche Straftäter zum Arbeiten zwingen (1) | 23 % | 24 % | 21 % | 7 % | 17 % | 8 % |
| Je öfter jemand straffällig wird, desto strenger muß er bestraft werden (4) | 13 % | 22 % | 22 % | 15 % | 19 % | 9 % |
| Eine kräftige Tracht Prügel wäre oft ganz gut für jugendliche Straftäter (11) | 17 % | 10 % | 16 % | 12 % | 21 % | 24 % |
| Harte Bestrafung kann Jugendliche von weiteren Straftaten abhalten (15) | 8 % | 12 % | 16 % | 15 % | 30 % | 19 % |
| Jugendliche Gesetzesbrecher müssen für ihre Taten büßen (19) | 15 % | 32 % | 33 % | 12 % | 6 % | 1 % |
| Die Strafen müßten höher sein, um Jugendliche von Straftaten abzuschrecken (20) | 13 % | 11 % | 26 % | 14 % | 21 % | 15 % |
| Jugendliche Gesetzesbrecher müssen hinter Schloß und Riegel (24) | 6 % | 9 % | 21 % | 21 % | 25 % | 18 % |
| Polizei und Gerichte müßten mit jugendlichen Straftätern strenger umgehen (25) | 11 % | 20 % | 15 % | 19 % | 18 % | 10 % |
| Jugendliche, die durch ihr eigenes Tun in Schwierigkeiten geraten, müssen auch die Folgen allein tragen (26) | 12 % | 19 % | 25 % | 14 % | 23 % | 8 % |
| Strengere Gesetze könnten die Jugendkriminalität verringern (27) | 17 % | 17 % | 25 % | 10 % | 19 % | 13 % |
| Der Staat sollte mehr Geld für den Schutz seiner Bürger vor kriminellen Jugendlichen ausgeben (31) | 12 % | 19 % | 23 % | 14 % | 19 % | 13 % |

* Aufgrund von Rundungseffekten ergänzen sich die einzelnen Prozentzahlen nicht zu 100

| | Antwortverteilung (in Prozent*) | | | | | |
|---|---|---|---|---|---|---|
| | stimme sehr zu | stimme zu | stimme etwas zu | lehne etwas ab | lehne ab | lehne sehr ab |
| **(2 a) Aussagen zu Unterstützung/Umweltdenken, Annahmen zur Verursachung** | | | | | | |
| Einige Jugendliche leben in so schlimmen Familienverhältnissen, daß sie gar keine andere Möglichkeit haben, als straffällig zu werden (5) | 26 % | 27 % | 28 % | 7 % | 8 % | 5 % |
| Jugendliche, die straffällig werden, haben in ihrem Leben meistens Pech gehabt (6) | 5 % | 25 % | 36 % | 16 % | 16 % | 1 % |
| Wenn Jugendliche straffällig werden, dann zeigt das, daß sie mit ihren Problemen nicht fertig werden (10) | 23 % | 38 % | 27 % | 6 % | 3 % | 2 % |
| Jugendliche, die Straftaten begehen, sind in schlechter Gesellschaft aufgewachsen (14) | 9 % | 21 % | 39 % | 13 % | 13 % | 6 % |
| Ob ein Jugendlicher straffällig wird, hängt davon ab, wie sehr sich seine Eltern um ihn kümmern (17) | 36 % | 35 % | 20 % | 5 % | 3 % | 2 % |
| **(2 b) Aussagen zu Unterstützung/Umweltdenken, Annahmen zur Behandlung** | | | | | | |
| Jugendliche Straftäter sollte man mit Liebe und Einfühlungsvermögen behandeln (8) | 27 % | 41 % | 24 % | 5 % | 2 % | 1 % |
| Man müßte das Elternhaus und den Arbeitsplatz von Jugendlichen verändern, wenn man ihre weitere Straffälligkeit verhindern will (13) | 19 % | 35 % | 28 % | 7 % | 7 % | 3 % |
| Wenn die Richter einen Jugendlichen bestrafen, dann sollen sie seine Familienverhältnisse berücksichtigen (16) | 34 % | 44 % | 13 % | 3 % | 3 % | 3 % |
| Jugendliche Gesetzesbrecher sollten nicht bestraft, sondern erzogen werden (23) | 29 % | 39 % | 20 % | 5 % | 6 % | 1 % |
| Wenn ein Jugendlicher straffällig geworden ist, dann sollten das nur wenige Leute erfahren (30) | 36 % | 38 % | 14 % | 4 % | 5 % | 3 % |

* Aufgrund von Rundungseffekten ergänzen sich die einzelnen Prozentzahlen nicht zu 100

In Tabelle 1 sind die Aussagen des Einstellungsfragebogens nach Untertests geordnet abgedruckt. Im Originalfragebogen war die Reihenfolge anders und zwar durch Zufall bestimmt. Die befragten Personen hatten zu jeder Aussage 6 Antwortmöglichkeiten von starker Zustimmung bis starker Ablehnung, von denen sie eine auswählen mußten. Um sich eine Vorstellung von der Verteilung der Antworten machen zu können, sind für jede Aussage auch die Prozentanteile der jeweils gewählten Antworten angegeben. Die Antworten auf die einzelnen Aussagen sollten aber im Sinne der vorliegenden Untersuchung nicht getrennt interpretiert werden [9].

### 4.2. Ergebnisse »Autoritarismus/Vergeltung« und »Umweltdenken/Unterstützung« [10]

Teilt man die Antwortmöglichkeiten in Zustimmung und Ablehnung, so zeigt sich, daß knapp 84 % der Befragten die Aussagen des Tests Unterstützung/Umweltdenken positiv beurteilt haben. Das bedeutet, daß diese Aussagen nicht besonders klar zwischen den Befragten unterscheiden: unsere »Unterstützungs-Aussagen« werden auch von Befragten befürwortet, die im Test Autoritarismus/Vergeltung negative Einstellungen zu jugendlichen Delinquenten äußern. Möglicherweise liegt dies an den von uns verwendeten Begriffen. So können selbst Personen mit sehr unterschiedlichen Einstellungen zur Erziehung der Aussage: »Jugendliche Gesetzesbrecher sollten nicht bestraft, sondern erzogen werden« durchaus zustimmen, obwohl die einen damit meinen, daß man diese Jugendlichen »hart an die Kandarre« nehmen sollte, während die anderen darunter die Vermittlung von Verhaltensalternativen verstehen [11]. Beim Test Autoritarismus/Vergeltung fällt auf, daß sich die Aussagen mit sehr guten Trennschärfen [12] (über.60) hauptsächlich auf Behandlungsformen von straffällig gewordenen Jugendlichen beziehen; Beispiele: »Je öfter jemand straffällig wird, desto strenger muß er bestraft werden« oder »Eine kräftige Tracht Prügel wäre oft ganz gut für jugendliche Straftäter«. Offensichtlich ist dieser Untertest in weiten Teilen durch Annahmen zur Behandlung von Jugenddelinquenz gekennzeichnet. Dies ist insofern einleuchtend, als Annahmen über die Verursachung delinquenten Verhaltens eher vom Individuum wegführen als Annahmen zur Behandlung. Eine autoritär-vergeltende Einstellung bezieht sich hingegen darauf, das Individuum allein für seine Taten verantwortlich zu machen und Verhaltensursachen hauptsächlich in mangelnder Kontrolle individueller Impulse zu suchen.

Im Test Unterstützung/Umweltdenken ergibt sich bezüglich der Annahmen über Verursachung und Behandlung von Jugenddelinquenz ein ausgeglicheneres Bild. Aussagen mit guten Trennschärfen (über .40) beziehen sich sowohl auf die Umweltdeterminiertheit delinquenten Verhaltens, als auch auf die Notwendigkeit unterstützender Haltungen gegenüber jugendlichen Delinquenten (z. B. die Items 5, 8, 10, 16).

Einige Aussagen – ursprünglich explizit auf eine Stigmatisierungsperspektive hin formuliert – konnten in die Endfassung des Fragebogens nicht aufgenommen werden, da sie von der überwiegenden Mehrheit der Befragten positiv beantwortet wurden. Hierzu gehörten die Aussagen: »Auch wenn ein Jugendlicher schon einmal verurteilt worden ist, muß er im Alltag trotzdem genauso behandelt werden, wie ein nichtstraffälliger Jugendlicher«; und: »Verallgemeinerungen über straffällige Jugendliche sind meistens falsch«.

Stigmatisierungen auf dieser Allgemeinheitsebene waren für die meisten Befragten nicht annehmbar. Der Aussage: »Wenn ein Jugendlicher straffällig geworden ist, dann sollten das nur wenige Leute erfahren« stimmten 87 % der Befragten zu; auch dieses Ergebnis läßt die Interpretation zu, daß den Befragten die potentiell stigmatisierenden Wirkungen des Etiketts »Straffälliger« durchaus bewußt sind. Dagegen werden Stigmatisierungen, die »versteckter« formuliert sind, entweder nicht erkannt oder – was eher zu vermuten ist – von vielen Personen geteilt; Beispiel: »Je öfter jemand straffällig wird, desto strenger muß er bestraft werden« (57 % Zustimmungen). Das Stigma wiederholter Straffälligkeit ist offensichtlich ein ausreichender Grund für immer strengere Bestrafung des Täters.

Die Annahme liberaler Einstellungen gegenüber jugendlichen Delinquenten ist nach den vorliegenden Ergebnissen nur insofern haltbar, als Alternativen zu strafenden Behandlungsmethoden in Form von allgemeinen Absichtserklärungen akzeptiert werden; Beispiel: »Man müßte das Elternhaus und den Arbeitsplatz von Jugendlichen verändern, wenn man ihre weitere Straffälligkeit verhindern will«. Hat dagegen die Straffälligkeit eine gewisse Grenze überschritten, dann weicht die Toleranz der Ansicht, daß eine harte Bestrafung für Kriminelle angemessen sei (Item 4). Weiterhin ist die Überzeugung, daß man allein aus freiem Willen straffällig wird, noch weit verbreitet (Item 12).

4.3. Anzeigeverhalten, Erfahrung mit Straftätern und Sorge um straffällig gewordene Jugendliche

Bevor Zusammenhänge zwischen Einstellungswerten und einigen Sozialdaten der Befragten untersucht werden, seien einige »Nebenergeb-
nisse« der Erhebung, die insbesondere im Hinblick auf eine Stigmatisierungsperspektive relevant erscheinen, erwähnt:
Die Befragten sollten aus einer Anzahl von 8 Delikten diejenigen
angeben, die sie, falls sie deren Ausführung zufällig beobachteten, der
Polizei melden würden. Von den Befragten würden der Polizei jeweils melden:

90 % ein Sittlichkeitsdelikt
88 % vorsätzliche Körperverletzung
59 % Sachbeschädigung (Schaden über 100 DM)
56 % Betrug (Schaden über 100 DM)
52 % Diebstahl (Schaden über 100 DM)
41 % Sachbeschädigung (Schaden unter 100 DM)
39 % Betrug (Schaden unter 100 DM)
36 % Diebstahl (Schaden unter 100 DM)

Obwohl die Fragebogeninstruktion keinen Hinweis auf das Geschlecht
des Straftäters enthielt, gaben 76 % der Befragten an, nur an männliche Straftäter gedacht zu haben, 23 % hatten sowohl an Jungen, als
auch an Mädchen gedacht. 34,5 % der Befragten berichteten, daß sie
schon einmal Kontakt mit jugendlichen Delinquenten gehabt hätten;
46 % kreuzten an, schon einmal Opfer einer – meist leichteren – Straftat geworden zu sein; 20 % der Befragten gaben zu, schon einmal eine
Straftat begangen zu haben, ohne erwischt worden zu sein [13], 26 %
erklärten sich bereit, sich einen Abend pro Woche um straffällige
Jugendliche zu kümmern.

4.4. Einstellungen und Sozialdaten der Befragten

Tabelle 2 zeigt die Korrelationen von vier Sozialdaten der Befragten
mit den Einstellungswerten auf den beiden Untertests unserer Untersuchung: Bei der Interpretation dieser Korrelationen ist zu berücksichtigen, daß es sich hier nur um vorläufige Daten zur Hypothesen-
gewinnung handelt [14].

*Tabelle 2:* Korrelation von vier Sozialdaten mit den Einstellungswerten auf den beiden Untertests Unterstützung/Umweltdenken (UU) und Autoritarismus/Vergeltung (AV)

| Variable | Korrelation mit UU | Korrelation mit AV |
|---|---|---|
| Geschlecht | .12 (p < .05) | .07 (n. s.) |
| Alter | .03 (n. s.) | .50 (p < .01) |
| Bildung | .09 (n. s.) | .33 (p < .01) |
| Schicht | .12 (p < .05) | .34 (p < .01) |

p < .05 signifikantes Ergebnis
p < .01 sehr signifikantes Ergebnis
n. s.   nicht signifikant

Angesichts der bereits erwähnten geringen Differenzierungsfähigkeit der Items der Einstellungs-Dimension »Unterstützung/Umweltdenken« wundert es nicht, daß auch die Korrelationen zwischen den Sozialdaten der Befragten und ihren Einstellungswerten in diesem Untertest sehr niedrig sind. Nur die Variablen »Geschlecht« und »Schichtzugehörigkeit« zeigen signifikante Korrelationen, wobei Frauen positivere Einstellungswerte aufweisen als Männer, Mittelschichtangehörige positivere Werte als Unterschichtangehörige [15]. Da einige Untersuchungen (z. B. *Fisher* 1971; *Cohen/Struening* 1963) belegen, daß Frauen in Bezug auf humanitäre Konzepte meist positiver eingestellt sind als Männer, kann das Ergebnis bedeuten, daß Frauen bei ihren Aussagen weniger den bedrohlichen Straffälligen, als vielmehr den hilfsbedürftigen Jugendlichen vor Augen hatten. Allerdings ist zu berücksichtigen, daß die gefundenen Zusammenhänge recht niedrig sind.

Der schichtspezifische Befund entspricht den Ergebnissen anderer Untersuchungen über Einstellungen gegenüber Randgruppen (z. B. *Simmons* 1965; *McIntyre* 1967; *Jäckel/Wieser* 1970), kann aber unseres Erachtens nicht eindeutig interpretiert werden: Einstellungsfragebogen werden fast immer von Mittelschichtangehörigen konstruiert, und die Aussagen beinhalten weitgehend mittelschichtspezifische Vorstellungen und Annahmen über das infrage stehende Einstellungsobjekt. Außerdem ist es durchaus möglich, daß Personen Items unterschiedlich auffassen, obwohl sie den Einstellungsgegenstand gleich bewerten. Dies läßt sich besonders gut an der Aussage: »Die Jugendlichen haben zuviel Freizeit, deshalb kommen sie auch auf dumme Gedanken« verdeutlichen: Personen mit positiven Einstellungen gegenüber jugendlichen Delinquenten könnten diese Aussage ablehnen, wenn sie keinen

Zusammenhang zwischen Freizeit und Delinquenz vermuten; es wäre aber auch denkbar, daß sie dem Inhalt der Aussage zustimmen, da sie einige Freizeitaktivitäten von Jugendlichen kennen und meinen, daß diese verändert werden müßten. Es ist also möglich, daß Schichtunterschiede in bezug auf Einstellungswerte weniger »Einstellungsdifferenzen« als vielmehr Verständnisdifferenzen in bezug auf die Items ausdrücken.

Im Untertest »Autoritarismus/Vergeltung« fällt die hohe Korrelation zwischen Alter und autoritärer Einstellung gegenüber jugendlichen Delinquenten auf: Ältere Befragte haben in diesem Bereich wesentlich autoritärere Einstellungen als jüngere Personen [16]. Geht man davon aus, daß ein kultureller Wandel in bezug auf autoritäre Einstellungen innerhab der letzten 20–30 Jahre stattgefunden hat, würde dies eine im Vergleich zu heutigen Einstellungen stärker autoritär orientierte Einstellungsbildung älterer Personen bedeuten. Im Bereich anderer sozialer Einstellungen sind zeitbedingte Veränderungen in Richtung auf Verminderung autoritärer Vorstellungen bereits nachgewiesen worden (z. B. *Devereux/Bronfenbrenner/Suci*, 1971 (1962); *Herrmann* 1966). Es besteht die Möglichkeit, daß ein solcher Wandel auch in bezug auf die Einstellungen zu Straftätern zu verzeichnen ist; außerdem könnte ein Gefühl der Bedrohung durch jugendliche Delinquente insbesondere von älteren Personen empfunden werden [17].

Im Hinblick auf den signifikanten Zusammenhang zwischen Schichtzugehörigkeit und Einstellung im Untertest Autoritarismus/Vergeltung können dieselben Argumente angeführt werden, die auch schon bei den Ergebnissen zu Untertest Unterstützung/Umweltdenken genannt wurden. Der Befund, daß Befragte mit höherer Schulbildung weniger autoritäre Einstellungen zu jugendlichen Delinquenten zeigen als Personen mit Volksschulbildung, ist unseres Erachtens sowohl über die Variable »Zugänglichkeit zu Informationen« [18] als auch mit der Fähigkeit höher gebildeter Personen, sich situativ angemessen zu verhalten (etwa im Sinne der sozialen Erwünschtheit gegenüber dem Forscher), zu erklären.

### 4.5. Erfahrung mit Straftätern und Bereitschaft zum Helfen als Einstellungsdeterminanten

Wir wollen nun den Zusammenhang zwischen den in unseren Untertests gemessenen Einstellungen und vier weiteren Variablen untersuchen, die sich – im Gegensatz zu den Sozialdaten – speziell auf den

Bereich »abweichendes Verhalten – jugendliche Straftäter« beziehen. Tabelle 3 zeigt die entsprechenden Korrelationswerte der Untertests mit den Variablen »Kontakt zu jugendlichen Straftätern gehabt«, »Opfer einer Straftat geworden«, »selbstverübte Straftaten« und »Bereitschaft, sich um straffällig gewordene Jugendliche zu kümmern«.

*Tabelle 3:* Korrelation von vier »Erfahrungsdaten« mit den Einstellungswerten auf den beiden Untertests Unterstützung/Umweltdenken (UU) und Autoritarismus/Vergeltung (AV)

| Variable | Korrelation UU | Korrelation AV |
|---|---|---|
| Hat der Befragte schon einmal Kontakt mit straffälligen Jugendlichen gehabt? | .02 (n. s.) | .18 (p < .01) |
| War der Befragte schon einmal Opfer einer Straftat? | .06 (n. s.) | .13 (p < .05) |
| Hat der Befragte selbst schon einmal eine Straftat begangen ohne erwischt worden zu sein? | .02 (n. s.) | .21 (p < .01) |
| Würde sich der Befragte einen Abend pro Woche um straffällige Jugendliche kümmern? | .08 (n. s.) | .32 (p < .01) |

Nach Tabelle 3 legt unsere Untersuchung folgende Ergebnisse nahe:

a) Die signifikante Korrelation zwischen »hat der Befragte Kontakt mit jugendlichen Straftätern gehabt« und den Einstellungswerten im Untertest Autoritarismus/Vergeltung deutet darauf hin, daß tatsächliche Erfahrungen mit jugendlichen Delinquenten in der untersuchten Stichprobe autoritäre Einstellungen offenbar nicht begünstigen.

b) Personen, die schon einmal Opfer einer Straftat waren, beurteilen jugendliche Straftäter weniger autoritär als Personen, die noch nicht Opfer gewesen sind. Hierbei ist jedoch zu berücksichtigen, daß die befragten Personen überwiegend leichteren Delikten zum Opfer gefallen waren. Offensichtlich zwingt also die Erfahrung Opfer einer Straftat geworden zu sein, dazu, das Problem »Straffälligkeit« anhand dieses Beispieles genauer zu durchdenken: bei der Konfrontation mit einem konkreten Straftäter und mit einer konkreten Straftat fällt eine eindeutig negative Wertung aufgrund vieler, sich teilweise widersprechender Informationen offenbar schwerer, als wenn das abstrakte Konzept »jugendlicher Straftäter« nicht durch eigene Erfahrung vermittelt zur Diskussion steht [19].

c) Rund 20 Prozent der befragten Personen gaben an, schon einmal eine Straftat begangen zu haben ohne erwischt worden zu sein. Diese selbstberichtete Delinquenz korreliert signifikant mit einer weniger autoritären Einstellung zu jugendlichen Delinquenten (r = .21): Wenn man sich selbst eingesteht, bereits strafbare Handlungen begangen zu haben, dann ist es im allgemeinen zur Aufrechterhaltung des Selbstwertgefühls notwendig, auch gegenüber offiziellen Straftätern relativ tolerant eingestellt zu sein.

d) Die Frage »Wären Sie bereit, sich einen Abend pro Woche um straffällige Jugendliche zu kümmern« wurde von 26 % der Befragten mit »ja« beantwortet. Diese Antwort korreliert signifikant mit den Einstellungswerten im Test Autoritarismus/Vegeltung. Anders ausgedrückt: Personen, die den Aussagen im Test Autoritarismus/Vergeltung überwiegend zustimmen, sind weniger häufig bereit, sich einen Abend pro Woche um straffällig gewordene Jugendliche zu kümmern als Personen, die den Aussagen von diesem Untertest eher ablehnend gegenüberstehen [20].

## 4.6. Sozial- und Erfahrungsdaten in ihrer Beziehung zu den Einstellungswerten

Zwischen den in den beiden vorangegangenen Abschnitten diskutierten Variablen – Geschlecht, Alter, Bildung, Schicht, Kontakt zu Delinquenten, Opfer von Straftaten, selbstberichtete Delinquenz und Bereitschaft, sich um straffällig gewordene Jugendliche zu kümmern – und den jeweiligen Einstellungswerten der beiden Untertests wurden multiple Korrelationen [21] berechnet.

Für den Untertest *Unterstützung/Umweltdenken* ergab sich hierbei eine multiple Korrelation von .21; das heißt, daß nur etwa 4 % der Unterschiede in den Einstellungswerten durch die hier angeführten Variablen erklärt werden können [22]. Der wichtigste Grund hierfür ist, daß Aussagen mit einem so hohen Allgemeinheitsgrad, wie sie für den Test Unterstützung/Umweltdenken charakteristisch sind, auch ganz allgemein akzeptiert werden und insofern kaum davon abhängen, ob z. B. der Befragte nun 20 oder 50 Jahre alt ist, die Volksschule oder das Gymnasium besucht hat.

Ein anderes Bild vermittelt der Untertest *Autoritarismus/Vergeltung*. Hier besteht eine multiple Korrelation von .64 zwischen den acht untersuchten Variablen und den Einstellungswerten des Tests; das heißt, daß 41 % der Unterschiede dieser Werte durch die genannten Variablen erklärt werden können. Was die Beantwortung des Untertests Autoritarismus/Vergeltung anbetrifft, ist es also keineswegs unwichtig, wer gefragt wird; die Antworten unterscheiden sich – je nach Kombination der Sozial- und Erfahrungsvariablen – beträchtlich.

## Zusammenfassung

1. Einstellungen zu – und im Extremfall Stigmatisierungen von – Randgruppen sind in einem interaktionistischen Ansatz abweichenden Verhaltens zu untersuchen.

2. In der vorliegenden Arbeit werden Einstellungen zu straffällig gewordenen Jugendlichen auf den Dimensionen Unterstützung/ Umweltdenken und Autoritarismus/Vergeltung erfaßt. Erstere ist charakterisiert durch Annahmen über Ursachen von Kriminalität, die nicht ausschließlich im Individuum liegen und durch Behandlungsvorstellungen, die sich an humanitären Konzepten orientieren. Letztere kann grob als Schuld-Sühne-Denken bezeichnet werden.

3. Die Befragten befürworteten sowohl allgemein gehaltene Unterstützungsaussagen, als auch stark strafend orientierte Behandlungsvorschläge. Dieses scheinbar widersprüchliche Ergebnis wird folgendermaßen interpretiert: Sobald bestimmte Aussagen eindeutig als Stigmatisierungen von jugendlichen Straftätern erkannt werden, werden diese abgelehnt. Auf einer sehr allgemeinen Ebene sehen viele Befragte die Möglichkeit, daß Kriminalisierungsprozesse durch negative Beurteilungen und Erwartungen seitens der Umwelt eingeleitet werden können. Dagegen hapert es offensichtlich bei der Umsetzung dieser Erkenntnis: Im Einzelfall muß jemand, der mehrere Straftaten begangen hat, in der Meinung der Befragten eben doch strenger bestraft werden; auch wird Kriminalität immer noch als eine Angelegenheit des freien Willens verstanden. Mit anderen Worten: Weniger direkt angesprochene Stigmatisierungen werden nicht mehr als solche erkannt, bzw. die darin zum Ausdruck kommenden Inhalte werden in großem Maße akzeptiert [23].

4. Es konnten vor allem folgende Beziehungen zwischen den Einstellungswerten und ausgewählten Sozialdaten der Befragten aufgezeigt werden: a) Frauen und Angehörige der Mittelschicht äußerten im Test Unterstützung/Umweltdenken leicht positivere Einstellungen als Männer und Angehörige der Unterschicht. b) Autoritäre Einstellungen zu jugendlichen Delinquenten nahmen mit dem Alter der Befragten zu. c) Ebenso äußerten Unterschicht-

angehörige und – damit zusammenhängend – Personen mit niedriger Schulbildung eher autoritäre Einstellungen als Mittelschichtangehörige und Personen mit höherer Schulbildung.

5. Personen, die schon einmal Opfer einer Straftat waren, die Kontakt mit jugendlichen Delinquenten hatten und solche, die angaben, selbst schon einmal eine Straftat begangen zu haben, beurteilten jugendliche Straftäter weniger autoritär. Dies trifft auch auf Personen zu, die bereit sind, sich einmal in der Woche um solche Jugendlichen zu kümmern.

## Anmerkungen

1 Unter »straffällig gewordenen Jugendlichen« – im folgenden synonym mit »jugendliche Straftäter«, »jugendliche Deliquente« – verstehen wir Jugendliche und Heranwachsende zwischen 14 und 21 Jahren, die schon einmal wegen einer Straftat verurteilt wurden.

2 Wir ziehen den Begriff »interaktionistischer Ansatz« den Bezeichnungen »labeling approach«, »Etikettierungstheorie« oder »sozialer Reaktionenansatz« vor, da die letztgenannten Begriffe den Eindruck entstehen lassen, nur die Reaktionen Anderer seien für Abweichung von Bedeutung.

3 Im wesentlichen werden zwei theoretische Festlegungen unterschieden: Die Wahrscheinlichkeitskonzeption und die Konzeption eines »latenten Prozesses« als Einstellung.

4 *English/English* definieren Disposition als »... a general term for many (hypothesized) organized and enduring parts of the total psychological or psychophysiological organization in virtue of which a person is likely to respond to certain statable conditions with a certain kind of behavior« (1958, S. 158).

5 Die »klassische« Untersuchung zum Themenbereich »Einstellung und Verhalten« ist die von *LaPiere* 1934. Zusammenfassende Diskussion bei *Wicker* 1969 und *Benninghaus* 1973.

6 Zu ätiologischen Ansätzen und ihrem begrenzten Wert für die Kriminologie vgl. *Quensel* 1964, S. 79 ff.

7 Vgl. hierzu die Überlegungen von *Cohen/Struening* 1963 zur Beschäftigung psychiatrischer Krankenschwestern.

8 Zur Konstruktion des Meßinstruments siehe *Abele/Nowack* (1973).

9 Die 21 bzw. 10 Items der beiden Untertests werden als jeweils eine Dimension (im Sinne der Faktorenanalyse) aufgefaßt. Die einzelnen Items sind insofern nur in bezug auf die zugehörige Gesamtdimension zu interpretieren.

10 Der Untertest Autoritarismus/Vergeltung (mittlere Trennschärfe .63; Zuverlässigkeit/interne Konsistenz .94) erweist sich gegenüber dem Untertest Unterstützung/Umweltdenken (mittlere Trennschärfe .45; Zuverlässigkeit .78) als überlegen. Die Items von Untertest Unterstützung/Umweltdenken haben Mittelwerte, die überwiegend zum positiven Pol der Einstellung weisen, während die Mittelwerte von Untertest Autoritarismus/Vergel-

tung um Großteil eher zum negativen Pol zeigen (durchschnittliche Item-mittelwerte: 2,45 versus 3,45).

11 Auch ist eine Beantwortung der Unterstützung/Umweltdenken-Items im Sinne der »sozialen Erwünschtheit« nicht auszuschließen. Dies ist jedoch auf dem Hintergrund der generell eher negativen Beantwortung der Autoritarismus/Vergeltungs-Items nicht wahrscheinlich.

12 Die Trennschärfe bezeichnet den Anteil, den das entsprechende Item am Gesamttestergebnis hat. Haben nun im Untertest AV solche Items hohe Trennschärfen, die Behandlungsformen von jugendlichen Delinquenten beinhalten, so kann man daraus schließen, daß AV insgesamt vor allem durch Einstellungen zur Behandlung gekennzeichnet ist.

13 Hier wird nur die Frage nach unentdeckten eigenen Delikten erwähnt, da von den 220 Befragten nur 2 angaben, »offiziell« vorbestraft zu sein.

14 Die Vorläufigkeit der Daten liegt darin begründet, daß an ein und derselben Stichprobe sowohl der Fragebogen konstruiert als auch die Korrelationsstatistiken errechnet wurden.

15 Schichtindex nach *Kleining/Moore* (1968); Fremdeinschätzung.

16 *Jäckel/Wieser* (1970) erhielten ähnliche Ergebnisse bezüglich der Einstellungen zu Geisteskranken.

17 Für das Gefühl subjektiver Bedrohung allgemein spricht, daß ältere Probanden (über 60 Jahre) signifikant häufiger ein Interview verweigerten, als jüngere Probanden.

18 Die Zugänglichkeit zu theoretisch/wissenschaftlichen Informationen über Jugenddelinquenz ist u.E. in der Mittelschicht größer als in der Unterschicht. Unter der Annahme, daß diese Informationen verbale Einstellungen in positive Richtung verändern, ist das gefundene Korrelationsergebnis plausibel. *Simmons* (1965) konnte zeigen, daß Mittelschichtangehörige zwar Ansichten über »Abweichler« haben, die eher wissenschaftliche Theorien widerspiegeln als die Ansichten von Unterschichtangehörigen; daß jedoch Unterschiede in der Stereotypität, mit die die Ansichten vorgetragen werden, nicht existieren.

19 *McIntyre* (1967) fand, daß sich Opfer und Nicht-Opfer in ihrer Beurteilung von Kriminalität nicht unterschieden. Allerdings liegen keine Angaben über die Schwere der Delikte, denen einige Befragte zum Opfer fielen, vor.

20 Dieser Befund kann als Hinweis für die Konstruktvalidität des Fragebogens verstanden werden.

21 Beim Verfahren der multiplen Korrelation soll eine Variable (die Abhängige) aufgrund der Kombination zweier oder mehrerer anderer (unabhängiger) Variablen vorhergesagt werden. Im vorliegendem Fall soll also jeweils der Einstellungswert von AV und UU aufgrund der 8 soziodemographischen Variablen vorhergesagt werden.

22 Der erklärbare Prozentsatz der Unterschiede (Varianzen) in den Einstellungswerten ist gleich dem Quadrat des multiplen Korrelationskoeffizienten (Determinationskoeffizient).

23 Noch eine Bemerkung zum Untertest *Unterstützung/Umweltdenken:* Trotz wenig befriedigender statistischer Kennwerte sollte diese Skala beibehalten werden, um Beantwortungstendenzen entgegenzuwirken (z.B. der Ja-sage-tendenz). Auf jeden Fall müssen beide Untertests getrennt ausgewertet werden.

# Literatur

*Abele, A*, unter Mitarb. v. *S. Mitzlaff* u. *W. Nowack:* Einstellungen gegenüber Abweichlern und abweichendem Verhalten, in: dies. (Hrsg.): Abweichendes Verhalten. Erklärungen, Scheinerklärungen und praktische Probleme. Stuttgart 1975, S. 231–258.

*Abele, A./Nowack, W.*, Eine Untersuchung zur Einstellung der Bevölkerung gegenüber straffälligen Jugendlichen. Manuskript, Konstanz 1973.

*Alberts, W. E.*, Personality and attitudes toward juvenile delinquency: a study of protestant ministers, in: Journal of Social Psychology, 1963, S. 71–83.

*Becker, H. S.*, Outsiders. Glencoe, 1963 (deutsch: Frankfurt/Main 1973).

*Benninghaus, H.*, Soziale Einstellungen und soziales Verhalten. Zur Kritik des Attitüdenkonzepts, in: *Albrecht, G./Daheim, H./Sack, F.* (Hrsg.), Soziologie. Sprache, Bezug zur Praxis, Verhältnis zu anderen Wissenschaften, Opladen 1973.

*Cohen, J./Struening, E. L.*, Opinions about mental illness in the personnel of two large mental hospitals, in: Journal of Abnormal and Social Psychology, 1962, S. 349–360.

*DeFleur, M./Westie, F.*, Attitude as a scientific concept, in: Social Forces, 1963, S. 17–31.

*Devereux, E./Bronfenbrenner, U./Suci, G.*, Zum Verhalten der Eltern in den USA und in der BRD, in: *Friedeburg, I..* (Hrsg.): Jugend in der modernen Gesellschaft, Köln 1971, S. 335–357 (original 1962).

*Ehrlich, H. J.*, Attitudes, behavior and the intervening variables, in: American Sociologist, 1969, S. 29–34.

*English, H. B./English, A. C.*, A comprehensive dictionary of psychological and psychoanalytical terms, London 1958.

*Fishbein, M.*, A consideration of beliefs and their role in attitude measurement, in: *Fishbein, M.* (Hrsg.), Readings in attitude theory and measurement, New York 1967, S. 257–266.

*Fisher, E. H.*, Who volunteers for companionship with mental patients? A study of attitude-belief-intention relationships, in: Journal of Personality, 1971, S. 552–563.

*Herrmann, T.* (Hrsg.), Psychologie der Erziehungsstile. Göttingen 1966.

*Hess, H.*, Kriminelle Karrieren Jugendlicher in einem Armenghetto, in: Kriminologisches Journal 1972, S. 258–271.

*Jäckel, M./Wieser, S.*, Das Bild des Geisteskranken in der Öffentlichkeit, Stuttgart 1970.

*Kerlinger, F. N.*, Social attitudes and their criterial referents. A structural theory, in: Psychological Review, 1967, S. 110–122.

*Kleining, G./Moore, H.*, Soziale Selbsteinstufung (SSE), in: Kölner Zeitschrift für Soziologie und Sozialpsychologie 1968, S. 502–552.

*LaPiere, R. T.*, Attitudes versus action, in: Social Forces, 1934, S. 230 bis 237.

*McIntyre, J.*, Public attitudes towards crime and law enforcement, in: The Annals of the American Academy of Political and Social Sciences, 1967, S. 34–46.

*Quensel, S.*, Sozialpsychologische Aspekte der Kriminologie, Stuttgart 1964.

*Rosenhan, D. L.*, On being sane in insane places, in: Science, 1973, S. 250–258.

*Sherif, M./Sherif, C. W.*, Social psychology, New York 1969.

*Simmons, J. L.*, Public stereotypes of deviants, in: Social Problems, 1965, S. 223–232.

*Wicker, A. W.*, Attitudes versus action: The relationship of verbal and overt behavioral responses to attitude objects, in: Journal of Social Issues, 1969, S. 41–78.

Susanne Karstedt

# Soziale Randgruppen und soziologische Theorie[*]

Die Produktion gesellschaftlicher Randgruppen zu untersuchen, heißt zunächst, deren Produzenten ausfindig zu machen. Sozialwissenschaftler, die sich mit den Instanzen sozialer Kontrolle befassen, tendieren dazu, eher die dort tätigen Praktiker als solche Produzenten zu »entlarven« als sich selbst und ihre Theorien daraufhin zu befragen, inwieweit sie als Angehörige der »herrschenden Mehrheit« und die sozialwissenschaftlichen Theorien, die sie zur Anwendung bringen, eine wesentliche Rolle in diesem Produktionsprozeß spielen. Sie versuchen, etablierte Alltagsvorstellungen über abweichendes Verhalten zu relativieren, ohne zu analysieren, wo und in welchem Maße sie Eingang in ihre Theorien gefunden haben. Die Analysen der soziologischen Theorien über abweichendes Verhalten und soziale Randgruppen (*Rubington/ Weinberg* 1971, *Mills* 1943, *Gouldner* 1970, *Lowry* 1974) zeigen jedoch deutlich, daß zwischen wissenschaftlichem Interesse und gesellschaftlichen Forderungen, sowie zwischen sozialwissenschaftlichen Theorien und gesellschaftlicher Haltung und Praxis gegenüber Randgruppen eine enge Beziehung besteht.

So läßt sich das sprunghaft gestiegene wissenschaftliche Interesse an der Problematik sozialer Randgruppen, das gegenwärtig zu beobachten ist, in zwei parallele, eng miteinander verknüpfte Entwicklungen einordnen. Zum einen ist es Ausdruck eines – auch durch die Aktionen der Studentenbewegung – gesteigerten öffentlichen Interesses für die sozialen Minderheiten oder die Unterprivilegierten der Gesellschaft. Angesichts der steigenden Zahl drogengefährdeter Jugendlicher aus der Mittelschicht und verantwortungsloser Umweltverschmutzung, aber auch angesichts der Gefahr, als alternder Mensch oder im Zuge der Stadtsanierung im Ghetto für Randständige zu landen, schärfte sich der Blick für die Fragwürdigkeit der moralischen Kategorien, mit deren Hilfe der abweichende Einzelne identifiziert und stigmatisiert wird. Zum anderen weist die Analyse der sozialwissenschaftlichen Literatur über soziale Randgruppen auf eine Krise der »wissenschaftlichen Paradigmata« (*Kuhn* 1973, S. 28) [1] hin, die die Theorie und Forschung über »soziale Probleme« leiteten (*Lowry* 1974, S. IX). Da die Sozialwissenschaft willig den moralischen Kategorien der weit-

* Anmerkungen s. S. 190

verbreiteten Alltagsvorstellungen über abweichendes Verhalten (»popular myths«, *Lowry*, S. 19) gefolgt war (vgl. *Mills* 1943), mußte deren Zusammenbruch auch sie betreffen. Die Darstellung sozialer Probleme konnte sich nicht mehr in der Behandlung einzelner Themen – vom Alkoholismus bis zur Urbanisierung – erschöpfen, ohne den Zusammenhang zwischen ihnen zu behandeln, und die Beziehung zwischen den Prozessen der Definition, der Identifizierung und der Lösung sozialer Probleme vernachlässigen. Vor allem der »labeling approach« – oder die interaktionistische Theorie abweichenden Verhaltens – hat wesentlich dazu beigetragen, daß diese Probleme ins Blickfeld rückten und war somit entscheidend an der »Revolution« wissenschaftlicher Paradigmata beteiligt (*Lowry* 1974, S. 102 f.).

Die Einführung des Begriffes und der analytischen Konzeption der »sozialen Randgruppe« durch *Fürstenberg* (1965) ist selbst gekennzeichnet durch den Wandel der wissenschaftlichen Paradigmata. Während *Fürstenberg* einerseits die Entstehung von Randgruppen auf mißlungene Sozialisations- und Integrationsprozesse Einzelner zurückführt, betont er andererseits die Möglichkeit des Konfliktes und des sozialen Wandels, die sich aus der Ablehnung gesellschaftlicher Werte und durch das Ausscheren aus dem gesellschaftlichen Wertkonsens durch die Randgruppen ergeben. In *Fürstenbergs* Konzeption zeigt sich sehr deutlich die Entwicklung der soziologischen Theorien abweichenden Verhaltens, in denen Konzeptionen, die die Wichtigkeit gesellschaftlicher Ordnung und gemeinsamer Wertorientierungen betonen, an Bedeutung verlieren.

Bei einer Analyse der wissenschaftlichen Literatur zum Thema »soziale Randgruppen« fällt derzeit auf, daß unter dem Begriff »Randgruppe« – ähnlich dem Begriff »soziale Probleme« – einzelne Problemgruppen der Gesellschaft – Homosexuelle, Lehrlinge, Gastarbeiter, Arbeitnehmerinnen u. a. – subsumiert werden, ohne daß der Gebrauch dieses Begriffes präzisiert und der Zusammenhang zwischen Definition, Identifizierung und Aktion der Gesellschaft gegenüber den Randgruppen deutlich gemacht wird [2]. Um vor allem der Gefahr zu entgehen, daß in die Verwendung des Begriffes vorwiegend gesellschaftliche Alltagsvorstellungen über randständige Gruppen einfließen, ist es notwendig, den Begriff zu einer analytischen Konzeption zu entwickeln und in bestehende Theorien einzufügen, um so die komplexen Zusammenhänge des Produktionsprozesses von Randgruppen deutlich zu machen. Einem solchen Versuch ist der letzte Teil des Aufsatzes vorbehalten.

# 1. Die Krise der Behandlung »sozialer Probleme«

Um den gesellschaftlichen und wissenschaftshistorischen Hintergrund der Krise der sozialen Probleme zu verdeutlichen, soll zunächst die Randgruppenstrategie der Studentenbewegung kurz skizziert werden. Die Studentenbewegung verhalf nicht nur dem allgemeinen Unmut über das Versagen der bürokratischen Institutionen bei der Lösung sozialer Probleme zu einer präziseren Artikulation und zur Umsetzung in neue Formen der Praxis, sondern sie verarbeitete auch neue theoretische Ansätze und gab der wissenschaftlichen Forschung über soziale Probleme neue Impulse.

Wie sich die Krise der sozialen Probleme in einer Krise der wissenschaftlichen Paradigmata niederschlägt, will ich an der Entwicklung der soziologischen Theorien sozialer Probleme und speziellen soziologischen Theorien ethnischer und kultureller Minderheiten zeigen; anschließend sollen dann die neuen Ansätze – labeling-approach und Konflikttheorie – vorgestellt werden.

## 1.1. Studentenbewegung und Randgruppenarbeit

Einen breiten Raum innerhalb der Studentenbewegung nahm die Randgruppendiskussion (*Schwendtner* 1973) ein, in der zunächst die Ideen *Marcuses* aufgegriffen wurden. Hier bot sich ein doppelter Ansatz. Einmal wurde zu praktischer Tätigkeit aufgerufen, da das Leben der Randgruppenangehörigen »am unmittelbarsten und realsten der Abschaffung unerträglicher Verhältnisse und Institutionen« bedarf. Während es sich hierbei zunächst noch um Aktionen im Sinne der Sozialarbeit handelt, wird »das Substrat der Geächteten und Außenseiter« darüber hinaus auch als Ansatzpunkt für langfristige politische Strategien der Veränderung gesehen: denn, unterhalb der »konservativen Volksbasis« stehend, »existieren sie außerhalb des demokratischen Prozesses; ... ihre Opposition ist revolutionär, wenn auch nicht ihr Bewußtsein ... (sie) trifft das System von außen und wird deshalb nicht durch das System abgelenkt« (*Marcuse* 1967, S. 267). Studentische Tätigkeit im Randgruppenbereich verstand sich daher als Doppelstrategie in dem Sinne, daß Sozialarbeit vor allem als Mittel zum Zweck der (politischen) Selbstorganisation der Randgruppenangehörigen dienen sollte.

Die Tatsache, daß die Randgruppenbereiche zwar als scharf begrenzte und diskriminierte, aber notwendige »Freigehege« (*Richter* 1974, S. 299) toleriert werden, kam den Zielen und dem Selbstverständnis studentischer Gruppen entgegen. Sie sahen sich in einer »gesellschaftlichen Zwischenlage im Kampf um Privilegien« (*Krüger* 1973, S. 122), und begriffen sich als Träger einer Sub- und Gegenkultur zur Leistungsgesellschaft. In den Randgruppen vermuteten sie ähnlich geartete antiutilitaristische, expressive Subkulturen.

Das heißt, sie nahmen an, daß das Wert- und Normenmuster der Randgruppen nicht durch Leistungs- und Zweckdenken geprägt, sondern am spontanen Ausdruck von Gefühlen und Befriedigung von Bedürfnissen orientiert ist; deshalb fühlten sie sich als Angehörige des Bildungsbürgertums zu diesen hingezogen (*Young* 1974, S. 167). Auch bot die Randgruppenarbeit ihnen die Möglichkeit zu Leistungen, die im Rahmen des Bewertungssystems der Industriegesellschaft, dessen grundlegender Maßstab sicht- und meßbarer Nutzen und Leistung ist, gering geachtet wurden.

Da die Gesellschaft ihr Desinteresse und ihre Haltung gegenüber sozialen Randgruppen im Mangel an Personal, Planung und finanziellen Mitteln zum Ausdruck bringt, stand den Studenten für ihre Aktionen ein relativ breiter Freiraum zur Verfügung. Die Integration und Kooperation mit den Institutionen der Sozialarbeit und den Mitgliedern der sogenannten sozialen Berufe wurde erleichtert durch deren eigene antiutilitaristische Orientierung. Gleichzeitig waren die Behörden gegenüber neuen Projekten und Experimenten aufgeschlossen, da sie sich in einer Phase der Umorientierung vom puritanisch-karitativen Ansatz hin zu einer Haltung aufgeklärter Toleranz, verbunden mit einer Verstärkung des »Effizienzdenkens«, befanden.

Die Randgruppenarbeit der Studenten scheiterte jedoch gerade an ihren Grundannahmen; denn: die Randgruppen – mit Ausnahme der Jugendlichen und Drogensubkulturen [3] – bilden weder Subkulturen mit antiutilitaristischer, expressiver Wertorientierung, noch sind sie derzeit als Subproletariat politischen Strategien zugänglich.

Die Studenten realisierten nicht, daß ihre Erfahrungen und Motivationsstruktur aus dem System »heraus« zu streben, in das sie integriert sind, eine grundsätzlich andere als die Erfahrung und Motivationsstruktur derjenigen ist, »die – am Rande stehend oder ausgeschlossen – ›hinein‹ wollen« (*Gouldner* 1974, S. 487).

Im Bereich der sozialen Randgruppen schien ihnen »authentische Erfahrung« (*Young* 1974, S. 168) und »authentisches« Verhalten möglich, d. h. Erfahrungen und Verhaltensweisen, die sich direkt aus aktuellen Motiv- und Bedürfnisstrukturen herleiten, »ungeachtet der Tatsache, ob (diese) vom Standpunkt ›ehrbarer‹ Forderungen niedrig und gemein sind« (*Gouldner* 1974, S. 503). Da dieses Verhalten den

Zielsetzungen der Studentenbewegung entsprach, ging es in der studentischen Randgruppenarbeit weniger darum, soziale Probleme anzupacken, als um die Möglichkeit, das eigene Selbstverständnis zu finden, auszudrücken und anderen zu vermitteln. Der eigentliche Erfolg der Randgruppenarbeit ist deshalb nicht im Gelingen einzelner Aktionen zu sehen, sondern darin, inwieweit es gelang, Randständigkeit zum Thema allgemeinen Interesses und zu einem zentralen Gegenstand der Forschung zu machen. Bemessen an der Zahl der Publikationen, Bürgerinitiativen, Forschungsarbeiten und Aussagen von Politikern ist das gelungen [4].

## 1.2. Soziale Probleme und soziologische Theorie

Die zentrale Stellung, die die »sozialen Probleme« [5] in der amerikanischen – im Gegensatz zur europäischen – Soziologie einnehmen, ist nicht Ausdruck einer besonders praxisnahen soziologischen Richtung, sondern sie läßt sich auf die grundsätzliche Orientierung der amerikanischen Soziologie zurückführen. In der Tradition *Durkheims* und auch *Spencers* stehend, nahm das Problem gesellschaftlicher Ordnung, auch im Sinne einer moralischen Ordnung, den wichtigsten Platz in der amerikanischen Soziologie ein (*Gouldner* 1974, Bd 1). Die Verbindung zwischen einer »harmonischen Konzeption des Gesellschaftlichen« (*Albrecht* 1973, S. 797) und einem relativ ungebrochenen Fortschrittsglauben bestimmte die Perspektive der amerikanischen Soziologie: soziale Probleme galten ihnen als störend für die gesellschaftliche Ordnung, niemals jedoch als zerstörerisch; sie sahen in ihnen nicht gesamtgesellschaftliche Ungeordnetheit, sondern machten sie in gesellschaftlichen Teilbereichen oder Individuen fest. Damit wurden sie zu lösbaren Problemen, deren endgültige Bearbeitung die Soziologen einer spezialisierten Wohlfahrtsbehörde überlassen konnten. Um die Prämisse der Ordnung gesellschaftlicher Systeme aufrechtzuerhalten und gleichzeitig den mit der Problemlösung betrauten Institutionen mundgerechte Stücke liefern zu können, mußten die sozialen Probleme aus komplexen gesellschaftlichen Ursache-Wirkungszusammenhängen herausgelöst werden; mit der Verlagerung in soziale Teilbereiche reduzierten sie sich zu einzelnen, beziehungslos nebeneinander stehenden sozialen Problemen (*Lowry* 1974, S. IX). Das Endergebnis dieses Reduktionsprozesses war dann die Konzentration auf das als »problematisch« oder »abweichend« definierte Verhalten einzelner Personen. Damit wurde das Problem gesellschaftlicher Ordnung und allgemeingültiger Wertsysteme auf die Frage nach dem Mißlingen der

Integration des Einzelnen in die Gesellschaft und den Gründen für das Ausscheren aus dem gesellschaftlichen Wertkonsensus zurückgeführt.

Dieser Reduktionsprozeß wird sowohl in der historischen Abfolge der Perspektiven – Sozialpathologie, soziale Desorganisation, abweichendes Verhalten – wie auch innerhalb der Entwicklung dieser einzelnen Perspektiven sichtbar [6].

Sozialpathologie und die Theorie der sozialen Desorganisation sind in erster Linie vor dem Hintergrund der Entwicklung der Industriegesellschaft zu sehen. Mehr als eine Generation amerikanischer Soziologen, die vorwiegend aus der amerikanischen »Provinz« stammten [7], sahen soziale Probleme als Folgeprobleme des Wandels in der Industriegesellschaft; die Veränderung gesellschaftlicher Ordnung manifestierte sich ihnen vor allem in Urbanisierungsprozessen [8]. Aus ihrem Blickwinkel traten soziale Probleme dann auf, wenn strukturelle Veränderungen vom Einzelnen nicht mehr angemessen verarbeitet werden können. Im Rahmen dieser Perspektive entstanden so die Konzeptionen, mit deren Hilfe soziale Probleme auf die personale Ebene verlagert werden konnten: aus der Sozialpathologie entwickelte sich die Psychopathologie abweichenden Verhaltens, in der die moralische Definition sozialer Probleme gleichwohl erhalten blieb (*Mills* 1943). Im Rahmen der Theorie der sozialen Desorganisation beeinflußten Konzepte wie »Alienation« [9] und »Anomia«, die vor allem psychische Zustände kennzeichnen, die Forschung. Die Theorie abweichenden Verhaltens ist ein im wesentlichen »mikrosoziologisches Paradigma« (*Lowry* 1974, S. 104), in dessen Mittelpunkt die Frage nach den Ursachen für mißlungene Sozialisationsprozesse steht. Mit diesen Problemstellungen rücken die dramatischen Formen individueller Abweichung in den Vordergrund; die Soziologen definieren soziale Probleme entsprechend dem, was der Gesellschaft als Bürgerschreck gilt: Prostituierte, Homosexuelle, Drogensüchtige usw. waren und sind die Themen der »Soziologie der Verrückten, Flittchen und Perversen« (»Sociology of Nuts, Sluts and Perverts«, *Liazos* 1972).

## 1.3. Minderheiten in der soziologischen Theorie

Als eines der vorrangigen sozialen Probleme ihrer Gesellschaft gilt den amerikanischen Soziologen das Problem rassisch-ethnischer und kultureller Minderheiten; in kaum einem Textbuch über soziale Probleme fehlen diese Minderheiten. Der Erforschung dieser Minderheiten liegen jedoch vorwiegend andere theoretische Konzeptionen zugrunde als der Erforschung abweichenden Verhaltens. Das zeigt sich daran, daß erst 1971 eine Publikation erschien, in der Begriff und Konzeption der »Minderheit« auf sozial abweichende Gruppen angewandt wird (*Sagarin* 1971), und daß es offensichtlich mit großen Schwierigkeiten verbunden ist, die jeweiligen theoretischen Konzeptionen zur Analyse sozial abweichender Gruppen und rassisch-ethnischer und kultureller Minderheiten zu integrieren [10].

Im Gegensatz zu der theoretischen Perspektive bei der Erforschung sozialer Probleme hat die Minderheitenforschung die »Mehrheit« und deren Einfluß auf die Probleme der Minderheiten nicht vernachlässigt; im Gegenteil haben die einflußreichsten Konzeptionen das Verhalten der Mehrheit zum Gegenstand. Zentrales Thema der Minderheitenforschung ist nicht das Verhalten der Minderheit, sondern die Beziehung »Majorität – Minorität«. Dieses Begriffspaar charakterisiert bereits die unterliegende Orientierung und das wissenschaftliche Paradigma [11]. Es beruht auf der Analyse der Industriegesellschaft als einer funktionsspezifisch gegliederten Leistungsgesellschaft mit durchlässigem Schichtungssystem und hoher Mobilität; die (zahlenmäßige) Mehrheit der Mitglieder dieser Gesellschaft erreicht ihren jeweiligen Status im Schichtungsgefüge durch die – berufliche – Leistung. Aus dieser Sicht stellen Minderheiten zunächst ein Problem der »sozialen Gerechtigkeit« dar, als ihnen ihr Status auf Grund ihrer äußeren Erscheinung und ihrer sichtbaren Zugehörigkeit zu einer rassisch-ethnischen Minderheit zugeschrieben wird [12]. Die Tatsache, daß bestimmte Gruppen auf Grund eines gegebenen Erscheinungsbildes (Typus) von der »Mehrheit« diskriminiert werden, wird zum Ausgangspunkt der Minderheitenforschung. Dabei vernachlässigt sie dann die Frage, wie es zu der Definition eines bestimmten ethnischen Typus als »Minderheit« kommt, und verliert die Zusammenhänge zwischen der Herrschaft einer »Majorität« und der Produktion rassisch-ethnischer Gruppen als »Minderheiten« aus dem Auge [13].

Aus dieser Vernachlässigung des Herrschaftsaspektes in der Minderheitenproblematik entwickeln sich zwei Forschungsrichtungen. Einmal entsteht eine Vielzahl schichttheoretischer Untersuchungen, aus deren Sicht die »Parallelschichtung« der Minderheiten das gesellschaftliche Schichtungsgefüge allenfalls »kompliziert« (*Francis* 1958b, S. 407 u. 414). Zum anderen wird die Minderheitenforschung zu einer Domäne der Sozialpsychologie, indem die direkte Interaktion zwischen Angehörigen einer nicht näher klassifizierten Mehrheit und den Mitgliedern rassisch-ethnischer Minderheiten zum Gegenstand der Forschung wird: »Vorurteil«, »autoritäre Persönlichkeit« und »soziale Distanz« wurden die vorherrschenden theoretischen Konzeptionen [14]. Diese Konzeptionen lieferten den staatlichen Institutionen Handlungsanweisungen für die Lösung des Rassenproblems in einzelnen sozialen Subsystemen (Schulen, Nachbarschaften, Gemeinden) [15].

Die Beziehungen zwischen Mehrheit und Minderheit stellten sich den amerikanischen Soziologen vor allem unter zwei Aspekten dar: der Aufrechterhaltung und Stabilisierung ethnisch-rassischer und kultureller Minderheiten sowie deren Assimilation. Im Rahmen der Theorie des »kulturellen Pluralismus« (*Newman* 1973) ist die Beziehung zwischen Mehrheit und Minderheit eher durch Konflikt- und gegenseitige Ausschließungsprozesse charakterisiert, die allerdings der Minderheit einen relativ dauerhaften Bestand sichern können, und insofern tendieren Vertreter dieser Richtung eher dazu, die Position der Minderheiten zu stärken. Im Gegensatz dazu ist die »Theorie der Assimilation« (*Newman* 1973, S. 70 u. 74 ff.) [16] dem Konformitätsdruck verpflichtet: die Beziehungen zwischen Mehrheit und Minderheit sind gekennzeichnet durch die Assimilation der Minderheit an die Wertorientierungen der Mehrheit; Assimilation ist die Voraussetzung für die strukturelle Integration der Minderheit. Aus dieser Sicht erscheint die Beziehung vor allem dann belastet, wenn die Minderheit sich assimiliert hat, ihr aber von der Mehrheit die strukturelle Integration auf Grund von Vorurteilen und Diskriminierung verweigert wird.

Damit ist die Grundstruktur des sozialen Problems »Minderheiten« charakterisiert; als soziales Problem gilt die Differenz und zeitliche Verschiebung (»lag«) zwischen Assimilation und Integration; Ziel ist die Beseitigung dieser Differenz. Die Notwendigkeit der Assimilation der Minderheit an die Mehrheit wird jedoch nicht grundsätzlich in Frage gestellt.

## 2. Die Krise der wissenschaftlichen Paradigmata: vom Konsensus zum Konflikt

Die Entwicklung der Wissenschaft ist gekennzeichnet durch das Entstehen immer neuer Paradigmata (»Revolutionen«), die veränderte Orientierungen hinsichtlich der Problemstellungen und Forschungsmethoden eröffnen. Den Anstoß zur Kritik an den herrschenden Paradigmata und zur Entwicklung neuer liefert die Einsicht, daß bestimmte Fragestellungen auf Grund der vorherrschenden Paradigmata nicht behandelt werden können, und daß die Anwendung wissenschaftlicher Theorien solche neuen und unerwarteten Ergebnisse bringt, daß das

»alte« Paradigma nicht mehr uneingeschränkt zur Erklärung der Probleme herangezogen werden kann. Solche Krisen der Paradigmata sind zu erkennen an der Entwicklung mehrerer Schulen und an Debatten über die fundamentalen Annahmen der Wissenschaft (*Kuhn* 1973, S. 96 ff.).

Die soziologischen Schulen, die gegenwärtig Kritik an den vorherrschenden wissenschaftlichen Paradigmata vortragen, richten ihren Angriff vor allem gegen die Betonung der sozialen Ordnung, der »gesellschaftlichen Integration, Kohärenz und Solidarität« (*Gouldner* 1974, S. 120) in den sozialwissenschaftlichen Theorien. Sie versuchen vielmehr, in den Mittelpunkt der Forschung gesellschaftliche Konflikte zu stellen oder die Mechanismen der Legitimierung und Durchsetzung von Werten und Normen als vorrangiges Problem zu untersuchen.

Die Kritik an den traditionellen wissenschaftlichen Paradigmata entzündete sich an den Punkten, in denen das Versagen theoretischer Erklärungen und daraus abgeleiteter Praxis deutlich zutage trat [17].

Die Soziologen waren bei der Auswahl und Kennzeichnung eines sozialen Problems dem gefolgt, was der öffentlichen Meinung als Abweichung von der Norm und dem »Normalen« galt, (*Lowry* 1974, S. 70), indem sie solche Situationen zu sozialen Problemen erklärten, die mit den Werten einer »signifikanten« Zahl von Mitgliedern einer Gesellschaft nicht übereinstimmten (*Rubinton/Weinberg* 1971, S. 5–6). Sie waren daher weder in der Lage, bestimmte Probleme wahrzunehmen (wie z. B. Armut), noch sie zu antizipieren (z. B. in der Stadtplanung). Gegen die Übernahme der Kategorien der herrschenden Moral in die Theorien abweichenden Verhaltens richtete sich die Kritik des »labeling-approach«, indem er die Definition abweichenden und »normalen« Verhaltens zum zentralen Problem erhob.

Das Scheitern der »Milieusoziologie« (vgl. *Mills*, 1943) und der entsprechenden Versuche der Sozialpolitik und Sozialarbeit, partielle gesellschaftliche Desorganisation zu beheben, führte die Sozialwissenschaftler dazu, die Ursachen sozialer Probleme wieder mehr in gesamtgesellschaftlicher Desorganisation und gesamtgesellschaftlichen Konflikten zu sehen. Probleme der Machtverteilung und -sicherung stehen im Mittelpunkt solcher konflikttheoretisch orientierten Konzeptionen [18].

Ebenso hatten das Scheitern der Rassenpolitik und die Entwicklung neuer politischer Strömungen (wie die »Black Power«-Bewegung in den USA) Politik und Theorie der Assimilation fragwürdig gemacht. Die schlichte Konstatierung, daß es den Minderheiten an Macht fehle, wurde in die Frage nach den gesellschaftlichen Macht- und Konflikt-

strukturen, die zur spezifischen Lage der Minderheiten führen, umgekehrt.
Diese Perspektiven – »labeling-approach« oder interaktionistische Theorie einerseits und Macht- und Konflikttheorie andererseits – bestimmen die gegenwärtige Situation in der soziologischen Forschung über soziale Probleme und ethnische und kulturelle Minderheiten.

## 2.1. »Labeling-approach« oder interaktionistische Theorie abweichenden Verhaltens [19]

Indem der labeling-approach die Definition abweichenden Verhaltens selbst ins Zentrum der Aufmerksamkeit rückt, trägt er zwei Angriffe vor: einmal hinterfragt er die Legitimationsbasis der gültigen Normen und der herrschenden Moral, zum andern kritisiert er die Instanzen sozialer Kontrolle wie Polizei, Justiz und Sozialarbeit, die diese Normen und Moral durchsetzen.

Den Vertretern des labeling-approach gilt also weder der »mangelnde Wille, eine lohnende Beschäftigung auszufüllen ... als moralische Untat und Zeichen eines verderbten Charakters« (*Gouldner* 1974, S. 97), noch teilen sie einen gesellschaftstheoretischen Standpunkt, der das »gesellschaftlich legitime und durch Werte sanktionierte« (*Gouldner* 1974, S. 503) Verhalten in den Mittelpunkt stellt. Eine solche Perspektive birgt Gefahren, eröffnet aber auch grundlegend neue Möglichkeiten für die Erforschung sozialer Randgruppen und sozialer Probleme [20].

So stellt *Gouldner* (1970) in seiner Kritik am labeling-approach vor allem heraus, daß die kritische Haltung, die die Vertreter dieses Ansatzes gegenüber der herrschenden Moral und den sie durchsetzenden Instanzen einnehmen, leicht zu einer unreflektierten Verteidigung des Randgruppenangehörigen gegenüber dem »konformen« Bürokraten in den staatlichen Wohlfahrtsbehörden führen kann (vgl. *Becker* 1967) [21]. Er meint, gerade in dem Interesse der Vertreter dieses Ansatzes (in der sogenannten »Chicagoer Schule«) für antiutilitaristische und expressive Subkulturen – wie Spieler, Jazzmusiker, Drogensüchtige – den »Romantizismus« eines »Zoodirektor« gegenüber seinen »Exoten« zu entdecken (*Gouldner* 1970, S. 121). Die Theoretiker des labeling-approach bahnen so einem neuen Typ des Bürokraten in den Wohlfahrtsbehörden den Weg, der charakterisiert ist durch eine aufgeklärte Toleranz gegenüber dem Angehörigen sozialer Randgruppen, in dem er eher ein passives Opfer (»passive nonentity«, *Gouldner* 1970, S. 122) als einen sozialen Rebellen sieht.

Diese – übrigens nicht nur von *Gouldner* gezeigten Gefahren – ergeben sich vor allem aus der mikrosoziologischen Perspektive, der der labeling-approach bisher verhaftet scheint. Indem sich seine Vertreter auf die in einzelnen Situationen entstehenden Deutungsmuster und Definitionsprozesse konzentrieren, vernachlässigen sie die strukturellen Bedingungen für die jeweiligen Interpretationsschemata der Randgruppenangehörigen und der Mitglieder der Instanzen sozialer Kontrolle (*Albrecht* 1973, S. 789 ff.). Auf diese Weise wird die Analyse abweichenden Verhaltens als eine strukturell bedingte Problemlösung des Einzelnen oder einer Gruppe aus dem Paradigma des labeling-approach ausgeschlossen, und die Untersuchung von Wirtschafts- oder politischer Kriminalität als eine bewußte und entschiedene Übernahme abweichender Verhaltensmuster vernachlässigt (*Young* 1974, S. 168 u. 172) [22]. Weiterhin werden bei der Untersuchung der Definitionsprozesse die »Dimensionen ökonomischer und politischer Macht« sowie Herrschaftsstrukturen ausgeschlossen (*Albrecht* 1973, S. 793).

Aus der mikrosoziologischen Perspektive ergibt sich auch die schwache Stelle im methodischen Bereich des labeling-approach: bevorzugte Forschungsmethode ist die teilnehmende Beobachtung (vgl. *Polsky* 1969, *Douglas* 1970, *Friedrichs* 1973), die ein bisher wenig erprobtes Instrument der empirischen Sozialforschung ist (vgl. *Albrecht* 1973, S. 795 ff.).

Der kritische Standpunkt der Theoretiker des labeling-approach gegenüber der herrschenden Moral und den Instanzen sozialer Kontrolle eröffnet jedoch auch Möglichkeiten, diese Gefahren zu überwinden. Indem die Vertreter des labeling-approach in ihrem Ansatz das Gewicht von Problemen des abweichenden Verhaltens auf die Probleme der sozialen Kontrolle verlagern, kann es ihnen gelingen, die enge Verknüpfung zwischen sozialer Kontrolle und abweichendem Verhalten zu lösen und damit soziale Kontrolle als »unabhängige Variable« im Rahmen gesamtgesellschaftlicher Strukturen zu untersuchen; auf diese Weise können dann die Dimensionen der Herrschaft, Schichtung und der gesellschaftlichen Konflikte miteinbezogen werden (*Albrecht* 1973, S. 793 f.) [23].

Da die Theoretiker des labeling-approach abweichendes Verhalten nicht nur unter dem Gesichtspunkt mangelnder Konformität betrachten, sondern auch als Ausdruck eigenständiger Deutungsmuster, Definitionsprozesse, Motiv- und Bedürfnisstrukturen, ergibt sich die Möglichkeit, diese mit ihren strukturellen Bedingungen zu verknüpfen. Einen solchen Versuch unternimmt *Young* (1974) mit der Integration von labeling-approach und Anomietheorie.

## 2.2. Konflikttheorie

Die Kritik konflikttheoretischer Ansätze richtet sich gegen die soziologischen Theorien, die auf einer »harmonischen Konzeption des Gesellschaftlichen« (*Albrecht* 1973, S. 797) beruhen, und daher Konflikte als »Symptome« des Zusammenbruchs gesellschaftlicher Ordnung oder des Fehlens normativer Orientierung und konsensusfähiger Wertsysteme behandeln. Konflikttheoretiker setzen dagegen, daß Konflikte der gesellschaftlichen Struktur inhärent sind.

Die Vertreter der Konflikttheorie analysieren den Produktionsprozeß sozialer Randgruppen als den Verlauf eines gesellschaftlichen Konfliktes: die Definition abweichenden Verhaltens ist eng verknüpft mit den Strategien zur Legitimierung des Wert- und Normensystems, die die herrschenden Gruppen einsetzen. Um das eigene Wert- und Normensystem allgemein verbindlich zu machen und um die Ressourcen der eigenen Macht zu schützen, bedrohen die herrschenden Gruppen über die Instanzen sozialer Kontrolle abweichende Deutungssysteme und Verhaltensmuster mit Sanktionen. Wenn auch die Reaktion der Instanzen sozialer Kontrolle auf das abweichende Verhalten des Einzelnen erfolgt, geht es doch letztlich um eine Reaktion gegenüber abweichenden kulturellen Bedeutungssystemen [24].

Konflikttheoretische Ansätze haben in der Minderheitenforschung eine längere Tradition als in der Erforschung abweichenden Verhaltens. Aus der Perspektive der Assimilations- und Pluralismustheorie sind Konflikte die Folge der Differenz zwischen kultureller Assimilation und struktureller Integration, oder sie werden als »Kulturkonflikt« zwischen der Majorität und den einzelnen rassisch-ethnischen Minderheiten gesehen. Die Erscheinungsformen der Konflikte werden vorwiegend auf der Ebene der Person untersucht: als »Statusinkonsistenz« beim Einzelnen oder als »Loyalitätskonflikt« (*Francis* 1958a, S. 243) der Minderheitenangehörigen [25].

Kernthese der neueren konflikttheoretischen Paradigmata ist, daß die Existenz von Minderheiten nicht per se konfliktverursachend ist oder ein Machtgefälle impliziert, sondern daß die gegenüber ethnisch-rassischen und kulturellen Gruppierungen im Konflikt um gesellschaftliche Ressourcen angewandten Herrschaftsstrategien erst die Minderheiten als unterprivilegierte und machtlose Gruppen schaffen. Die Randposition der Minderheiten ist Ergebnis der Konflikte um soziale Ressourcen und der Strategien, die die herrschende Mehrheit zur Sicherung ihrer Macht einsetzt. Je stärker sich die Mehrheit in ihren Ressourcen von der Minderheit bedroht sieht – und die Bedrohung erscheint umso größer, je mehr Wettbewerb und Leistung anerkannte Normen in der Gesellschaft sind –, desto größer werden die Konflikte und desto rigider werden die entsprechenden Maßnahmen zur Sicherung der Legitimitätsbasis und der sozialen Ressourcen [26]. Das Paradigma versucht damit der Verschärfung der Rassenkonflikte in den USA Rechnung zu tragen, deren Ursache vor allem in einer rapiden Verschlechterung der ökonomischen Lage bestimmter Minderheiten zu suchen sind. Während nur eine zahlenmäßig kleine »schwarze Mittelschicht« zu gesellschaftlichen Ressourcen zugelassen wurde, unterstellte man einen weitaus größeren Teil durch die Sozialfürsorge unmittelbar den Institutionen sozialer Kontrolle (vgl. »Time« 1974).

Bemerkenswert an dem konflikttheoretischen Paradigma ist, daß es Ansätze zu einer Theorie der Randgruppen bietet, die rassisch-ethnische und kulturelle wie auch die »anderen«, sozial abweichenden Minderheiten (*Sagarin* 1971) einbeziehen kann. Darauf deuten die Übereinstimmungen in den Entwürfen einer konflikttheoretischen Kriminologie (*Turk* 1973) und des konflikttheoretischen Ansatzes in der Minderheitenforschung (*Newman* 1973) hin, der ausdrücklich auf Probleme sozial abweichender Randgruppen angewendet wird.

## 3. Begriff und theoretische Konzeption der »sozialen Randgruppe«

Eine Definition und Konzeption des Randgruppenbegriffes muß zunächst so präzisiert werden, daß eine klare begriffliche Trennung zwischen sozialen Randgruppen und in gewissen Bereichen unterprivilegierten Gruppen vorgenommen werden kann. Um die Konzeption nicht untauglich zu machen, muß also der Unterschied zwischen Fürsorgezöglingen, Obdachlosen, Homosexuellen usw. einerseits und Arbeitnehmerinnen und Lehrlingen (»SPIEGEL«-Redaktion 1973) andererseits herausgestellt werden. Eine theoretische Konzeption, die den Produktionsprozeß sozialer Randgruppen erfassen soll, muß über die strukturelle Analyse der gesellschaftlichen Randposition hinausgehen; vielmehr müssen die Dimensionen des Interaktionsprozesses zwischen Randgruppen und »herrschender« Mehrheit einbezogen werden – die Strategien zur Herrschaftsicherung auf der einen Seite müssen den entsprechenden Problemlösungsstrategien auf der anderen Seite gegenübergestellt werden.

Die erste, zu analytischen Zwecken entwickelte Konzeption der sozialen Randgruppe stammt von *Fürstenberg* (1965, S. 237): »Derartige lose oder fester organisierte Zusammenschlüsse von Personen, die durch ein niedriges Niveau der Anerkennung allgemein-verbindlicher soziokultureller Werte und Normen und der Teilhabe an ihren Verwirklichungen sowie am Sozialleben überhaupt gekennzeichnet sind, sollen als soziale Randgruppen bezeichnet werden«. Mit dieser Definition werden zwei Variablen zur Bestimmung der Randposition eingeführt: der Grad der Abweichung und die »Stellung im sozialen Beziehungsgefüge«. Eine gewisse Einschränkung erfährt die Verwendung von Fürstenbergs Definition durch die Bestimmung der Randgruppen als »lose oder fester organisierte Zusammenschlüsse von Personen« [27]; denn: Randgruppen bilden selten subkulturelle Gruppierungen oder organisierte Zusammenschlüsse, vielmehr bezeichnet der Begriff eine Menge von Personen, die sich alle gleichermaßen von einer als »normal« definierten Mehrheit unterscheiden und deren strukturelle Position und Lebenssituation sich weitgehend gleicht.

*Newman* (1973, S. 20) entwirft eine Definition, die drei Variablen einbezieht: Größe, Macht und die Abweichung von den herrschenden Normen: »Als Minderheiten können solche Gruppen definiert werden, die von den sozialen Normen oder dem vorherrschenden Typus in jeweils bestimmter Weise abweichen, die im Rahmen der Verteilung sozialer Macht untergeordnet sind und selten mehr als die Hälfte der Bevölkerung der Gesellschaft darstellen, in der sie leben«. In dieser wie in der Definition von *Fürstenberg* ist die Dimension der Interaktionsprozesse zwischen Randgruppen und Mehrheit nicht angesprochen.

Im folgenden soll der Begriff »soziale Randgruppe« zur Kennzeichnung von Gruppierungen dienen, deren Werte, Normen, Verhalten und/oder äußere Erscheinung von den herrschenden Gruppen, bzw. der Mehrheit, als Bedrohung des gültigen normativen Systems, des gesellschaftlichen Wertkonsensus sowie der eigenen Legitimierungsansprüche und sozialen Ressourcen angesehen werden, weil die Randgruppenangehörigen den gesellschaftlichen Standards entweder nicht genügen können oder diese durch ihre normative Orientierung in Frage stellen und bekämpfen. Zur Sicherung des allgemeinen Wertsystems und ihrer eigenen sozialen Ressourcen dienen den herrschenden Gruppen, bzw. der Mehrheit, Strategien zum Ausschluß dieser Gruppen von gesellschaftlicher Teilhabe und zum Abdrängen in eine Randposition. Aus den strukturellen Bedingungen der gesellschaftlichen Randposition ergeben sich für die Randgruppen spezielle Handlungs- und Problemlösungsstrategien, die im normativen System einer Subkultur einheitlich definiert sein können. Diese fordern weitere Reaktionen der herrschenden Gruppen heraus, die vor allem der Bestätigung und Zementierung der Randposition dienen (*Young* 1974, S. 179 ff.). Solche »Bestätigungsstrategien« zielen in erster Linie darauf, den Angehörigen einer sozialen Randgruppe auf den Status des »Abweichenden« und »Ausgeschlossenen« einzuengen. Während normalerweise die Aktivitäten des Einzelnen in den jeweiligen gesellschaftlichen Bereichen – Arbeit, Freizeit, Familie – eher unabhängig voneinander bewertet werden, wird das Rollenrepertoire des Randständigen in erster Linie unter dem Gesichtspunkt seiner Abweichung eingeordnet. In den einzelnen gesellschaftlichen Lebensbereichen kann er grundsätzlich nur die Rolle des »Außenseiters« spielen, er ist also zur Teilhabe am gesellschaftlichen Leben als »Ausgeschlossener« zugelassen. Eine solche eingeengte und alle Aktivitäten bestimmende Rolle kann als »masterstatus« (*Young* 1974, S. 169) oder als »integrative Rollenidentität« bezeichnet werden. Die Bewältigung der paradoxen Situation, als Ausgeschlossener zum gesellschaftlichen Leben zugelassen zu sein, erfordert vom Randgruppenangehörigen individuelle Problemlösungsstrategien, die zu einer Veränderung des Selbstbildes und des Rollenverhaltens führen. Eine subkulturelle Gruppierung kann ihm Wert- und Normenmuster zur Verfügung stellen, die sein Selbstbild und Rollenverhalten absichern und bestätigen können.

In dieser Konzeption sind damit vier Dimensionen zur Deskription und Analyse von Randgruppen angesprochen: Abweichung der Randgruppe von herrschenden Normen und Werten, Strategien zur Sicherung der Legitimationsbasis und der sozialen Ressourcen seitens der herrschenden Gruppen, bzw. der Mehrheit, reaktive Problemlösungsstrategien der Randgruppenangehörigen im Interaktionsprozeß mit der Mehrheit und Entwicklung eines spezifischen Selbstbildes bzw. Rollenverhaltens im Verlauf dieses Prozesses [28].

### 3.1. Gesellschaftliche Strategien bei der Ausgliederung sozialer Randgruppen

Randgruppenangehörige bedrohen im allgemeinen nur einen Teilbereich gesellschaftlicher Standards, bzw. genügen nur einigen Funktionen und Anforderungen nicht. Je zentraler diese Werte jedoch für das gesellschaftliche Wertsystem sind – und das gilt vor allem für die den Arbeitsprozeß und Produktionsprozeß bestimmenden Werte – und je größer die Abweichung ist, desto massiver wird die Bedrohung empfunden. Die Weigerung oder die Unfähigkeit, im Arbeitsprozeß funktionsspezifische Rollen wahrzunehmen und Mitgliedschaftsrollen in Organisationen auszufüllen, bestimmen dabei die Distanz zur »normalen« Mehrheit oder »Kerngesellschaft« (*Fürstenberg* 1965, S. 237). Es lassen sich daher randständige »Situationsgruppen« (*Bergmann/ Brandt/Körber/Mohl/Offe* 1969, S. 86) ausmachen, die durch »biographische Marginalsituationen« entstehen, wie alte Menschen und Jugendliche; ihre Abweichung wird jedoch nicht als Bedrohung gesehen, da ihre Positionen im Rahmen des herrschenden Normensystems legitimiert sind. Ein Wandel des Normensystems – so bei den alten Menschen, die in immer stärkerem Maße als »unbrauchbar« definiert werden – oder die Entwicklung einer weitergehenden Abweichung durch subkulturelle Orientierung – so bei Jugendlichen – kann dann zum Übergang von Situationsgruppen zu Randgruppen führen. Insofern befinden sich ökonomisch unterprivilegierte Gruppen – Arbeitnehmerinnen, ungelernte Arbeiter – in einer situationsspezifischen Randständigkeit, ohne selbst schon eine Randgruppe zu bilden. Da sie in den Arbeitsprozeß integriert sind und den normativen Standards anderer Rollen, d. h. zentralen gesellschaftlichen Anforderungen, genügen können, ziehen sie sich aus ihrer Randständigkeit keinen Status als Ausgeschlossener zu. Doch sind sie – z. B. durch Arbeitslosigkeit – von weitergehendem Ausschluß und von der Zuordnung zu sozialen Randgruppen wie den Obdachlosen bedroht.

Die Position »außerhalb des sozialen Zusammenhangs« (*Fürstenberg* 1965, S. 245) wird ferner bestimmt durch die Strategien, die die herrschende Mehrheit zur Bewältigung der Konflikte, zur Sicherung der Geltung des Normensystems und zum Erhalt ihrer Machtressourcen einsetzt. Sie beeinflussen vor allem den Grad der Ausschließung und damit die Entwicklung der »integrativen Rollenidentität« als Außenseiter. Kriminalisierung und Isolierung in totalen Institutionen sind die in diesem Sinne wirkungsvollsten Mechanismen, da sie den totalen Ausschluß zur Folge haben, während die Kontrolle durch Organisationen der staatlichen Wohlfahrtsbürokratie, die Isolierung in Ghettos oder das Abdrängen in Berufe und Arbeitsfunktionen mit niedrigem Status zunächst eher auf einen partiellen Ausschluß zielen.

Der Einsatz dieser Strategien zur Sicherung der Legitimationsbasis ist zum einen abhängig von der Wahrnehmung der Bedrohung gültiger normativer Systeme, zum andern bestimmt durch den sozialen Status des Randgruppenangehörigen. So werden bestimmte Gruppen, deren Abweichung auf Grund ihrer Isolierung oder wegen des Mangels an Kontakten und an Unterstützung in subkulturellen Systemen nicht sichtbar ist – wie bei Alkoholikern und psychisch Kranken –, erst durch die Einbeziehung in die Prozesse sozialer Kontrolle als

Randgruppen konstituiert [29]. Massive Ausschluß- und Kontrollver-
fahren werden vor allem dann nicht angewandt, wenn es sich um
Personen mit hohem Status handelt; so führte die Entwicklung einer
Drogensubkultur bei Jugendlichen aus der Mittelschicht zu einer partiellen Aufhebung der Kriminalisierung des Drogenkonsums.

3.2. Individuelle und kollektive Problemlösungsstrategien der Randgruppen

Die gegenüber den Ausschlußstrategien der herrschenden Gruppen und
»normalen Mehrheit« entwickelten Problemlösungsstrategien haben
für die Randgruppen eine doppelte Funktion: sie dienen nicht nur
dazu, den Konflikt mit der herrschenden Mehrheit zu bewältigen,
sondern mit ihrer Hilfe sollen die Probleme der Existenzsicherung und
der Bedürfnisbefriedigung, die sich in der gesellschaftlichen Randlage
verschärft stellen, gelöst werden. Individuelle und kollektive Lösungen
werden nicht nur in Relation zu Ausschließungsprozessen entwickelt,
sondern sind auch abhängig von strukturellen Bedingungen.
Kollektive, bzw. subkulturelle Problemlösungen treten vor allem dann
auf, wenn die räumliche Distanz zwischen den Randgruppenagehöri-
gen gering ist (Ghetto, totale Institution), und ihr niedriger Status
nur geringe Handlungsmöglichkeiten bietet. Individuelle Problemlösungen können eher entwickelt werden, wenn die Abweichung vom
herrschenden Wertsystem partiell ist, und daher in bestimmten Bereichen verborgen werden kann, der Einzelne von anderen Randgruppenangehörigen weitgehend isoliert ist und über genügend Handlungsspielraum und Fähigkeiten zur Lösung seiner Rollenkonflikte verfügt;
zu diesen Gruppen gehören Körperbehinderte, Alkoholiker, psychisch
Kranke, aber auch Homosexuelle und Prostituierte (*Young* 1974,
S. 178 ff.).
Die Struktur und das Wertsystem der jeweiligen gesellschaftlichen
Subsysteme und Institutionen erfordern jeweils unterschiedliche Problemlösungsstrategien. Während im Arbeits- und Erziehungsbereich
sowie im Umgang mit bürokratischen Organisationen [30] nahezu
ausschließlich individuelle Problemlösungsstrategien zugelassen sind,
stehen der Bereich der Familie und die Befriedigung physischer und
sozialer Bedürfnisse kollektiven Problemlösungsstrategien offen (vgl.
*Gordon* 1964).
Struktur und normative Orientierung der Subkultur der Randgruppen
entwickeln sich in Beziehung zum herrschenden Wertsystem und den
angewandten Ausschlußstrategien. Subkulturen liefern die Legitima-

tion der Abweichung durch neue Wertsysteme und/oder Techniken der »Neutralisation« (*Sykes/Matza* 1957, S. 667 ff.) herrschender Werte und Normen. Wie die von der Anomietheorie ausgehenden Forschungen zeigen, differieren die subkulturellen Wertsysteme meist nur partiell von den herrschenden. Insbesondere bilden Subkulturen, deren Mitglieder eher über individuelle Problemlösungsstrategien verfügen, weniger kohärente Wertsysteme als Komplexe von Ritualen, die sie vor Entdeckung und Angriffen schützen sollen (z. B. in den Subkulturen der Homosexuellen und Prostituierten).

Individuelle und kollektive Problemlösungsstrategien manifestieren sich in den »Techniken zur Bewältigung beschädigter Identität« (*Goffman* 1972) und dem »master status« als Außenseiter. Während Subkulturen ihren Mitgliedern Selbstbilder und Rollenmuster anbieten und vermitteln können, ist der Einzelne in den Bereichen, die kollektive Lösungen nicht zulassen, auf bestimmte Fähigkeiten zur Bewältigung von Rollenkonflikten und Ausschlußprozessen angewiesen, über die er häufig nicht verfügt. Die – zur Existenzsicherung notwendige – Integration in den Arbeitsbereich setzt daher nicht nur eine Vielzahl von sozialen Fähigkeiten voraus, sondern ist auch eine hohe physische und psychische Belastung (Beispiele sind: Alkoholiker, psychisch Kranke und Straftäter nach der Entlassung).

Stehen die normativen Orientierungen und Techniken der Neutralisation einer Subkultur nicht zur Verfügung, entwickelt der Einzelne individuelle Problemlösungsstrategien, die gekennzeichnet sind durch die Balance zwischen den Extremen der Überidentifikation einerseits und der Ablehnung der herrschenden Normen andererseits. Indem der Randgruppenangehörige sich mit seiner Verurteilung durch die herrschende Mehrheit identifiziert, definiert er ein negatives Bild seiner selbst und/oder versucht, den hoch bewerteten Status des »reuigen Sünders« zu erreichen (*Gusfield* 1967; *Trice/Roman* 1970). Dem isolierten Randständigen stehen nur wenige Strategien zur Verfügung, seine negative Bewertung durch die »anderen« abzulehnen; eine Strategie, die allerdings nur den Angehörigen bestimmter Randgruppen zur Verfügung steht, zielt darauf, daß sich der Einzelne seiner Andersartigkeit – die in gewisser Weise auch eine Einzigartigkeit darstellt – versichert, indem er sie zur Schau stellt und so die Bedürfnisse der Mehrheit nach »Exoten« gegen Entgelt befriedigt (Beispiele sind Zwerg- und Riesenwüchsige sowie Körperbehinderte; vgl. *Goffman* 1972). Häufig nehmen individuelle Problemlösungsstrategien eine mittlere Position zwischen diesen beiden Extremen ein: so soll entweder die Abweichung durch Überidentifikation mit einzelnen Werten wettgemacht oder durch ritualistisches Befolgen der Normen kaschiert werden (Beispiele: Prostituierte, Homosexuelle; vgl. *Dannecker/Reiche* 1974).

Die Integration in subkulturelle Gruppierungen und die Übernahme kollektiver Problemlösungen ermöglichen eher eine dezidierte Ablehnung herrschender Werte, die ihren Ausdruck findet im Konfliktverhalten (z. B. bei Rockern), im Rückzug aus der Gesellschaft (wie bei Drogensüchtigen) (vgl. zu beiden *Cloward/Ohlin* 1960, S. 161 ff.) oder in der Bekämpfung der herrschenden Normen (Beispiele: Gay Liberation Movement, Homosexuelle Aktion).

Sowohl individuelle wie auch kollektive Problemlösungen beinhalten schwerwiegende Rollenkonflikte, die sich aus den jeweils vorherrschenden individuellen oder kollektiven Problemlösungsstrategien in einzelnen gesellschaftlichen Bereichen ergeben. Besonders konfliktbelastet ist die Position des »marginal man«, der sich aus der Einbindung in subkulturelle Gruppierungen herauslösen will, wobei er bereits erlernte kollektive Problemlösungen ablehnen und neue, individuelle erlernen muß.

### 3.3. Der Prozeß der Ausgliederung als »circulus vitiosus«

Der Produktionsprozeß einzelner sozialer Randgruppen läßt sich in den vier Dimensionen – Abweichung der Randgruppe von den herrschenden Normen, Strategien der herrschenden Gruppen zur Sicherung dieses Wert- und Normensystems, Problemlösungsstrategien der Randgruppen sowie Selbstbild und Rollenverhalten der Randgruppenangehörigen – schematisch darstellen (siehe Schema). Dabei zeigt sich, daß diese vier Dimensionen miteinander in vielschichtigen Zusammenhängen stehen, und sich der Produktionsprozeß selbst als »circulus vitiosus« von Ausschluß, Problemlösungsstrategien der Randgruppen und Bestätigung des Ausschlusses durch die Instanzen sozialer Kontrolle erweist.

Bei der Analyse der spezifischen Produktionsprozesse einzelner Randgruppen wird deutlich, daß sich die vier Dimensionen insbesondere zur Beschreibung und auch zur Typisierung sozialer Randgruppen eignen. Gleichzeitig bleibt es unbefriedigend, vorrangig den Verlauf des Produktionsprozesses zu betrachten, solange sich die Untersuchung auf die jeweiligen Reaktionsmuster beschränkt. Wert- und Normensysteme, Strategien zur Herrschaftssicherung und reaktive Problemlösungen der Randgruppen stehen in engem Zusammenhang mit ökonomischen Strukturen, mit dem System gesellschaftlicher Schichtung,

| | | |
|---|---|---|
| Soziale Randgruppe | Werte und Normen, denen die Randgruppe nicht genügt oder die sie durch Abweichung bedroht | Strategien der herrschenden Gruppen, bzw. Mehrheit, zur Sicherung der Legitimationsbasis und der eigenen Machtressourcen |
| Zigeuner | ethnisch-kulturelle Normen: Arbeit und Leistung bestimmende Werte; Lebensform (Seßhaftigkeit) | Berufe; »Belohnung« der Abweichung (Artisten, Musiker); Kontrolle durch Institutionen; Versuche zur Assimilation |
| Ausländische Arbeitnehmer | Herrschender »Typus«; ethnisch-kulturelle Werte; Gesamt der Lebensformen | Industrielle Reservearmee für niedrig bewertete Arbeiten; Versagen der Einbürgerung und der Teilnahme an politischer Willensbildung; durch mangelhafte Schulbildung Verhinderung der Assimilation; soziale Kontrolle durch Behörden |
| Homosexuelle, Prostituierte | Normen und Werte, die sexuelles Verhalten und den Reproduktionsbereich bestimmen (Sexualmoral) | Kriminalisierung (bei H. nur noch z. T.); Kriminalisierung der Partner; soziale Kontrolle durch Institutionen; Isolierung in bestimmten Bezirken |
| Alkoholiker, Drogensüchtige | Arbeit und Leistung bestimmende Werte; Normen des gesellschaftlichen Drogenkonsums | Kriminalisierung (Drogen); Unterbringung in totalen Institutionen; soziale Kontrolle durch Behörden des Wohlfahrtsstaates; therapeutische Maßnahmen |
| Psychisch Kranke, Körperbehinderte | Arbeit und Leistung bestimmende Werte und Normen; normale Rollen und Funktionen des Erwachsenen | Ausschließung und Isolierung in totalen Institutionen; soziale Kontrolle durch Behörden; therapeutische Maßnahmen |
| Jugendliche, Konflikt- und Rückzugssubkulturen (Rocker, Drogenabhängige) | Lebensformen des integrierten Jugendlichen; Arbeits- und Leistungsbereich bestimmende Werte; Verhaltensnormen z. Konflikt- und Aggressionsbewältigung | Kriminalisierung; soziale Kontrolle durch Behörden; Kontrolle der subkulturellen Gruppierungen durch Institutionen (vor allem im Freizeitbereich); Unterbringung in totalen Institutionen (Drogensüchtige, Fürsorgezöglinge) |
| Obdachlose, Nichtseßhafte | Leistungs- u. Arbeitsbereich bestimmende Werte; den Reproduktionsbereich bestimmende Werte (Konsumentenrollen); Lebensformen (Seßhaftigkeit) | Obdachlose: Soziale Kontrolle durch Behörden; Isolierung in Ghettos; Stufensystem der Reintegration; Nichtseßhafte: Soziale Kontrolle durch Polizei und Behörden; Unterbringung in Asylen |

| | |
|---|---|
| Kollektive Problemlösungsstrategien: Stärkung der Gruppen- und Familienbindung; subkulturelles Wertsystem; »Repräsentation« der Abweichung | Selbstbild und Rollenverhalten orientiert an Bezugsgruppe |
| Kollektive Problemlösungsstrategien: Stabilisierung des Werte- und Normensystems in Ghettos; Ergreifen relativ hoch bewerteter handwerklicher Berufe, die nicht mehr ausgefüllt werden | Rollenkonflikte, »marginal man«; Rollenwandel und Veränderung des Selbstbildes durch Assimilation (Newman 1973) |
| Kollektive Problemlösungsstrategien: Entwicklung von Subkulturen (Ritualen) zum Schutz der Mitglieder; vorherrschend individuelle Problemlösungsstrategien → | Entwicklung eines negativen Selbstbildes; Überidentifikation mit gesellschaftlichen Normen und Werten; »Überkonformität« mit normalen Rollen; ritualistisches Befolgen der Normen; Verbergen der Abweichung |
| Bei Drogensüchtigen eher kollektive Problemlösungsstrategien: Rückzugssubkultur; bei Alkoholikern eher individuelle Problemlösungsstrategien → Insassensubkulturen in totalen Institutionen | Selbstbild und Rollenverhalten an dem normativen System der Subkultur orientiert; bei Alkoholikern: negatives Selbstbild; Selbstbild als Kranker; »reuiger Sünder«; Verbergen der Abweichung; Distanzierung v. abweichd. Rolle; Techniken der Neutralisation |
| Insassensubkulturen in Institutionen; vorherrschend individuelle Problemlösungsstrategien → | Entwicklung eines negativen Selbstbildes; Selbstbild als »Kranken«; Verbergen der Abweichung; Distanzierung von der abweichenden Rolle; Status des »Geheilten«; Repräsentation der Abweichung (Zwergwüchsige) |
| Kollektive Problemlösungsstrategien: Konfliktsubkultur (Rocker); Rückzugssubkultur bzw. hedonistische Subkultur (Drogensüchtige); Entwicklung sozial anerkannter Subkulturen (Release); Insassensubkulturen | Orientierung am normativen System der Bezugsgruppe und Subkultur; Entwicklung von Selbstbildern im Rahmen der Bezugsgruppe; strikte Einordnung in die Rollenmuster der Bezugsgruppe (Rocker) |
| Kollektive Problemlösungsstrategien im Bereich Familie, Freizeit; Rückzugssubkultur; Konfliktsubkultur bei Jugendlichen; individuelle Problemlösungsstrategien → Nichtseßhafte: Rückzugssubkultur | Entwicklung negativer Selbstbilder (Versager); Techniken der Neutralisation; Überidentifikation und »Mißerfolgsorientierungen« (Haag 1971) |

mit Konfliktmechanismen und gesellschaftlichen Herrschaftsbeziehungen (*Albrecht* 1973, S. 793). Damit soll nicht auf eine sicherlich auch notwendige gesamtgesellschaftliche Analyse verwiesen werden, sondern darauf, daß bei der Analyse der Reaktionsmuster in einzelnen Situationen deren strukturelle Bedingungen berücksichtigt werden müssen: so sollten in die Untersuchung der Interaktion zwischen Mitgliedern der Instanzen sozialer Kontrolle und Randgruppenangehörigen besonders die Strukturen und formalen Handlungsabläufe der jeweiligen Organisation stärker einbezogen werden.

## Anmerkungen

* Dieser Beitrag entstand im Zusammenhang mit einer ca. 1 000 Titel umfassenden Bibliographie über soziale Randgruppen (siehe Anmerkung 31).

1 Als wissenschaftliche Paradigmata bezeichnet *Kuhn* Theorien, deren »Leistung beispiellos genug (ist), um eine beständige Gruppe von Anhängern anzuziehen, und (die) gleichzeitig noch offen genug (sind), um der neubestimmten Gruppe von Fachleuten alle möglichen Probleme zur Lösung zu überlassen« (*Kuhn* 1973, S. 28). Als solche definieren sie die legitimen und akzeptierten Problemstellungen und Methoden der Forschung, schränken jedoch gleichzeitig die Perspektive der Wissenschaftler ein.

2 *Lowry* führt die Krise der Theorie sozialer Probleme u. a. darauf zurück, daß das, was im Tagesgeschehen »problematisch« erschien, von den Soziologen aufgegriffen wurde, ohne daß die Zusammenhänge zwischen den einzelnen Problemen und die Beziehungen zwischen Definitionsprozessen und Aktionen untersucht wurden (*Lowry* 1974, S. IX); zu diesem Problem vgl. auch *Manis* (1974) sowie *Spector* und *Kitsuse* (1973).

3 Im Bereich der Jugendarbeit und der Arbeit mit Drogenabhängigen – wie bei Release – verzeichnete die studentische Randgruppenarbeit längerfristige Erfolge, eben weil sie hier auf eine antiutilitaristische Subkultur stieß.

4 Vgl. hierzu die »SPIEGEL«-Serie, die seit 1969 in unregelmäßigen Abständen erschien und Lehrlinge, Gastarbeiter, entlassene Strafgefangene, Homosexuelle, weibliche Arbeitnehmerinnen enthielt. Die Beiträge sind gesammelt erschienen (»SPIEGEL«-Redaktion 1974). FDP-Wahlprogramm zur Bürgerschaftswahl in Hamburg in der Hamburger Morgenpost vom 1. 9. 1973: »Ganz generell hat die politische FDP-Minderheit die Förderung der Minderheiten am ›Rande der Gesellschaft – von den ausländischen Arbeitnehmern bis zu Obdachlosen‹ auf ihre Fahnen geschrieben«.

5 Bei *Gouldner* (1974) ist der Terminus »social problems« mit »Sozialprobleme« übersetzt.

6 *Rubington* und *Weinberg* entwickeln ein differenzierteres Schema der Aufeinanderfolge theoretischer Perspektiven: Sozialpathologie, soziale Desorganisation, Wertkonflikt, abweichendes Verhalten und labelingapproach (1971). Die Darstellung einer historischen Abfolge muß vor

allem deshalb vergröbert sein, weil die theoretischen Richtungen, wenn auch in veränderter Form, weiterhin bestehen, wie die Auswahl der Texte bei *Rubington* und *Weinberg* zeigt. *Lowry* (1974) stellt als herrschende theoretische Perspektiven vor: »abweichendes Verhalten«, »soziale Desorganisation«, »Funktionalismus«.

7 Auf Grund empirischer Daten charakterisieren *Glenn* und *Weiner* (1969) diese Generation folgendermaßen: sie stammen aus kleinen Städten, aus dem mittleren Westen, sind beeinflußt durch einen religiösen familiären Hintergrund und streben einen raschen Aufstieg aus der unteren Mittelschicht an; es ist einleuchtend, daß Soziologen dieser Herkunft in raschem sozialen Wandel, dem Zusammenbruch traditioneller Werte und Vorstellungen und in der Urbanisierung die grundlegenden sozialen Probleme der Gesellschaft sehen.

8 Vgl. *Rubington* und *Weinberg* (1971, S. 81). Die ökologische Schule ist der Versuch, Urbanisierungsprozesse und soziale Desorganisation in direkte Beziehung zu setzen.

9 »Alienation« entspricht nicht der »Entfremdung« in der marxistischen Terminologie, sondern bezeichnet einen Komplex von Einstellungsvariablen wie Gefühle der Machtlosigkeit, mangelnde Internalisierung von Normen und mangelnde Orientierung an Wertmustern (Anomia); vgl. *Bullough* (1966, S. 469–478), *Seeman* (1961, S. 783 ff) und *Israel* (1972, S. 251 ff.).

10 Vgl. *Newman* (1973), der diesen Versuch aus einer konflikttheoretischen Perspektive vornimmt, aber auch auf die besonderen Schwierigkeiten hinweist.

11 Die jeweilige historische Entwicklung der Beziehung »Mehrheit-Minderheit« beeinflußt die begrifflichen und theoretischen Konzeptionen. *Newman* versucht, diese These an der Einwanderungs- und Rassenpolitik der USA zu belegen. Ferner stellt er einen Zusammenhang zwischen Gesellschaftsstruktur und jeweiliger theoretischer Konzeption fest. Während in den USA – einer relativ mobilen, am Leistungsprinzip orientierten Gesellschaft – das Begriffspaar »Majorität – Minorität« entwickelt wurde, hat die europäische Soziologie vorwiegend mit dem Begriffspaar »Elite – Masse« gearbeitet, da die europäischen Gesellschaften am Ende des letzten Jahrhunderts weniger mobil und differenziert waren. Auch *Marx'* Begriff der Minderheit bezieht sich auf eine Elite (*Marx/Engels* 1959, S. 472).

12 Vgl. hierzu die Verwendung des Begriffes »soziale Kaste« in der Minderheitenforschung (*Francis* 1958a, b).

13 Weder Zahl noch Erscheinungsbild stempeln eine Gruppe als Minderheit ab; Beispiele sind: die weiße, angelsächsische, protestantische (»WASP«) Bevölkerung, die als herrschende Gruppe in den USA und als »Prototyp« des Amerikaners gilt, jedoch weder hinsichtlich ihrer Zahl noch ihres Erscheinungsbildes eine Mehrheit darstellt; die »Mischlinge« in Südafrika, die als Minderheit gelten, obwohl sie im Erscheinungsbild zum Teil nicht von den »Weißen« zu unterscheiden sind.

14 Seit 1926 ist in den USA im Durchschnitt eine wissenschaftliche Arbeit pro Monat zum Problem der sozialen Distanz erschienen (*Ehrlich* 1973, S. 61).

15 Diese Handlungsanweisungen bestimmen auch heute die Rassenpolitik der

USA; so beruht der Transport von »schwarzen« Schulkindern in »weiße« Schulen und umgekehrt (»Bussing«) auf den Theorien über »Vorurteil« und »soziale Distanz«. Das Scheitern solcher Politik beschreibt *Wolfe* (1972) bissig und amüsant.

16 *Newman* rechnet *Myrdal* (1944) und *Dollard* (1937) der Generation zu, die der »Theorie des kulturellen Pluralismus« verpflichtet ist, während *Warner* und *Srole* (1945) den Theoretikern der Assimilation zugeordnet werden. Die theoretischen Perspektiven »Assimilation« und »Pluralismus« sind auch als unterschiedliche Orientierungen von Einwandereregenerationen untersucht worden; vgl. *Hansen* (1937).

17 *Gouldner* weist darauf hin, wie eng die Soziologie als »Marktforscherin des Wohlfahrtsstaates« mit der Praxis in der Behandlung sozialer Probleme verbunden ist. »Diese Rolle vermittelt den Soziologen zwei widersprüchliche Erfahrungen: Einerseits schränkt sie den Soziologen auf die reformistischen Lösungsmöglichkeiten des Wohlfahrtsstaates ein, gleichzeitig verdeutlicht sie ihm aber das Versagen des Staates und der Gesellschaft, mit deren Problemen jener fertig zu werden sucht« (1974, S. 521). Diese Erfahrung dürfte nicht unwesentlich zu der beschriebenen Krise die Theorie beigetragen haben.

18 *Lowry* stellt den traditionellen Paradigmata »abweichendes Verhalten«, »soziale Desorganisation« und »Funktionalismus« als »Revolution« gegenüber: »Labeling-approach«, »Konflikttheorie«, »Reflexive Soziologie« und »Neuer Behaviorismus« (1974, S. 81–244).

19 *Becker* (1973) schlägt vor, den Labeling-approach in »interaktionistische Theorie« umzubenennen. Es soll hier jedoch die Bezeichnung »labeling-approach« weiter verwendet werden, da sie zur Kennzeichnung einer bestimmten Perspektive bis jetzt noch gebräuchlicher ist; vgl. zur Frage der Terminologie auch *Albrecht* (1973, S. 797).

20 Probleme und neue Möglichkeiten des labeling-approach zeigt *Albrecht* (1973) besonders klar, indem er sich eingehend mit seiner Kritik auseinandersetzt.

21 Häufig wird mit einer gewissen Arroganz die »Beschränktheit« der im direkten Kontakt mit Klienten stehenden Sozialarbeiter moniert – so z. B. bei *Peters* (1973, S. 197–212).

22 Minderheiten treten häufig nicht mehr unbedingt apolitisch auf. Dem trägt *Becker* (1971, S. 344) Rechnung: »Deviants have become more self-conscious, more organized, more willing to fight with conventional society than ever before«.

23 Die Weiterentwicklung dieser Richtung wird vor allem von den Mitgliedern des AJK (1973, 1974) betrieben.

24 *Young* (1974, S. 171): »cultures, systems of meanings are reacted against, not behavioral patterns per se«. Zu einer schichttheoretischen Untersuchung dieser Probleme vgl. *Peters* und *Peters* (1972) und andere Mitglieder des AJK (1973).

25 Zur Theorie des »marginal man« siehe *Park* (1927) und *Heintz* (1962); zur Diskussion des Konzepts der »Statusinkonsistenz« in der Minderheitenforschung vgl. *Richard* (1969).

26 Vgl. *Newman* (1973, S. 137), aber auch *Turk* (1973, S. 89–107). Eine bemerkenswerte Bestätigung dieser These lieferten die amerikanischen Wirtschaftshistoriker *Fogel* und *Engerman* (1974), die herausfanden, daß

die ökonomische Situation der Neger in den USA zur Zeit der Sklaverei am besten gewesen sei, d. h. ihre Position verschlechterte sich, als sie zu einer ernsthaften Konkurrenz vor allem für die weiße Bevölkerung im Norden wurden.

27 *Fürstenberg* geht damit hinter *Francis* zurück, der von der Überlegung ausgeht, daß nicht alle, die einer Minderheit zugeordnet werden, deshalb auch schon in »spezifischen Wechselwirkungen zueinander stehen« (*Francis* 1958 b, S. 401).

28 Vgl. zu den folgenden Ausführungen insbesondere *Albrecht* (1973) und die dort aufgeführte Literatur.

29 Für diese Gruppen ist die Untersuchung aus der Perspektive des labeling-approach besonders sinnvoll (vgl. *Lowry* 1974, S. 130) und *Young* (1974, S. 167).

30 Der Erfolg des von *Wolfe* (1972) geschilderten »Mau-Mau Spiels« – Randständige und subkulturelle Gruppierungen versuchen, Geld aus den zahllosen Programmen zur Bekämpfung der Armut und der Kriminalität in amerikanischen Ghettos zu bekommen – beruht z. T. auf der Anwendung kollektiver Strategien gegenüber den Wohlfahrtsbehörden.

31 Im Zusammenhang mit dem voranstehenden Artikel wurde eine Bibliographie erstellt, in der die sozialwissenschaftliche Literatur über »soziale Randgruppen« unter dem Gesichtspunkt des gesellschaftlichen Produktionsprozesses dieser Randgruppen zusammengetragen wurde. Die Bibliographie, die ca. 1000 Titel enthält, gliedert sich in zwei Teile: sie gibt zunächst einen Überblick über die Entwicklung der soziologischen Theorien über rassisch-ethnische Minderheiten und über die »anderen«, sozial abweichenden Minderheiten, anschließend folgt die Literatur zu den Problemen einzelner Randgruppen. Die Titel stammen vorwiegend aus der Zeit von 1962 bis 1974, und aus dem deutschen und angloamerikanischen Sprachraum. Bei ihrer Auswahl wurde auf bekannte Gesamtdarstellungen und Sammelwerke verzichtet, um eher die neueren und »unkonventionellen« Arbeiten aufnehmen zu können. Die erfaßte Literatur behandelt in erster Linie soziologische und sozialpsychologische Problemstellungen; ausgeklammert sind die Arbeiten zu ökonomischen, psychologischen und biologisch-medizinischen Fragen, sowie Literatur aus dem Bereich der Pädagogik, der Sozialarbeit und Sozialpolitik. Bei der Zusammenfassung der gesammelten Literatur nach bestimmten Themenkomplexen wurden vor allem zwei Ziele verfolgt:
1. den gesellschaftlichen Produktionsprozeß sozialer Randgruppen in den Verbindungslinien zwischen gesellschaftlicher Ideologie, wissenschaftlicher Theorie und Praxis der Sozialpolitik und Sozialarbeit aufzuzeigen;
2. durch die Gliederung nach konkreten und praktischen Problemstellungen insbesondere dem Praktiker den Zugang zur vorliegenden Literatur zu eröffnen.

Die Bibliographie kann durch Einzahlung von 5,– DM, bei Ohle, Sonderkonto AJK, 2 180 348 500, Bank für Gemeinwirtschaft, Hamburg, bestellt werden.

# Literatur

*Albrecht, G.*, Die Erklärung von Devianz in der Theorie des symbolischen Interaktionismus. Neue Perspektiven und alte Fehler, in: G. *Albrecht/H. Daheim/F. Sack* (Hrsg.), Soziologie, Orpladen 1973, S. 775–803.

Arbeitskreis junger Kriminologen (AJK), Zu einem Forschungsprogramm für die Kriminologie, in: Kriminologisches Journal, 1973, S. 241–254.

ders., Kritische Kriminologie, München 1974.

*Becker, H.*, Whose Side Are We On? in: Social Problems 1967, S. 239 bis 247.

ders., Deviance and Deviants, in: Sociological Work, London 1971.

ders., Labeling Theory Reconsidered, in: *H. Becker*, Outsiders, 2. Aufl., New York, London 1973, S. 177 ff.

*Bergmann, J./Brandt, G./Körber, K./Mohl, Th./Offe, C.*, Herrschaft, Klassenverhältnis und Schichtung, in: *Th. W. Adorno* (Hrsg.), Spätkapitalismus oder Industriegesellschaft, Verhandlungen des 16. Dt. Soziologentages, Stuttgart 1969, S. 67–87.

*Bullough, B.*, Alienation in the Ghetto, in: American Journal of Sociology, 1966, S. 469–478.

*Cloward, A./Ohlin, L.*, Delinquency and Opportunity: A Theory of Delinquent Groups, New York 1960.

*Dannecker, M./Reiche, R.*, Der gewöhnliche Homosexuelle, Frankfurt 1974.

*Dollard, J.*, Caste and Class in a Southern Town, New York 1937.

*Douglas, J.*, Observations of Deviance, New York 1970.

*Ehrlich, H.*, The Social Psychology of Prejudice, New York 1973.

*Fogel, R./Engerman, S.*, Time on the Cross, Chicago 1974.

*Francis, K.*, Minderheitenforschung in Amerika II: einige Beiträge zur Faktorenanalyse, in: Kölner Zeitschrift für Soziologie und Sozialpsychologie, 1958a, S. 235–248.

ders., Minderheitenforschung in Amerika III: Klassen im ethnisch heterogenen Milieu, in: Kölner Zeitschrift für Soziologie und Sozialpsychologie, 1958b, S. 401–417.

*Friedrichs, J.* (Hrsg.), Teilnehmende Beobachtung abweichenden Verhaltens, Stuttgart 1973.

*Fürstenberg, F.*, Randgruppen in der modernen Gesellschaft, in: Soziale Welt, 1965, S. 236–245.

*Glenn, N./Weiner, D.*, Some Trends in the Social Origin of American Sociology, in: The American Sociologist, 1969, S. 291–302.

*Goffman, E.*, Stigma, Techniken zur Bewältigung beschädigter Identität, Frankfurt 1972.

*Gordon, M.*, Assimilation in American Life, New York 1964.

*Gouldner, A.*, The Sociologist as Partisan: Sociology and the Welfare State, in: *J. Douglas* (Hrsg.), The Relevance of Sociology, New York 1970, S. 113–148.

ders., Die westliche Soziologie in der Krise, 1. und 2. Bd, Reinbek 1974.

*Gusfield, J.*, Moral Passage: the Symbolic Process in Public Designation of Deviancy, in: Social Problems, 1967, S. 178–188.

*Haag, F.*, Wohnungslose Familien in Notunterkünften, München 1971.

*Hansen, M.*, The Problem of the Third Generation Immigrant, Rock Island Ill. 1937.

*Heintz, P.*, Die Randpersönlichkeit, in: *P. Heintz*, Einführung in die soziologische Theorie, Stuttgart 1962, S. 219 ff.

*Israel, J.*, Der Begriff Entfremdung, Reinbek 1972.

*Kuhn, T.*, Die Struktur wissenschaftlicher Revolutionen, Frankfurt 1973.

*Krüger, H.*, Zur gesellschaftlichen Funktion der Soziologie, in: *J. Klüver/D. Wolf* (Hrsg.), Wissenschaftskritik und sozialistische Praxis, Frankfurt 1973.

*Lowry, R.*, Social Problems, A Critical Analysis of Theory and Public Policy, Lexington Mass. 1974.

*Manis, J.*, The Concept of Social Problems: Vox Populi and Sociological Analysis, in: Social Problems, 1974, S. 305–315.

*Marcuse, H.*, Der eindimensionale Mensch, Neuwied, Berlin 1967.

*Marx, K./Engels, F.*, Manifest der KP, in: MEW, 4. Bd, Berlin 1969, S. 459–493.

*Mills, C. W.*, The Professional Ideology of Social Pathologists, in: American Journal of Sociology, 1943, S. 165–166.

*Mydral, G.*, An American Dilemma, New York, London 1944.

*Newman, W.*, A Study of Minority Groups and Social Theory, New York 1973.

*Park, R.*, Human Migration and the Marginal Man, in: American Journal of Sociology, 1927, S. 88 ff.

*Peters, H.*, Keine Chance für die Soziologie, in: Kriminologisches Journal 1973, S. 197–212.

*Peters, D./Peters, H.*, Theorielosigkeit und politische Botmäßigkeit – Destruktives und Konstruktives zur deutschen Kriminologie, in: Kriminologisches Journal, 1972, S. 241–257.

*Polsky, N.*, Hustlers, Beats and Others, New York 1969.

*Richard, M.*, The Ideology of Negro Physicians: A Test of Mobility and Statuscrystallization Theory, in: Social Problems, 1969, S. 20 bis 29.

*Richter, H.-E.*, Lernziel Solidarität, Reinbek 1974.

*Rubington, E./Weinberg, M.* (Hrsg.), The Study of Social Problems, New York 1971.

*Sagarin, E.*, The Other Minorities, Waltham Mass. 1971.

*Schervich, R.*, The Labeling-Perspective. Its Bias and Potential in the Study of Political Deviance, in: American Sociologist, 1969, S. 47 bis 57.

*Schwendtner, R.*, Theorie der Subkultur, Köln 1973.

*Seeman, M.*, On the Meaning of Alienation, in: American Journal of Sociology, 1971, S. 783 ff.

»SPIEGEL«-Redaktion, Unterprivilegiert, Neuwied, Berlin 1974.

*Spector, M./Kitsuse, J.*, Social Problems: A Re-Formulation, in: Social Problems, 1973, S. 145–159.

*Sykes, G./Matza, D.*, Techniques of Neutralization: A Theory of Delinquency, in: American Sociological Review, 1957, S. 667 ff.

»TIME«, Cover-Story: America's Rising Black Middle Class, 17. 7. 1974, S. 19–26.

*Trice, H./Roman, P.*, Delabeling, Relabeling, and Alcoholics Anonymous, in: Social Problems, 1970, S. 538–546.

*Turk, A.*, Conflict and Criminality, in: *R. Denisoff/Ch. McCaghy* (Hrsg.), Deviance and Conflict, Chicago 1973, S. 89–107.

*Warner, L./Srole, L.*, The Social System of American Ethnic Groups, New Haven 1945.

*Wolfe, T.*, Radical Chic und Mau Mau bei der Wohlfahrtsbehörde, Reinbek 1972.

*Young, J.*, New Directions in Subcultural Theory, in: *J. Rex* (Hrsg.), An Introduction to Major Trends in British Sociology, London 1974, S. 160–186.

# Inhalt

# Inhalt

# Zu den Autoren:

ANDREA ABELE, geb. 1950, Diplom-Psychologin, Aufbau-Studentin an der Universität Konstanz – Arbeitsgebiete: Reaktionen auf abweichendes Verhalten, Einstellungsmessung.

GÜNTER ALBRECHT, geb. 1943, Dr. phil., Professor für Soziologie und Soziologie der Sozialarbeit an der Fakultät für Soziologie der Universität Bielefeld. Arbeitsgebiete: Kriminalsoziologie, Soziologie sozialer Probleme, Mobilitätstheorie.

LOTHAR BÖHNISCH, geb. 1944, Diplom-Soziologe, Leiter des Arbeitsbereiches Jugendhilfe/Jugendpolitik im Deutschen Jugendinstitut in München. Arbeitsgebiete: Soziologie der Sozialarbeit, Sozialisations-Politik, Jugendarbeit.

MANFRED BRUSTEN, geb. 1939, Diplom-Soziologe, Dr. Soz. Wiss., Wissenschaftl. Assistent an der Fakultät für Soziologie der Universität Bielefeld, jetzt Professor für Soziologie des Abweichenden Verhaltens an der Gesamthochschule Wuppertal. Arbeitsgebiete: Soziologie des abweichenden Verhaltens und der sozialen Kontrolle; Soziologie der Schule, der Sozialarbeit und der Polizei.

HELGA CREMER-SCHÄFER, geb. 1948, Diplom-Soziologin, Wissenschaftl. Mitarbeiterin am Fachbereich Gesellschaftswissenschaften der Universität Frankfurt. Arbeitsgebiete: Soziologie abweichenden Verhaltens und der Sozialarbeit, Kriminalsoziologie.

MONIKA GEBAUER, geb. 1948, Diplom-Soziologin, Wissenschaftl. Mitarbeiterin am Fachbereich Pädagogik der Universität Trier-Kaiserslautern. Arbeitsgebiete: Soziologie abweichenden Verhaltens und sozialer Kontrolle, Sozialpsychiatrie.

ULRICH GERKE, geb. 1945, Diplom-Soziologe, Doktorand an der Fakultät für Soziologie der Universität Bielefeld. Arbeitsgebiete: Soziologie abweichenden Verhaltens, Subkulturtheorien, Integration jugendlicher Epileptiker.

JÜRGEN HOHMEIER, geb. 1939, Dr. phil., Professor für Soziologie der Behinderten an der Pädagogischen Hochschule Rheinland, Abteilung für Heilpädagogik in Köln. Arbeitsgebiete: Organisationssoziologie, Soziologie des Strafvollzugs, Soziologie der Behinderten.

SUSANNE KARSTEDT, geb. 1949, Diplom-Soziologin, Doktorandin am Seminar für Sozialwissenschaften der Universität Hamburg. Arbeitsgebiete: Soziologie abweichenden Verhaltens, Organisationssoziologie.

RÜDIGER LAUTMANN, geb. 1935, Dr. phil., Dr. jur., Professor für Allgemeine Soziologie und Rechtssoziologie an der Universität Bremen. Hauptarbeitsgebiete: Soziologie des Rechts, der sozialen Kontrolle und sozialer Randgruppen.

WOLFGANG LIPP, geb. 1941, Dr. rer. soc., Akademischer Rat an der Fakultät für Soziologie der Universität Bielefeld. Arbeitsgebiete: Allgemeine Soziologie, Kulturanthropologie, Herrschaft und abweichendes Verhalten.

FRIEDRICH LÖSEL, geb. 1945, Diplom-Psychologe, Dr. phil., Wissenschaftl. Assistent am Psychologischen Institut der Universität Erlangen-Nürnberg. Arbeitsgebiete: Familiale Sozialisation, Persönlichkeitstheorien, Etikettierungsansatz, Methodenprobleme.

PETER MALINOWSKI, geb. 1949, Diplom-Soziologe, Wissenschaftl. Angestellter bei der Zentralen Arbeitsgruppe im Gesamtschulversuch Nordrhein-Westfalen in Düsseldorf. Arbeitsgebiete: Soziologie der Sozialarbeit und der sozialen Kontrolle, Polizeiforschung, Soziologie des Schulwesens.

WOLF NOWACK, geb. 1946, Diplom-Psychologe, Aufbau Student an der Universität Konstanz. Arbeitsgebiete: Reaktionen auf abweichendes Verhalten, Einstellungsmessung.

HANS-JOACHIM POHL, geb. 1942, Diplom-Volkswirt, Dr. Soz. Wiss., Wissenschaftl. Assistent an der Fakultät für Soziologie der Universität Bielefeld. Arbeitsgebiete: Personal- und Ausbildungswesen, Humanisierung der Arbeit, Berufsprobleme älterer Arbeitnehmer.

CAROLA SCHUMANN, geb. 1944, M. A., Mitarbeiterin am Interdisziplinären Zentrum für Hochschuldidaktik der Universität Bielefeld. Arbeitsgebiete: Soziologie abweichenden Verhaltens und sozialer Kontrolle, Stadtsoziologie, Diskriminierung der Frau.

WALTER THIMM, geb. 1936, Dr. phil., Professor für Soziologie der Behinderten an der Pädagogischen Hochschule Heidelberg, Fachbereich Sonderpädagogik. Arbeitsgebiete: Soziologie der Behinderten, Probleme der Rehabilitation.